해석학 비판

- 해석철학과 실재론 -

해석학 비판

- 해석철학과 실재론 -

한스 크래머 지음 | 최신한 옮김

서광사

이 책은 Hans Krämer의 *Kritik der Hermeneutik*(Verlag C.H.Beck oHG, München 2007)를 완역한 것이다.

해석학 비판: 해석철학과 실재론

한스 크래머 지음
최신한 옮김

펴낸이 ─ 김신혁, 이숙
펴낸곳 ─ 도서출판 서광사
출판등록일 ─ 1977. 6. 30.
출판등록번호 ─ 제 406-2006-000010호

(413-756) 경기도 파주시 교하읍 문발리 534-1
대표전화 · (031)955-4331 / 팩시밀리 · (031)955-4336
E-mail · phil6161@chol.com
http://www.seokwangsa.co.kr / http://www.seokwangsa.kr

옮긴이와의 합의하에 인지는 생략합니다.

제1판 제1쇄 펴낸날 · 2012년 7월 30일

ISBN 978-89-306-1605-8   93160

옮긴이의 말

이 책은 독일 튀빙엔대학교 크래머(H. Krämer) 교수가 쓴 *Kritik der Hermeneutik. Interpretationsphilosophie und Realismus*(Verlag C.H.Beck, München 2007)의 완역이다. 크래머는 플라톤 연구가로 잘 알려져 있으며 『통합 윤리학』(*Integrative Ethik*, 1995)에서 자신만의 고유한 사유 지평을 펼쳐 보인 바 있다. 해석학에 대한 그의 오랜 관심은 이 책을 통해 독일 현대 해석학에 대한 비판적 평가와 대안 제시라는 귀중한 결실을 얻었다.

저자가 밝히고 있듯이 '해석학 비판'이라는 제목은 칸트에게서 얻은 착상이다. 해석학에 대한 비판은 해석학 자체의 범위와 한계를 재확인하는 작업이다. 이것은 물론 비판에만 머물지 않고 고유한 입장의 제시까지 나아간다. 이 책의 핵심주제는 현대 독일 해석학의 대명사로 알려진 한스-게오르크 가다머에 대한 비판으로 이루어져 있다. '해석학 비판'이라는 제목을 아예 '가다머 비판'으로 바꾸어도 문제가 없을 정도다. 더 나아가 이 책은 가다머의 영향하에 전개된 이른바 '해석철학'에 대해서도 강한 의문을 제기한다.

가다머의 철학적 해석학은 슐라이어마허와 딜타이가 지향하던 해석학적 객관성에 대한 비판에서 출발한다. 비판의 토대는 하이데거에서 전승된 언어존재론인데, 이것은 니체의 영향하에 성장한 포스트모던 해체주의와 더불어 동일성보다 차이성에 강조점을 둔다. 세계가 모두 언어의 영역으로 환원되고 객관적 사실이 한결같이 이해의 사실로 귀결될 때 철학적 진리는 결국 해석 주체의 구성물에서 찾아질 수밖에 없다. 이제 전통 철학과 전통 해석학이 추구하던 세계 자체는 사라지고 그때마다 다르게 이해된 해석물만 남게 된다. 가다머 해석학의 이런 모습은 그가 헤겔을 따라 변증법적으로 연관된 통합의 세계를 추구한다 하더라도 불가피하게 '반실재론적'으로 채색된다. 그에게 세계는 '해석의 구성물' 그 이상이 아니기 때문이다.

저자는 이 점을 파고든다. 전통 형이상학이 부정되는 시대에도 '형이상학적 사실'은 여전히 남아 있다. 해석을 통해 상실된 세계는 이제 '실재론'의 도움으로 회복되어야 한다. 세계는 반실재론으로 환원될 수 없으며, 사실은 해석 활동 너머에 독자적으로 존재해야 한다. 크래머는 가다머와 해석철학을 반실재론을 몰아붙이면서 해석학에서 실재론을 옹호하려고 한다. 여기서 진리의 문제는 다시금 사실과 이해 주체 사이의 일치 문제로 되돌아간다. 해석학에서 실재론이 힘을 받는 이유는 사실이 해석자의 개입에도 불구하고 사실 그 자체로 인정되어야 하기 때문이다. 그렇지 않는 한 인간은 결코 실재와 만날 수 없다. 해석대상을 통해 만나는 실재의 동일성은 다양한 해석과 관점에 의해 용해되고 구성된 동일성 그 이상이 아니다. 결국 실재 자체는 철학과 무관하게 되어 버린다. 그러므로 이해의 객관성에 관한 한, 가다머의 "항상 다른 이해"는 진리일치설을 지지하는 실재론적 해석학과 경쟁할 수 없다.

가다머와 해석주의에서 보이는 관념론적 유산은 그 자체가 반실재론으로 경도되면서 독일관념론이 의도한 방향에서 많이 벗어난 것으로 보인다. 칸트 이후 시대의 Idealismus는 일반적으로 관념론으로 읽히지만, 이때 관념론은 실재와 사실을 드러내는 틀 이상이 아니다. 관념론은 실재 자체를 부정하면서 언어와 해석에 반영된 것만을 실재로 간주하는 입장으로 환원될 수 없다. 20세기 초 등장한 철학의 '언어적 전회'가 실재를 부정하는 입장으로까지 진화한다면 오늘의 정신적 혼동을 설명하고 바로잡아 줄 철학은 아예 존재하지 않을지도 모른다.

이 책은 해석학에서 실재론의 문제를 제기하는 논쟁적 측면과 더불어 한국 독자들에게 새로운 사실을 소개하는 측면도 있다. 해석주의와 영미 분석철학의 해석학적 입장이 그것이다. 양자는 우리 학계에서 거의 다루어지지 않은 주제라는 측면에서 새롭다. 저자에 의하면 아벨, 렝크, 시몬의 해석주의는 가다머를 토대로 하면서 더욱더 반실재론에 치우쳐 있다. 이것은 해석주의의 진술이 실재론으로 돌아오지 않는 한 그 진리가(價)를 보증할 아무런 토대를 마련할 수 없다는 데서 잘 드러난다.

영미 분석철학의 해석학적 입장들에는 전반적으로 학문이론과 더불어, 협약주의, 비판적 실재론, 구성주의, 맥락주의, 이론충전적 경험이론 등이 있다. 현대의 실재론 논쟁과 관련해서는 직접적 실재론, 형이상학적 실재론, 함축적 실재론, 회의적 실재론, 내재적 실재론, 의미론적 실재론, 해석학적 실재론, 반실재론 등이 다루어진다. 이 주제들은 우리 학계에서 언젠가 한번은 논의되어야 할 것이다.

번역은 우연한 계기를 통해 이루어졌다. 80년대 튀빙엔에서 유학할 당시부터 절친했던 나의 친구 베른하르트(Bernhard Klasing)가 어느 날 자신의 스승 크래머 교수의 신간을 보내왔다. 이 책에서 역자는 당시 고심하고 있던 문제와의 접점을 발견했고 여기서 깊은 인상을 받은 것이다.

그 후 약속한 번역작업은 전혀 예기치 않았던 오랜 투병생활 때문에 많이 지체되었다. 결코 간단치 않았던 긴 투병 기간 동안 국내외를 막론하고 늘 함께하면서 기도와 염려로 용기를 북돋아 준 가족, 스승, 친구, 친지, 제자 모든 분에게 깊은 감사의 마음을 표하고 싶다. 오로지 새로운 정신세계를 보여 준다는 이유만으로 출판을 결정해 준 서광사에 역자는 깊은 감사의 빚을 지고 있다.

2012년 5월

최신한

한국 독자들을 위한 서문

이 번역서는 최신한 교수의 큰 업적입니다. 특히 힘든 투병생활 가운데서도 전력을 다해 번역을 완성한 그에게 필자는 지속적이고도 깊은 감사의 빚을 지고 있습니다.

예상했던 바와 같이 이미 세계적으로 잘 알려진 한스-게오르크 가다머의 해석학 논제에 대한 비판은 한국에서도 새로울 것입니다. 한국에도 자립적 사유하는 많은 독자들이 있으며 이들이 나의 논증을 세밀하게 이해하고 이를 올바로 평가할 수 있기를 바랍니다.

최신한 교수는 독일어와 독일철학 전통에 대한 탁월한 지식을 소유하고 있으므로 필자의 사유를 전달할 수 있는 최선의 번역자로 생각됩니다. 한국의 독자들이 필자의 혁명적인 생각을 잘 이해하고 비판적인 평가를 거친 후 이를 긍정적으로 수용하게 될 것을 확신합니다. 나의 책에 대한 세 번째 번역서인 이 책은 비유럽권에서는 최초로 출간되는 것입니다.

필자는 철학의 중심과제를 갖고 있지만 동시에 개별과학자로서 해석학에서 실재론의 갱신을 위해 수십 년간 논쟁해 왔습니다. 그리고 전통적 진리 개념에 대한 명료한 확신을 가지고 이 논쟁을 마무리했습니다.

반실재론적인 해석주의를 관통하면서 순화되고 복권된 이 진리 개념은 일상을 위한 모델일 뿐 아니라, 독일과 프랑스에서 그리고 부분적으로 미국에서 특히 가다머의 정신과학을 위해 요구되는 진리 개념에 결부되며 이 진리 개념에 전체 인식론의 보편타당성을 부여하는 여러 과학들을 위한 모델입니다. 이 책의 B장(章)은 이러한 가다머 추종자들을 다루면서 이들의 요구를 가다머이론과 마찬가지로 부정합니다.

이 번역을 기획하고 실행에 옮긴 최신한 교수에게 다시 한 번 감사를 표하며 그와 더불어 출판사와 독자에게 큰 행운이 깃들기를 빕니다.

2012년 2월

튀빙엔에서 한스 크래머

서문

'해석학 비판'이라는 제목은 칸트적인 의미로 이해되어야 한다. 이것은 반박의 문제가 아니라 요구의 제한 및 제약의 문제다. 철학사의 수레바퀴는 상황과 무관하게 되돌려질 수 없다. 어떤 것은 항상 남아 있으며 이어지는 문제제기를 함께 결정한다.

가다머는 해석학 개념을 변경했는데, 그것은 해석학 개념이 오늘날 거의 메타해석학적으로만 이해된다는 것이다. 가다머 방식으로 표현한다면 해석학은 반실재론적으로 이해된다. 다른 측면에서는 니체를 통해 반실재론적으로 충전된 해석 개념이 20세기에 더욱 돌파력을 얻었으며 적어도 독일철학의 논의에서 폭넓은 영역을 차지하고 있다.

이 책에서는 이에 대한 검산이 개진된다. 이 책은 두 가지 사실을 상기시킨다. [첫째], 이러한 연관에서 주장되는 반실재론의 방식은 실재론적 사유과정 앞에서 논증적으로 아무런 장점을 갖지 않는다. [둘째], 오히려 반실재론은 최종적으로 상환될 수 없는 추가가설을 상정한다.

근본적으로 중요한 문제는 일상언어의 복권이다. 여기에는 '이해하다', '해석하다', '지각하다', '적용하다'와 같은 표현이 속하는데, 이것은 철학의 측면에서 단순히 고쳐 쓸 수 있는 것이 아니다. 이러한 비판적 전환은, 해석학과 이해에 구속력이 있으며 따라서 때때로 비정통적인 해석의 철회를 요구하는 현상학적 방법으로 되돌아가는 지평에서 확인될 수 있다. 이로부터 전진적 해석방법과 후진적 해석방법의 관계에 대한 새로운 평가가 생겨난다.

장기목표로 경험, 시험, 논거, 지식과 같은 개념의 재평가를 생각해 볼 수 있다. 어쨌든 이 책의 경향은 이와 같은 방향을 지시한다. 이러한 방향이 학문적, 철학적 논의에서 어느 정도로 근거를 획득하느냐 하는 것은 토론의 대상이 될 것이다.

이 밖에도 이 책이 세계인식과 자기인식의 (무의미한, unqualifiziert) 해석모델에 대한 비판을 의도하지 않는다는 것을 미리 분명하게 해 둔다. 나는 가령 굼브레히트, 비징, 회리쉬, 슈네델바흐의 해석모델에 대한 근본적인 유보에는 조건부로만 관여한다.[1]

이전에 나온 나의 책들과 마찬가지로 이 책도 긴 역사를 가지고 있다. 여러 해 동안 이 문제와 관계하고 이를 통해 도달하고자 했던 반성의 수확은 사실을 위해 좋은 결과로 이어졌다는 것을 확신한다.

여기에 개별적으로 열거할 수 없는 수많은 대화 상대자들에게 감사한다. 특히 생산적이었던 것은 분석철학에 대해 상세한 정보를 준 토마스 그룬트만(쾰른)과의 교류였다. 더 나아가 나에게 꼭 필요한 도움을 준 마

---

1) H. U. Gumbrecht, 2004; L. Wiesing, 2004, 137-151; J. Hörisch, 1998², H. Schnädelbach, *Vernunft und Geschichte*, 1987, 279-284. 이들 책에서 언급된 비판은 실제로 (해석학적) 해석주의에 대한 비판이며 본래적인 (반실재론적) 해석주의와는 상관이 없다 — 마찬가지로 해석주의는 그 자체가 방법화될 수 없으며 직접적으로 기술될 수도 없는 (오로지 해석을 통해서만 야기된) 모든 통찰과 (이해와) 구별되어야 한다. 이에 반해 (세계의 언어규정성에도 불구하고) 해석학 개념을 세계로 확장하는 것은 의심스럽다. 이에 대해서는 W. Kamlah, Plädoyer für einen wieder eingeschränkten Gebrauch des Terminus 'Hermeneutik', 1975, 164-172 참조.

르틴 엔트레스와 나의 협력자 크리스토퍼 볼가스트에게 감사한다.

튀빙엔, 2006년 이른 봄

한스 크래머

A

가다머의 철학적 해석학에 대한
비판적 고찰

I. 해석학적 해석주의의 증명불가능성

1. 가다머의 철학적 해석학의 개요

문화과학, 인문과학 또는 정신과학의 방법론과 인식론은 해석학과 역사학에서 종교개혁의 시대로부터 늘 새로운 시도를 통해 장려되고 확장되었으며 결합되고 반성되었다. 딜타이는 다수의 저작[1]을 통해 19세기의 방법논의와 토대논의를 독창적으로 요약했는데, 이 저작들은 전집 제19권 및 제20권의 편집을 통해 새롭게 심화되었고 확장되었다. 로타커 같은 저자는 60년대에 이르기까지 딜타이의 유산을 계속해서 세분화했으며 이를 더 전개시켰다.[2]

그러나 그 사이에 분석철학과 대륙철학 진영에서 이루어진 논의는 아

---

1) H.-U. Lessing, 1984 참조.

2) E. Rothacker, 1948²; E. Rothacker, 1954, 249ff., W. Perpeet의 논문 "Kultur, Kulturphilosophie" in: W. Perpeet, 1976, 특히 1309-1324. W. Perpeet, 1997 참조. 오늘날 문화 개념이 갖는 다의성에 대해서는 E. W. Orth, 2000, F.-P. Burkhard, 2000 (Einleitung: Die Interpretation der Kultur) 참조.

주 지체된 모습으로 나타났다. 콰인과 데이비드슨은 원초적(radikal) 번역, 피지시체의 무규정성, 의미의 탐구불가성의 논제를 가지고 해석학의 상(像)에 회의적이고 불가지론적인 특징을 가지고 들어왔다. 다른 측면에서는 하이데거와 불트만에 자극받은 가다머가 객관화하는 역사주의에 반대하면서 해석학적 학문과 일상에 대한 반실재론적 메타이론을 내놓았다. 이 이론에 의하면 의미의 틀은 그때마다 영향사의 진행에서 새롭게 산출된다. 이를 통해 학문의 제약적 객관성이 주장되지만, 진리요구와 의미요구는 적절하게 충전되는 역사적 방식의 "이해"로 이행되었다. 일찍이 카시러는 이와 비교할 수 있는 상징의 성취를 정신과학을 위해 상정한 바 있다.[3]

콰인과 데이비드슨은 너무 멀리 나갔고 오히려 문화인간학을 검증의 장으로 지시한다. 때문에 여기서는 많은 동의를 얻은 대신 지금까지 상대적으로 비판적 토론에 부쳐지지 않은 한스-게오르크 가다머의 이론을 논의하려고 한다. 가다머의 철학적 해석학이 언어를 단서로 해서 보편주의적 전환을 했다 하더라도 독창적인 목표설정은 역사적인 정신과학의 개조에 있다. 이것은 한편으로는 신칸트학파의 전통과 다른 한편으로는 딜타이의 전통이 자연과학에 대한 짝으로 전승된 것이다.

현재의 논의 상황에서는 정신과학적 인식의 실재론에서도 메타이론을 고수하는 예전 스타일의 과학주의적 해석에서 출발해야 한다(Betti, Hirsch, Seebohm, Gendlin, Shusterman, Ricœur 등). 그리고 선험철학의 정신에서 학문과 생활세계의 실재론을 비판적으로 캐묻는, 그동안 많이 확산된 반실재론적 방향에서 출발해야 한다(가다머 및 그의 계승자들). 이러한 반실재론은 해석학의 역사에서 새로운 종류다. 그리고 반실

---

3) E. Cassirer, 1994⁸, 185f., 228ff.; E.Cassirer., 1961², 77.

재론에게 길을 터주기 위해서는 일련의 전제들이 필요하다. 가다머는 하이데거가 이미 예시적으로 역사이해에 적용했던 이해의 선구조에서 출발한다.[4] 가다머는 여기서 객관화하고 거리를 유지하는 역사주의에 대한 제한수단을 발견했다. 즉, 그에 의하면 모든 이해는 고유한 상황에 대한 적용과 결합되어 있다. 영향사에서 성취된 모든 적용의 총계는 한편으로 조그만 발걸음의 전략을 통해 역사의 "시간간격"을 일정한 거리가 유지된 미결정의 역사와 연결시키고, 다른 한편으로 객관적 "즉자"의 도달가능성을 불가능하게 함으로써 이러한 효과를 증폭시킨다. 여기에는 영향사의 선형성(線形性)과 도치불가능성이 전제되어 있다.

가다머에서 의미는 역사적으로 변형된 이해 행위 가운데서 영향사로부터 늘 다시금 새롭고 다르게 산출된다. 역사나 다른 문화의 지속적인 중요성은 의미와 진리의 상대화를 대가로 하여 보증된다. 여기서 올바로 파악된 해석학적 학문은 본질적으로 선학문적인 생활세계를 따르며, 철학적 메타이론은 직접적인 의도(intentione recta)로 파악된 내용에서 처음으로 의미틀을 제거한다. 가다머는 훔볼트의 후예에서 보이는 명백한 반실재론적 언어철학을 통해 자신의 신인문학적 입론에 최종적인 안전장치를 설치한다. 기호체계의 자명한 의미(prima-facie-Bedeutung)를 고수하는 것이 적어도 학문 쪽에서 진행 중인 이론형성을 회피하는 한, 우리는 해석학의 현상학적 전환에 대해 언급할 수 있다.[5] 가다머는 오늘날의 해석학이 계속 반실재론의 형식으로 이해된다는 방식으로 그 개념을 변경했다(해석결과에 대한 다르게-이해하기로서의 반실재론).

가다머 비판가들은 적절성 및 의미의 문제가 이해와 함께 세워져서는

---

4)   M. Heidegger, 1957[8], § 32.
5)   J. Grondin, 2004.

안 된다고 경고했으며, "의미"(Bedeutung)와 "유의미성"(Bedeutsam-keit)의 구별을 주장했다(Betti, Hirsch). 실제로 후진적 해석과 전진적 해석을 사실적으로, 개념적으로 무구별 상태에 내버려 두는 것은 어려운 일이다. 다른 측면에서는 가다머의 근본입장에 대한 상세한 평가가 없었다. 그 이유는 아마도 사람들이 가다머의 메타해석학적 입장에 동의하지 않고 일반적으로 실재론적으로 처리되는 개별과학의 차원에서 논증해 왔기 때문일 것이다. 그러나 철학적 해석학은 오로지 철학적으로만 충분히 평가될 수 있으며 경우에 따라서 부정될 수도 있다. 우리도 앞으로 이와 같은 방식으로 문제를 다룰 것이다.

가다머는 자신의 관점주의를 — 그리고 이에 상응하는 다의적인 기호체계를 — 후설과 하이데거의 정리(定理)와 같이 선험적으로 고찰한다. 그러나 그는 이해에서 기호의 의미를 필연적으로 해석자의 입장과 동화될 수 있게 함으로써 후설과 하이데거 및 대부분의 근대철학을 벗어난다. 예컨대 역사주의가 낯선 관점의 이해를 배제하지 않는 반면, 가다머는 극단적인 방식으로 자기고유의 관점을 낯선 관점을 수용하는 기준으로 고수한다. 이러한 명시적 반실재론은 철학적 해석학의 모든 근본 개념을 규정한다(적용, 영향사, 지평융합 등). 문화과학과 정신과학의 자기이해는 이로부터 영향을 받지 않는 것이 아니다. 가장 강력한 영향은 해석학적 메타이론이 이미 확정되어 있는 해석학이론을 밀어내는 문학과 철학사에 나타나며, 가장 약한 영향은 주어져 있는 실재론을 지속적으로 고수하는 보편사에서 나타난다. 그러나 메타이론은 어떤 방식으로도 학문 자체의 방식과 관계하지 못하며 오로지 목표차원에서 간접적으로 — 말하자면 뒤에서(a tergo) — 초역사적인 진리의 달성가능성을 상대화하면서 이를 부정한다는 사실을 고려해야 한다. 해석성의 영역은 추정되는 "대상 자체" 주변에 불투명하게 자리 잡고 있으며, 이를 통해 인식론적

전제와 학문적 작업의 목표설정을 변경한다.[6]

2. 증명의 딜레마

그 사이에 독단적으로 주장되는 해석학적 반실재론의 요구에 대한 일련의 근거 있는 의심이 등장한다. 해석학적 반실재론은 때때로 입장들 간의 차이 및 해석들 간의 차이가 일치되지 않는 정황으로 인해 이미 논의의 앞마당에서 약화된다. 상이한 입장들에 대한 해석들 간의 일치가 있는가 하면, 이와 반대로 동일한 입장에 대한 다수의 해석들도 존재한다. (예를 들어 가다머도 기회가 있을 때마다 언급한 바 있는,[7] 목표를 인식함이 없이 나타나는 데리다의 산재[dissémination]) 이러한 비대칭을 통해 입장들의 관점주의는 항상 자기만이 갖는 중요성을 상실하며 공간-시간-연속체에서 해소되기 시작한다. 이로써 관점주의는 한계상황에서 심지어 영점에 도달할 수 있는 해석에 대한 다수의 표상 내지 소수의 표상에 근접한다.

---

6)   가다머의 언어 및 텍스트 해석학의 입론에 의하면 해석은 사실 자체에 대한 풀이(釋義, Auslegung)가 아니라, 새롭게 해석될 수 있고 이해될 수 있는 이전의 언어와 텍스트 해석에 대한 풀이로 이해된다. 사실 자체는 후설에서처럼 불가지론적 배경 속에 있다 ― 해석철학은 (제II장 참조) 형이상학적 실재론을 벗어나고 이를 진리정합론으로 대치하기 위하여 이러한 관점을 직접적으로 추종한다. 이에 대한 비판으로는 본서 79, 244, 278 참조 ― 이 사실은 가다머와 그의 해석철학적 후예들에 의해 의식적으로 간과된다. G. Figal은 *Gegenständlichkeit*, Tübingen, 2006에서 한편으로 실재론적 해석학(Betti 등)의 노선을 따라가면서, 다른 한편으로 현상학 내에서 (Husserl, Heidegger, H. Plessner, Merleau-Ponty 등의) 가다머 이전의 입장 및 플라톤과 아리스토텔레스와도 연결점을 찾는다. (데리다와 관련된 266-277, 294f. 이외에는) 반실재론적 해석학과의 논의가 다루어지지 않고 있다.

7)   H.-G. Gadamer, W. M., 251f.

보다 근본적인 것은 독단적인 반실재론 자체에 맞서는 숙고다. 일반적으로 보면 최소한 몇몇의 실재론적 가정을 전제하지 않고 반실재론을 증명하는 것은 불가능하다. 따라서 이러한 다원주의가 실제로 존재하지 않는다면 다원적 관점들로부터 설득력 있게 논증할 수 없다. (반대의 사실은 실재론에 적용되지 않는다. 즉, 실재론을 정당화하기 위해 그 어떤 반실재론적 가정도 필요치 않은 것이다.) 이 밖에도 해석학적 반실재론은 수학에 비추어 봤을 때 명증적으로 참이지 않다. 결국 반실재론을 증명하려는 시도는 딜레마로 귀결된다. 이를테면 우리는 해석I과 해석II[8]를 비교하고 이를 통해 해석II[해석대상] 자체를 알아야 하며 이를 통해 실재론으로 되돌아가야 하거나, 판단을 중지해야 한다. 그러나 두 번째 경우[판단중지의 경우]에는 우리가 아는 것이 별로 없지만, 첫 번째 경우에는 반실재론을 위한 결정적인 증명에 대해 이미 많은 것을 알고 있다. 바로 이러한 형식에서 딜레마는 불가피하다. 실재론이나 관념론으로의 추락을 피하려면 해석I[해석수단]과 해석II[해석대상]의 차이를 설명할 수 있어야 하는 것이다. 이것은 해석I과 해석II를 구별하는 데만 해당하는 것이 아니라 해석I이 해석II와 일치하지 않는다는 사실에도 해당한다. 여기서 반실재론은 전통적인 진리일치설보다 더 큰 증명의 부담을 받아들인다. (양자는 지시이론이다) 반실재론에서는 일치에 대한 입증이 문제가 되는 반면, 전통적인 진리일치설에 나타나는 추가적 문제는 주어져 있는 일치와의 상치를 입증하는 일이다. 이에 반해 차이가 더 무규정적으로 남을수록 이 무규정성이 더욱더 의심스럽게 된다. 실재와의 불일치를 입증하

---

8) 옮긴이 주: 저자는 해석을 'interpretament' 와 'interpretandum' 으로 나눈다. 옮긴이는 이것을 각각 '해석 I' 과 '해석 II' 로 명기했으며 독자의 이해를 돕기 위해 경우에 따라 이를 각각 '해석수단' (Deutungsmittel)과 '해석대상' (das zu interpretierende)으로 옮기기도 했다.

는 것은 항상 일치를 입증하는 것보다 더 어렵다. 보다 정확하게 고찰하면, 철학적 해석학은 전통적인 실재론적 진리 개념의 설명불가능성에 참여하고 있으며, 더 나아가 [주어져 있는 일치와의] 상치와 관련해서 지속적인 설명을 수행해야 한다. 이와 같은 이중적인 조건은 충족될 수 없다.

그런데도 우리가 해석학적 반실재론을 엄밀하게 증명할 수 없다면, 이 반실재론은 하나의 가정으로 남으며 구속력을 지닌 것이 될 수 없다. 이렇게 되면 부정적인 독단론에 빠지고 회의적인 "개연성"(Magsein)으로 만족하는 대신에 아예 판단을 근본적으로 삼가는 것이 더 옳다. 이에 반해서 반실재론은 독단적 논제로서 견지될 수 없다. 이럴 경우 우리는 개연성에 따라서 임기응변으로 처리할 수 있거나, 해석학적 전통의 저편에서 불명료하게 남겨진 준-관념론 가운데 자리 잡기 위하여 해석 개념을 전적으로 포기해야 한다.

법, 실천, 예술 또는 알레고리 같은 데서 가다머가 불러내는 의식적 적용의 대비들은 당연히 사람들이 추구하는 몰의식적 "적용"에 대해 아무것도 증명하지 못한다. 왜냐하면 여기서는 법률, 행위규칙 또는 기본 텍스트에 들어 있는 해석을 요구하는 기저가 확실히 알려져 있으며 오로지 보충적으로만 보완되기 때문이다. 이에 반해서 앞서 스케치한 딜레마는 주어져 있는 해석들로부터 원칙적으로 파악될 수 없는 기저를 역추론하는 해석학적 메타이론가들에게서 처음으로 나타난다. 이러한 방식으로 생활세계에서 메타이론에 이르는 반성단계의 체계가 그 윤곽을 드러낸다. 이 체계에서 메타이론가들은 대부분 안다고 생각한다. 그러나 이들은 실재론이나 회의적인 추측으로 끝난다.

여기서 문제는 다음과 같이 보다 정확하게 차별화될 수 있다. 해석성은 나-관점이나 우리-관점과 같은 1인칭의 관점으로부터 요구될 수 없다. 왜냐하면 우리는 해석I과 해석II의 적절한 연관을 조망하지 못하기

때문이다. 그러므로 1인칭의 관점에서는 회의적 판단으로부터 빠져나올
수 없다. 이에 반해 2인칭과 3인칭의 관점에서는 해석성에 대해 확실히
긍정적으로 언급할 수 있다. 이것은 나와 우리가 다른 사람과 제3자의 해
석을 아주 잘 조망하고 간파할 수 있다는 사실에서 설명되며, 더 나아가
이들이 의식하지 못하는 해석I과 해석II의 관계에서도 설명된다. 이것은
해석I과 해석II의 관계가 이 경우 "바깥에서" 관찰되며 이로써 이 관계가
객관적이고 실재론적으로 고찰된다는 사실을 의미한다. 따라서 이러한
해석성은 체계적으로 볼 때 반실재론적으로 정위될 수 없으며 그 자체가
의식으로 고양된 것으로서 실재론에 배정된다. 이 해석성은 외부 관찰자
에 의해 진단될 뿐 아니라 경우에 따라서는 그를 통해 논증적으로 확보
된다. 이와 반대로 연루된 해석자는 관계를 전혀 감지하지 못하거나, 어
떤 곳에서도 회의의 한계를 넘어서지 못하는 증명할 수 없는 추측에 묶
이게 된다. 그는 외부의 반성에 참여하는 통로를 통해서만 자신의 "해석
성"에 대해 분명히 알게 되지만, 이를 통해 자신의 해석성이 갖는 반실재
론적 특성을 상실한다. 그에게는 지금 해석II의 실재론이 개방되어 있기
때문이다.[9]

1인칭이 2인칭이나 3인칭의 해석관계에서 그 자신을 위해 유비추론을
할 수 있다는 반박은 옳지 않다. 무엇보다 먼저 1인칭의 회의적 상황은 2
인칭과 3인칭에서 돌파되는데, 그것은 우리가 우리 자신에게서보다 다른
사람에게서 해석I과 해석II를 더 잘 구별할 수 있다는 사실을 통해 가능

---

9) 증명의 딜레마는 가다머에서가 아니라 (분석적) 해석철학과 아벨(Abel)에서 등장하
는 전제, 즉 단일성/다수성, 동일성/차이, 부분/전체 등과 같은 근본 개념은 해석I이며 그
렇기 때문에 이 근본 개념이 상황에 따라 변화한다는 전제에도 해당한다. (예컨대 H. Put-
nam, 1987, 18ff.,; Putnam, 1990, 96ff.) 이와 같은 "정립"이 관계하는 대상이 드러나지
않는 한 이 정립의 해석성은 그 자체가 문제적이며 인식론적으로 전제의 상태를 벗어날 수
없다.

하게 된다(이로써 우리가 2인칭이나 3인칭의 태도에서 어떻게 추론해야 하는지에 대해 이들이 우리에게 물어오는 정반대의 배치관계[Konstella-tion]까지 해소된다). 우리가 간접적인 방식으로 다른 인칭으로부터 우리의 불투명한 상황으로 역추론하는 것도 아무런 결정력이 없다. 이러한 역추론은 회의나 실재론의 대안을 넘어 반실재론에 이르는 유비추론이 존재하지 않는다는 사실을 보여 줄 뿐이다. 반실재론은 그 자체가 인식될 수 있기 위하여 이른바 실재에 대한 포기를 요구하며, 따라서 스스로를 지양한다.[10]

추가적으로 이러한 역추론 일반은 그것이 비교 주체로부터 실재론적으로 파악될 경우에만 증명력을 지닌다. 만약 그렇지 않다면 이것은 해석적으로 소외되기 때문이다. 이렇게 되면 역추론이 입증해야 하는 해석학적 진리 개념과 인식 개념은 넌센스가 된다.

이 밖에도 모든 개별적 변칙은 항상 오류가능한 것으로 해석될 수 있다(여기서 원칙적인 [진리]도달가능성은 전제되어 있다). 그러므로 이러한 테스트에서 전체의 실상은 최소한 애매성을 벗어날 수 없다. 즉, 1인칭의 불투명성은 오로지 상이한 방식으로만 회의적으로 고찰될 수 있다. 또는 그것은 실재에 도달하며 이로써 해석성의 자기지양에 도달한다. 해석성은 결코 안전하게 확정될 수 없는 것이다. (연역적 일반화와 평가의 애매성이 존재하는가, 그리고 그것은 어떤 것인가 하는 물음과 같이) 여러 가지로 지시된 회의의 옆자리에 악순환이 끼어든다. 말하자면 혹시 반실재론적으로 파악된 사람은 타자를 실재론적으로 인식해야 하며 이로부터 자신을 위해 유비추론을 수행해야 한다. 아니면 그는 애당초 반실재론적으로 인식해야 하며 이렇게 함으로써 자기 자신에 대해서와 마

---

10) 본서 251, 255f. 참조.

찬가지로 타자에 대해서도 확실한 것을 말할 수 없다.

더 이상의 반대는 다른 종류의 생명체가 갖는 변칙적 세계관에 의존한다. 이들은 우리도 스스로 극복할 수 없는 특별한 세계관에 사로잡혀 있다는 사실을 입증해야 한다. 실제로 우리는 자연의 사다리 속에서 우리 가운데 자리 잡은 생명체를, 경우에 따라 그 행동표본에서 학문적으로 재구성함으로써 우리의 세계관에 연관 지을 수 있다(Uexküll 및 다른 환경연구자들은 이런 방식으로 연구를 수행한다). 여기에는 접근의 문제가 있긴 하지만, 반실재론의 문제는 없다. 다른 한편으로 우리의 세계지평을 실제로 상대화할 수 있는, 우리 위에 있는 생명체 종은 알려져 있지 않다. 그래서 근대의 논의는 허구적인 신의 관점(intellectus divinus)에 의뢰한다. 신의 관점이 있다면 그것은 이러한 상대화를 수행할 수 있을 것이다. 그러나 사람들이 찾는 유비추론은 순환으로 남으며 그 어떤 증명력도 없다.[11] 이 밖에도 역추론은 실재론적으로 수행될 수 있을 때만 왜곡되지 않게 사용될 수 있다는 사실이 타당하다. 이로써 반실재론은 선결문제요구(petitio principii)의 부담을 피할 수 없는 것으로 입증된다.

3. 다원주의-논거의 딜레마적 상황

반실재론을 위한 간접 논거는 비관점적으로 파악된 관점들의 다원주의를

---

11) 20세기의 철학이론들은 자기관계에 못지않게 낯선 정신존재에 대해 다양하게 맞선다. 이 이론들은 감정이입(낭만주의), 유비추론(Husserl), 직접적 소여존재(Scheler, Levinas)를 행동주의의 맥락적 수행방식과 같이 주장한다. 여기서 고유의 정신존재는 낯선 정신존재에 비해 우선권을 갖지 않거나, 해석학적 자비원리에 걸맞게 (반실재론적) 우선권을 갖거나(Simon, Abel), 이 양자가 전반적으로 달성될 수 없다(Derrida). "다른 마음" 대한 우리 시대의 분석적 관점은 1인칭과 3인칭 사이에서, 회의주의의 경계로 빨려 들어가는 상호 비대칭관계를 인식한다(Evans, Wright, McDowell, Bilgrami).

제공하는 것으로 보인다. 이 관점들은 인식론적으로 이해되든 아니면 심지어 존재론적으로(관념론적으로) 이해되든 간에 다수의 독자적인 해석을 제안한다. 가다머는 자신이 주장한 일련의 영향사에서 그리고 동시대의 다원성에서 — 이를테면 동시대의 문화나 예술작품에 대한 상이한 해석들에서 — 이러한 표상을 활용한다. 그러나 해석주의의 중심을 이루는 다원론 논거를 완전히 파악할 수 없다. 왜냐하면 이 논거는 대안들을 건너뛰며 동등한 해석의 반실재론에 서둘러 도달하기 때문이다. 해석논제를 확보하기 위하여 실제로 다음의 경우들이 배제될 수 있어야 할 것이다. (1) 다양한 관점의 의미를 띤 해석들의 양립가능성(예컨대 학문의 전망을 위해 가정된 결과들과 함께 나타나는 언어다원주의), (2) 가능한 배열을 포함하여 모든 해석에 이르기까지 진행되는 몇몇 오류가능성. 엄밀하게 보면 이러한 배제는 두 경우 모두 무한소급 및 해석II 자체와의 비교를 통해서만 가능하며, 그렇기 때문에 증명의 딜레마로 귀결된다. 현상적 결과인 해석들 상호 간의 차이는 이미 실재론적인 비교처리를 전제한다는 사실이 여기에 덧붙여진다.

더 나아가 이 사실은 실재론적으로 확보되어야 하는 현재나 미래의 알려지지 않은 경우들에 대한 모든 유비추론에도 해당한다. 이 밖에도 제2열의 반실재론은 제1열의 반실재론을 삭제하며 그에게서 진술능력을 앗아간다.

또한 가다머의 전임자들(역사주의자들, 니체, 딜타이 등)은 다원주의-논거를 철저하게 생각하지 않았다. 그렇지 않았더라면 이들은 이 논거에 함축되어 있는 난점을 의식화하지 않은 채 중도에 머물지 않았을 것이다. 다원성 내부의 등급을 지각하지 않거나 이를 한 번도 가능한 것으로 간주하지 않으면, 상대주의 직관을 서둘러 이론화하는 것에 근접하게 된다. 이로부터는 증명의 부담이 가상적으로 전도되는 일이 벌어진다.[12]

실제로 다원주의-논거의 둘째 변형태인 (2)는 문제를 보다 근본적으로 다루는 데 적합하다. 삶은 해명할 수 없는 것이라는 딜타이의 명제는 무엇인가에 귀속하는 상대주의와, 딜타이가 포기하고 싶지 않았던 절대적으로 타당한 결과에 대한 학문적 요구 사이의 이율배반에 이르는 것으로 보인다. 가다머는 이러한 "역사주의의 난문"을 하이데거의 연속선상에서 상대주의를 지지하면서 결정적으로 해소했다. 이에 맞서서 제봄 (Th. Seebohm)은 현재가 (그리고 현재의 학문이) 양가적인 태도를 취한다고 정당하게 비판했다. 회상할 때는 현재가 상대적인 모습으로 이해되지만, 현재의 자기이해에서는 진리규정적으로 또는 진리를 최소한 전진적으로 지향하는 모습으로 이해된다.[13] 그러므로 현재는 한편으로 역사주의에 포함되지만, 다른 한편으로는 — 다른 시각에서 — 자신을 역사주의에서 제외시킨다.

이것은 우리의 논거를 통해 보다 상세하게 설명될 수 있다. 그때그때의 현재를 상대화하는 것은 직관적인 신빙성을 갖지만 엄밀하게 보면 그것은 증명할 수 없다. 즉, 이러한 해법은 항상 회의와 맞닥뜨리게 되는 것이다. 역사적 상대성에는 다원주의-논거 (2)에 상응하는 바와 같은 입장들의 가능한 배열이 맞선다. 이와 같은 경우형태는 배제될 수 없다. 이것을 확보된 것으로 받아들이려 한다면, 우리는 삶의 해명불가성을 비교하는 방법으로 무한하게(ad infinitum) 서술해야 할 것이며, 이는 해결할 수 없는 시도다. 어디선가에서 "근거"와 부딪칠 가능성은 — 미래의 검증을 기대하면서 — 결코 전적으로 거부될 수 없다. 현재가 이러한 검증에 개방되어 있다는 사실은 유비추론을 통해 밝혀질 수 없다. 딜타이가 표

---

12) 이 밖에도 배열은 진리능력을 지닌 진술과 결합되지 않는다. 이것은 또한 — 문화와 예술에서처럼 — 등급화된 가치판단과 관계한다.

13) Th. S. Seebohm, 1972, 88ff., 147ff.

면상 수정할 수 없는 것으로 남겨둔 "역사주의의 난문"은 아마도 엄밀한 이율배반이 아니라 "개방적 물음"이다. 따라서 이 난문은 고르디우스 매듭의 방식을 따라 반결정론적으로 해결될 수 없다.[14]

 "의식보다는 존재"라는 이 관계에 대한 가다머의 고유한 정식은 잘 알려져 있다. (이 정식은 전의식적인 것과 무의식적인 것을 암시한다.) 그렇지만 여기에도 동일한 반박이 적용된다. 즉, 우리의 다른 지식에 낯선 것으로 다가오는 무-의식적인 것을 우리는 무엇으로부터 알게 되는가? 분명 과거로부터의 유비추론을 통해서만 알게 되거나, 불확실한 회의에서 빠져나오기 위해 우리가 그것의 비실재론적 범위에 대해 통찰해야 하는 제3의 것에 의거하여 알게 된다.[15]

4. 개체성과 관점성의 인식론적 상태에 대하여

획득된 결과는 통상 해석주의의 보증자로 행사되는 개체성의 개념에서 낱낱이 확인된다. 물론 이 개체성 개념은 이미 예전의 실재론적 해석학에 속하는 이해의 대상으로서의 개체성을 의미하지 않는다. 오히려 이것은 "개별화하는" 이해 주체로서의 개체성을 의미한다. 동시에 여기서 개

---

14) 옮긴이 주: 고르디우스의 매듭은 프리기아를 건립한 고르디우스의 전차에 매달려 있는 복잡한 매듭을 풀기 위해 고민하는 와중에 마침 이곳을 지나던 알렉산드로스 대왕이 이를 칼로 잘라 버렸다는 이야기에서 유래한다. 이는 복잡한 문제를 대담한 방법으로 해결한다는 뜻을 지니고 있다.
15) 만약 과거 학문의 모든 결과가 거짓이고 그래서 현재의 이론도 거짓이라고 주장한다면, 허용되는 회의의 등급을 넘어서게 된다. 이로써 과거 해법의 부분적인 사실 내용이 오인되며 이것에 토대를 두는 접근도 무시된다. 그러나 회의는 역사의 부정적 결산도 포함해야 한다. 그 밖에 회의는 그것이 맞아떨어지는 곳에서도 해석성에 이르는 것이 아니라 불가지론에 도달한다.

인적 관점의 적절성, 심지어 그 특별한 적절성에 대한 증거결여의 물음
이 제기될 뿐만 아니라, 보다 근본적으로 개체성 일반이 다른 인식 주체
를 차별화할 가능성 및 이들의 인식론적 수행능력에 대한 증거결여에 대
한 물음이 제기된다. 개체성이 동등한 가치를 지니며 그 인식이 동일한
성과를 낸다는 것은 결코 전제될 수 없다. 많고 적음에 대한 물음, 마지
막으로 인식이나 비인식에 대한 물음은 여기서 중대하고 예민하다. 이
물음은 이미 언급한 바 있는 똑같은 증명의 딜레마로 되돌아간다. 개체
성의 이론가는 — 이 경우에는 개체성의 이론가가 해석학적 메타이론가
와 동일하다 — 개인의 의식이 하나의 해석II에서 해석I을 어느 정도 산
출하는지를 제시하고 이를 통해 실재론적으로 파악할 수 있는 해석II로
논의를 되돌릴 의무가 있다. 그렇지 않을 경우 개체적 해석성이라는 논
제는 가설로 남는다.

　　관점이 애당초 객관적 측면에 관계하지 않으며 이 때문에 꼭 실재론적
으로 정위되지 않는 한 위의 사실과 비슷한 경우가 관점의 개념에 딱 들
어맞는다. 여기서 우리는 — 헤겔과 슐레겔이 관찰했던 바와 같이 — (전
체화하려는 경향과 함께) 이미 단초에서부터 관점을 넘어서지 않고서는
관점에 대해 결코 생각할 수 없다. 이 밖에도 우리는 전체 없이도 관점을
실재론적으로 인식할 수 있을 것이다. 특수성을 일면적으로 해석성을 향
해 풀이하려고 한다면, 전체와 개별전망의 비교뿐만 아니라 전체에 대한
앎을 전제하는 증명의 딜레마에 빠지게 될 것이다. 일반적으로 관점의
유한성은 우선적으로 전체성에서 특수성으로 진행하지만 측면의 해석성
으로 진행하지는 않는다.

　　보통 상대주의는 (경우에 따라서 집단적인) 관점성, 개체성, 우연성이
라는 상이한 세 단계로 구별될 수 있다. 반실재론이나 반실재론적 메타
해석학을 정초하는 것이 중요하다면, 이 단계들은 개별적으로 거명되거

나 상이한 결합으로 거명된다. 니콜라이 하르트만의 『인식의 형이상학』(1965⁴)은 이에 대한 예가 되는데, 여기서는 통과과정에서 후설의 현상학을 통해 재차 획득된 실재론을 해석적 수행과 결합하려고 한다. 그렇지만 하르트만은 실재론적 요소와 해석적 요소를 구별하는 아무런 기준을 제공하지 않으며, 따라서 자신이 내놓은 여러 단계의 인식론을 입증해야 하는 책임을 지고 있는 것이다. 그럼에도 불구하고 이러한 가정은 최근에 이르기까지 늘 다시금 주장되어 오고 있다.[16]

하이데거는 『존재와 시간』에서 더욱 복잡한 사례를 제시한다. 실존은 대체할 수 없는 각자의 것이어야 한다. 따라서 실존은 전통적인 개체성과 일치한다. 그러나 하이데거는 "공존재"의 실존범주를 통해 동근원적으로 주어져 있는 다수의 실존들을 고려한다. 그럼에도 불구하고 다른 (개체적) 실존들이 내 옆에서 어떤 상태를 취하고 있는지는 『존재와 시간』의 기초존재론에서도 열려 있는 문제다. 즉, 다른 실존들이 "실존"의 형상(形相) 내에서 어떤 방식으로 개체화되며 개별화될 수 있는지, 그리고 이들이 어떻게 서로 "이해"되고 지각될 수 있는지 열려 있는 것이다. 특히 개인적 타자존재는 도출되는 것이 아니며 증명되는 것은 더더욱 아니다. 그래서 사람들은 다른 실존들이 나와 "다르게" 존재하는지 의심할 수 있으며, 이들이 어느 정도로 어디까지 서로 식별가능하게 구별되는지 물음을 던진다. 이들의 서로 간의 배치 방식은 가령 무엇 때문에 이들이 전적으로 반실재론적이어야 하는지에 대해 늘 상세한 설명을 내놓지 못한다.

이와 유사한 것이 하이데거와 가다머에서 작동되는 기회원인성(偶因性, Okkasionalität)에 꼭 맞아떨어진다. 기회원인성이 어떤 인식론적 문

---

16) 예컨대 V. Gerhardt, 2000, 66-95.

제를 제기하는지, 또는 그것이 어떤 문제를 왜곡하는지 분명하지 않다.

만약 반실재론적 관찰방식에 동조하면, 두 번 모두 증명의 딜레마를 고려하지 않게 된다. 메타이론적 차원에서 아주 적절한 실재론에 빠져들지 않고 어떻게 해서 어떤 것을 그 자체보다 "다르게"[17] 이해할 수 있는지 불투명하다.

가다머에서는 하이데거의 문제들이 한 단계 밀려진 상태로 반복된다. 가다머는 개체성이나 우인성에 대해서보다는 역사적 진행에 나타나는 집단적 관점성에 더 많은 관심을 기울인다. 이것은 다른 관점들을 배제하지 않는다. 하이데거의 실존철학적 전제가 가다머에서 배경으로 물러난다는 사실은 추가적으로 문제를 더 어렵게 한다. 이를 통해 철학적 해석학의 방법적 논의가 시작된다. 왜냐하면 철학적 해석학은 인식론의 전통적 기준 앞에서 실존철학보다 높은 등급에서 스스로를 정당화해야 하기 때문이다. 다른 측면에서 철학적 해석학은 모든 인식과 전달을 배제하는 관점들의 최소 차이로 귀결되는 해석학적 개체주의와 우연론의 극소 결과와 관계할 수 없다.

5. 변증법을 해석학으로 되받는 것인가?

가다머는 "변증법이 해석학으로 되받아져야 한다"[18]는 사실을 반복해서 요구했다. 여기서 가다머는 절대지에서 최고봉에 오른 헤겔의 변증법을 역사적 연관의 유한성으로 끌어내려야 하며 이런 의미에서 분명히 감소

---

17) 하이데거는 가다머의 1950년의 변경을 선취한다("올바른 설명은 텍스트를 저자가 이해하는 것보다 결코 더 잘 이해하지 못하지만, 이를 다르게 이해한다").

18) 예컨대 H.-G. Gadamer, *Das Erbe Hegels*, 1979, 77, 90 각주 9 참조(여기에는 하이데거의 동의가 포함되어 있다).

된 요구로써 이를 오로지 "해석학적으로" 다루어야 한다고 생각한다. 이를 통해 무의식과 전(前)의식에 대한 중요관심사의 변경과, 특히 해석학적 과정이 비목적론적이며 끝없이 수행된다는 사상이 결합된다.

그런데 하이데거의 『존재와 시간』(32절, 63절 참조)에서 유한성과 반실재론에로의 전환이 예견되었다. 하이데거는 이 문제를 명시적으로 기술적 해석학의 해석학적 순환과 결합하고 전통에 나타나 있는 객체와 객체(부분과 전체) 사이의 순환을 보다 중요한 주체-객체-순환을 통해 보완하고 심화한다. (주체-객체-순환은 오로지 학문들의 종속적 객체-객체-순환을 통해서만 자격을 얻는다. 하이데거는 이것을 "올바른 방식에 입각하여 순환에 진입한 것"으로 명명한다.[19] 모든 해석의 선-구조에 뿌리내리고 있는 이러한 실존적 주체-객체-순환은 — 가다머에 의해 구체화된 것으로서 — (당연히 사물적 존재자[das Vorhandene]에 귀속하는) 헤겔의 주체-객체-변증법의 변형이다. 헤겔은 이 변증법을 『정신현상학』에서 정초했으며,[20] 이를 모든 철학적 분과들에게 타당한 것으로 받아들였다. 하이데거는 이 변증법을 키에르케고르의 연장선상에서 실존에 관련지었고 이와 동시에 해석학의 용어로 옷을 입혔다. 가다머는 역사적 연관을 유명하게 만들었으며 이로부터 (헤겔의) 변증법은 (하이데거와 가다머의) 유한한 해석학의 영역으로 넘어가야 할 것이라는 요구를 도출했다.

그런데 사실에서 진보로 표현된 것은 방법적 요구를 따를 경우 오히려

---

19) Heidegger, 1957⁸, 153, 314-316 참조. 가다머는 학문들 및 그 (기술적) 해석학의 선결적 기능과 종속적 기능을 하이데거로부터 수용한다(같은 책, 251f., 254).

20) Hegel, *Phänomenologie des Geistes*, 1952⁶, Einleitung, 72-75(경험을 수행하는 변증법적 운동은 지식을 변화시키며 그 결과 대상 자체도 변화시킨다. 이를 통해 의식의 형태의 전체 과정이 필연적으로 도출된다).

의문스런 것이다. 헤겔의 절대지에서 정점에 도달하는 논증은 이를테면 하이데거와 가다머가 빠졌던 증명의 딜레마를 모면한다. 헤겔은 전체 의식내용을 "절대적으로" 조망할 수 있으며 이를 통해 그때마다 수행되는 것을 의식의 "등 뒤에서" 객관화할 수 있다. 그러나 하이데거와 가다머에서 순환은 어디에서도 확정되지 않으며 이 때문에 그 반실재론적 전제에서도 조망할 수 없게 된다 — 이것은 헤겔과 달리 오로지 회의적 평가로 귀결되는 배치관계다.

6. 철학적 해석학은 칸트를 통해 정당화되는가?

가다머는 철학적 해석학의 단초를 칸트를 원용하여 정당화하려고 한다. 개별과학적 해석학 및 기술적 해석학과 달리 철학적 해석학에서는 규칙 규준이 중요한 것이 아니라 해석 일반의 가능조건에 대한 설명이 중요하다. 이러한 관점에서 역사적·문화적 대상은, 칸트가 분석한 자연과학의 대상을 넘어서는 제2선에 있는 물자체의 특성을 획득한다. 그러나 근대의 반실재론에서 다른 방식으로 나타나는 대상영역의 다원화를 도외시하더라도, 가다머는 총체적으로 아주 강하게 경험적으로 정위된 차원에서 칸트의 근본사상을 재생한다. 경험적으로 정위된 차원은 등급의 구별을 애당초 칸트의 방식으로 없애려는 노력과 모순된다. 따라서 전체로서의 문화뿐만 아니라 (허구적인 기호체계와 더불어) 정보를 제공하는 기호체계에 의해 개진된 문화의 개별적 부분 계기들에도 다음의 사실이 들어맞는다. 말하자면 문화 자체는 한때 완전한 현재였(으며 병렬적 문화에서도 그러했)고, 그렇기 때문에 이 현재를 접근의 방식으로 재구성하는 것은 적법한 과제일 수 있다. 텍스트 해석이 보편에서 특수로 진행하거나 심지어 특정한 해석의 특수성이 인접 특수성으로 진행하는 것은 어떤

경우에서도 규칙이 아니다.[21] 오히려 해석II가 현재에 대해 갖는 구조유
비는 — 자연과학과 달리 — 규제적으로 이끌어져야 한다. 바로 여기에
칸트의 물자체에 대한 유비의 한계가 있다. 멀리 떨어져 있는 문화도 여
전히 칸트가 말하는 물자체의 추상과는 비교할 수 없을 정도로 구체적이
다. 반대로 이러한 조명하에서는 "진리는 만들어진 것"(verum et factum
convertuntur)이라는 비코의 명제에 대한 근사치, 즉 해석학의 보증되지
않은[22] 근사치가 드러난다. 역사적, 문화적 대상은 우리와 유사한 인간들
에 의해 산출되었으며 우리들의 고유한 업적이나 행위와 동일하기 때문
에 우리가 분명 우선적으로 접근할 수 있는 것이다. 칸트의 비판적 기획
과 가다머의 간격은 아주 크다. 가다머는 자신이 칸트의 구상과 빈틈없
이 연결된다는 것, 그리고 자신이 칸트의 구상을 정당성의 논리로 높이
평가한 것을 [실제로] 납득시키지 못하고 있는 것이다.

II. 가다머에서 적용의 개념

1. 가다머의 적용 개념 — 애매성

가다머의 메타이론은 무엇보다 적용의 철학으로 상세하게 드러난다. 반
실재론적 타자는 적용을 통해 발생한다. 가다머에서 적용의 개념은 아주
상이한 것을 덮어 버리고 이로써 사실상 전혀 존재하지 않는 동종성(Ho-

---

21) 가다머는 W. M. 307, 323에서 개별적인 적용사례 저편에 있는 보편을 부정한다. 그
런데도 그의 메타이론에서는 보편이 영향사의 무의식으로 이행했(으며 이를 통해 모든 통
제를 벗어나 있)다.
22) 가다머는 저자의 의도를 향해 정위된 명제를 역지시한다. W. M., 260, 355.

mogenität)과 일의성(Univozität)을 암시한다는 것이 분명하다. 가다머가 이해 자체에 귀속시키고 이를 통해 신학적, 법률적 전통의 실천적 적용과 명백히 구별되는 새로운 종류의 현재연관의 계기를 (전유[專有, Appropriation] 등과 같은) 다른 특별한 규정이 제안될 수 있음에도 불구하고, 적용이라는 동일한 이름으로 기록하고 있는 것은 주목할 만하다. 이것에 더해서 다의적인 예술적 적용의 개념이 등장하는데, 이 개념은 독서 행위에서 표현과 연출에 이르기까지 확대된다. 가다머는 이러한 계속되고 있는 — 실천적이거나 실행적인(exekutiv) — 개념내용을 역사적 텍스트나 낯선 문화 텍스트(와 기념물)에 대한 이해적 수용으로 변형시키려고 한다. 여기에는 역사가, 철학자, 수학자 등의 순수한 정보 텍스트와 도구적 텍스트도 포함된다. 그러나 여기에는 이중적인 축소가 드러난다. 신학적 적용과 법률적 적용에는 이해되어야 하는 보편자가 실천적 적용에 앞서 주어져 있다는 사실은 이미 지적된 바 있다. 보고적 성격의 텍스트와 정보를 제공하는 텍스트의 경우에서도 그것이 의미하는 바를 텍스트 적용에 끌어들이고 있다는 사실은 난점으로 드러난다. 그러나 가다머는 (후설과 함께) 역사적 이해와 상호문화적 이해가 배후에 즉자존재자의 "환영"을 반실재론적으로 두고 있다는 식으로 이 두 이해를 정위시키려고 한다. 그런데도 이 사실은 예술에서 보이는 관계들의 예외가 있기는 하지만, 열거되는 그 어떤 영역에도 정확하게 맞아떨어지지 않는다. 그러므로 가다머는 하이데거의 일반적인 전판단성을 특정한 개별분과에 나타나 있는 특별한 적용관계와 매개하는 데 실패한 것이다.

또한 상이한 적용형식에는 상이한 이해 개념이 배치되어야 한다. 지금까지 언급한 모든 것에 의하면 여기서 애매성이 고려될 수 있다. 말하자면 이종적인 방식에 나타나 있는 적용계기가 이해와 결합된다면, 우리는 오로지 일반적으로만, 그리고 아무런 차이도 없이 하나의 (반실재론적?)

이해에 대해 언급할 수 있을 뿐이다.

2. 가다머는 해석학의 전승된 세 갈래 안에서 어떻게 자리 잡는가?

가다머는 의미심장한 방식으로 이해, 설명, 적용이라는 해석학의 경건주의적 세 갈래를 수용하지만, 여기에 아주 자의적인 강조점을 둔다. 그는 우선 슐라이어마허를 따라서 이해를 위해 이해와 설명을 구별했으며, 또는 이해가 해석을 대변하는 것으로 이 구별을 약화시켰다. (이와 같이 오로지 이해가 해석을 대변하는 경우에만 만약 이해가 달성되지 않으면 해석이 독자적인 것으로 보인다.) 이런 다음 그는 경건주의 저자들과 같이 적용을 해석학적 처리의 제3단계에서 받아들이지 않고 — 설명의 유비에 따라 — 적용을 한 계기로서 이해 자체에 할당했다. 가다머에서 이해는 곧 적용이다. 여기서는 무엇보다 "적용"의 상이한 형태들이 고려될 수 없게 된다. 이해는 그 자체가 이해로서 항상 관점적으로나 영향사적으로 제약되는 한 필연적으로 적용과 결합된다. 가다머에 의하면 해석자가 이해하려고 하는 보편자는 그때마다 특정한 적용에 의해 각인되며 그 자체가 순수하게 파악될 수 없다. 이로써 적용은 해석학의 중심 개념으로 상승한다. 이 중심 개념은 이해가 더 이상 적용과 분리될 수 없는 것으로 그 준거를 규정하기 때문이다. 이러한 의미에서 가다머는 통합적, 통일적 해석학에 대해 언급한다.

그러나 이러한 구상은 한편으로 너무 많이 고려하고 다른 한편으로 너무 적게 고려한다는 이중적 비판에 직면한다. 전통에서 받아들인 이해이론, 즉 이해 자체를 위해 메타이론이 있을 수 있지만 실천적 지침은 있을 수 없다는 사실을 무시하는 이해이론은 너무 멀리 나간 것이다. 그렇기 때문에 철학적 해석학도 가다머에 의해 저지된 "해석", 즉 설명을 중심점에 둠으로써 반대의 것을 강조해야 한다.

　다른 측면에서는 적용이 이해로 수렴됨으로써 이해과정을 넘어서 현실 및 실천과의 연관을 산출하는 전통적 적용의 계기들이 사라진다. 어쨌든 가다머에서는 전통적 적용의 계기들이 더 이상 주제화되지 않는다. 예컨대 성서 텍스트를 특별한 경우에 적용하거나 법적 판단 내지 법률자문을 적용하는 일 또는 심지어 실재적인 실천에서 윤리적 명제들을 추종하는 일은 이러한 적용이 없이는 존립할 수 없는 질료적 플러스(+)를 이해자와 해석자에게 가져다 준다. 여기서 "적용" 타입의 구별이 정당성을 얻게 된다. 이 문제에 대해서는 앞서 (제1절에서) 언급했는데, 이러한 구별은 차원의 구별이기도 하다. 역사 명제의 "적용"이 이미 "이해" 가운데 들어 있는가, 아니면 그것이 체계적 통합이나 실천적 후속과정에서 비로소 나타나는가? 그리고 수학적 명제의 "적용"이 이미 이해 가운데 주어져 있는가, 아니면 기술적인 사용에서 비로소 나타나는가? 여기서 가다머적 이론형성의 개념적 결핍을 지시하는 구별활동이 확립될 수 있다. 그러나 중요한 것은 전통의 배경 앞에서 전적으로 무게를 지니는 단순화이다. 여기서 적용 일반 및 이와 결합되어 있는 이해 개념의 평가절상과 이것에 상응하는 해석의 평가절하와 조건부로 조우할 수 있다는 사실이 드러난다.

　적용을 포함하지 않는 정신적 행위가 이해의 표제를 적법하게 요구할 수 없다는 사실이 밝혀지지 않는 한, 우리는 적용을 모든 이해의 필수조건으로 평가절상하는 것에 대해 회의적으로 맞서게 된다. 여기서 실제로 중요한 문제는 무엇보다 측정의 물음인데, 여기서는 다수의 적용 단계와 형태 가운데서 우리가 어떤 것을 고려하는가 하는 문제에 대한 추가적인 설명이 필요하다.[23]

3. 가다머의 해석학은 반실재론적 언어철학인가?

물론 가다머는 ("이해될 수 있는 존재는 언어다"라는 모토하에 있는) 언어 장(章)을 매개로 하여 겉으로는 모든 구별과 반박을 물리쳤다. 여기에는 사람들이 똑같이 반실재론적 언어파악을 지지한다는 사실이 전제되어 있다.[24] 그럼에도 불구하고 앞에서 관점성에 대해 언급한 것과 동일한 사실이 언어에 대해 말해질 수 있다. 즉, 언어가 과연 세계의 실재적 모습(Aspekt)을 반영하며 어느 정도로 반영하는지 또는 언어가 세계에 대한 해석이며 어느 정도로 세계를 해석한 것인지 하는 것은 열린 물음인 것이다. 이것은 언어가 원칙적으로 실재론 및 반실재론에 대해 중립적이라는 사실을 의미한다. 다른 말로 하자면, 언어와 세계의 경계는 원칙적으로 제시될 수 없는 것이다. 언어에 대한 독단적 반실재론적 이론은 이미 다룬 바 있는 증명의 딜레마 및 자기적용의 딜레마에 빠질 것이다(여기서 자기적용이란 개별언어의 차원이 의도된 초개별 언어적 진술을 통해 약화되는 한에서 그러하다).

하이데거에 맞서는 가다머의 특수한 면모는 "타자"의 놀라운 계기를 포착하려고 하며 이로써 반실재론을 돕는 것으로 보이는 언어의 대화성이다. 이에 반해 가다머는 하이데거에 의해 자극받았는데, 그것은 직접적으로 말해지지 않은 것을 배제한 것이 아니라 — 대략 상위어조와 중

---

23) 일반적으로 반실재론을 위한 모든 증명은 실재론에 기대고 있으며, 실재론적 결과를 갖는다. 다른 사람의 잠정적인 해석성도 실재론적 수단과 함께 실재론적 해석II로부터 제시되어야 한다. 다른 사람이 해석했다는 사실에 대한 입증은 오로지 전치법(Hysteron-Proteron)을 감수할 때 가능하다. 말하자면 우리가 낯선 해석과 실재론적으로 관계한다는 사실을 가정함으로써 가능한 것이다.
24) 언어 장은 이 장에 이르기까지 논의된 반실재론을 위한 개별논증들을 불필요하게 만든다. 가다머는 단계별 전략을 사용해야 했는가?

간어조로 — 우리가 설명할 수 있는 것보다 더 많은 것을 함축하고 있는 암시적인 것을 배제한 일이다.[25] 시험대에 세워 보면 가다머의 두 가지 혁신은 (주어져 있는) 반실재론을 분명히 했지만 이를 정초하지는 못했다. (직접적으로) 말해지지 않았지만 암시하고 있는 것은 상호주관적인 것의 문제를 강조하는 반면 곧바로 주관성을 강조하지는 않는다. 언어의 대화적 특성은 때때로 비약적인 이해의 진보를 보여 주는 반면 인식론을 근본적으로 문제 삼는 일을 위해서는 충분한 것이 못된다.[26]

사람들이 자신의 형식으로 번역하는 낯선 언어형식의 타자성도 철학적 해석학의 공리에 의해 지배받으며 이 타자성이 여기에 놓여 있게 된 경위에 대한 논증적 검증을 요구한다.[27]

III. 영향사의 가설

1. 비-직선적인 역사상(像)

가다머는 영향사를 자신의 메타이론의 중심으로 고찰한다. 그 이유는 영향사가 반실재론과 동시에 역사적 진행의 창조적 계기를 증대시키기 때문이다. 영향사의 구조는, 사실적인 역사의 진행에 상응하게도 우리와 결합되어 있으며 그것을 수용할 때 속임을 당할 수 없는 과정의 직선성과 더불어 존재하며 또 사라진다. 그러나 직선적 역사진행이라는 표상은 다

---

25) M. Wischke, 2001, 268ff. 참조.
26) 언어철학적 논의는 언어가 현실의 모습을 재현하는지 물음을 제기하며, 이러한 입장은 반복된다. 예컨대 A. Burkhardt, 1985, 151f.에 나와 있는 요약 참조.
27) 이 문제에 대해서는 J. Grondin, 2002, 42-46 참조.

시금 너무 추상적이며, 방향과 결합과 속도에 의거해서 비-직선적 연속을 통해 헤아려 보면 무규정적인 역사과정이다. 우리는 목적론적인 접근과정이나 심지어 창발과정을 포함해서 직선적, 순환적, 나선형적, 역행적 진행형식 및 보다 복잡한 진행형식을 구별해야 한다. 역사적 진행에서는 실제로 직선성과 순환성이 합쳐진 나선형적인 생기(生起)형식이 지배적이다. 혁신과 더불어 항상 존재하는 것이 있는데, 그것은 계속해서 남아 있거나 변형을 통해 그 자리로 되돌아가게 되는 몇몇 요소다. 따라서 순수한 직선성은 순수한 순환성과 마찬가지로 보통의 경우로 사칭될 수 없는 한계 경우다. 그러므로 이 한계 경우는 이상형의 추상과 같은 것으로 규정될 수 있다. 그러나 이것은 역사단계의 분명하고 명쾌한 연속이라는 단순한 표상의 자리에, 가까운 것과 먼 것의 교환이 등장한다는 것을 의미하거나, 다르게 고찰해서, 옛것과 새것이 늘 특유한 방식으로 혼합되고 심지어 이것들이 지속적인 관계의 변경과 더불어 상이하게 혼합되는 한에서 비동시적인 것의 동시성이 등장한다는 것을 의미한다. 옛것과 새것을 분리하는 것은 엄격한 직선적 진행이 아무런 발판도 발견하지 못한다는 사실을 통해 항상 좌절된다. 이것은 사실적으로 생활세계에 맞아떨어진다. 옛 요소와 새 요소를 나선형적으로 교환하는 데서 상정되는 생활세계의 동화(Angleichung)는 생활세계에 반작용하는 반대쪽에 영향을 미친다.[28]

---

28) 콘스탄츠의 수용미학은 정의(定義)상으로는 가다머에서 출발하지만 그를 변형된 형태로 따른다. 이저(W. Iser)의 현상학적 분석은 무엇보다 인가르덴(R. Ingarden)과 연결된다(1970, 1972⁴, 1976 ; R. Warning, 1994⁴, 228ff., 435ff. 참조). 인가르덴이 말하는 무규정성의 구절은 의미가 비어 있는 구절로 기술되며 인가르덴과 더불어 불분명한 텍스트를 구체화하는 것으로 이해된다. 그러나 무규정적인 구절은 규정적인 전체에 속하며 부분적으로는 저자에 의해 계획된 것이다. 비록 이저가 비판적 독해이론을 통해 객관적 텍스트의 해소를 주장하는 가다머와 일치하고 증거들을 "항상 조금 다르게 이해되게" 한다 하더

'지평융합'에서 고유한 현재와 결합되어야 하는 '다른 것'이 과거와 큰 차이 없이 현재에 대립한다면 이러한 다름은 최소한 종속적으로 규정된다. 이것은 암시되어 있는 직선적인 조정과정 전체에 처음으로 부딪친다. '과거를 포착할 때 순서에 따라 진행되어야 한다고 추정되는 개별 관점들은 교환불가능하다'는 공리가 있는데, 이것은 옛것과 새것을 위에서 조망할 수 없는 병렬적인 것으로 드러내는 전승에 비추어 보면 비현실적인 것으로 나타난다. 실제로 관점들의 변화성은 불가피하다. 영향사의 닫힌 조망은 원칙적으로 열린 조망에 의해 대치되어야 한다. 우리는 역사가로서 그리고 종종 생활세계의 부분들로서, 단순히 피상적으로 매개될 수 없는 과거에 대한 상이한 고찰방식들 가운데서 선택할 수 있다. 이러한 대안은 연속적인 질서의 공통 주제가 인위적으로 도출되는 일이 없이 복잡한 전통 자체를 통해 강요된다.

라도, (가다머의 진리사건에 맞서는) 재(再)주관화와 논제의 부분성은 전이해의 부재, 역사적 영향사에 선행하는 다의(多義)적인 현재와 마찬가지로 분명하다.

야우스(H.R. Jauss)의 중심이론인 기대지평이론도 가다머의 급진성 앞에서 움츠러든다. 이러한 기대지평은 객관적으로 재구성될 수 있으며 기대지평을 향해 구상된 작품의 중요한 설명잠재력을 (영향사적 연관의 전도와 함께) 서술한다. 우리는 야우스가 콜링우드와 가다머에서 정식화된 질문-대답-범주론(Kategorik)에 공헌한 것을 특별히 고려하면서 그를 이저와 구별해서 해석학자로 볼 수 있다. 그런데도 그의 구상에는 가다머의 직선적 연속성이 결여되어 있다. 모든 시기는 그 자체로 재구성될 수 있는 것이다. 야우스는 기회가 있을 때마다 (예컨대 1970, 185) 가다머와 같이 재구성을 현재와 관계 맺으려고 한다. 그럼에도 관점들의 연관은 열려 있으며 개별과학이 수행하는 재구성의 범위가 가져오는 결과는 숙명적이다. 이것에 더해서 야우스가 보지 못한 증명의 딜레마가 등장한다. 사람들은 그동안 세계적으로 잘 알려지게 된 기대지평의 패러다임을 철학적 해석학의 반실재론적 부담에서 곧잘 해방시킨다. H. R. Jauss, 1982, 특히 657ff. 참조. 이 밖에도 (자발적인) 지평융합 개념을 (반성적인) 지평탈각(Horizontabhebung)과 지평매개를 통해 대치하는 것에 대해서는 야우스의 책(1994, 100, 401) 참조. Jauss, *Hist. Wörterb. d. Philos.*, "Rezeption, Rezeptionsästhetik", Bd. 8, 1992, 999 볼 것.

   그렇지만 역사관계의 비직선성은 순환적 요소와 나선형적 요소 사이
의 중간지대를 통해서만 보증되는 것이 아니다. 가다머가 정형적으로 구
성한 영향사도 완전한 중단, 즉 중지와 반(反)르네상스와 망각에 의해 위
협당한다. 그렇지만 가다머는 이러한 것들을 설명할 수 없다. (그의 고전
개념은 이것들에 대립하는 직선적 속성을 띤다.) 영향사의 연속성은 이
를 통해 또다시 약화된다. 가다머가 비판했던 역사주의, 즉 한 측면이나
다른 측면으로의 포섭관계를 회피하는 역사주의가 여기에 속한다. 영향
사가 가다머와 더불어 역사주의에 대해 배타적으로 비판적으로 관계해
야 한다면, 영향사는 역사주의에 대해 오로지 동등하게 맞설 수 있으며
특수한 반대모델과 같이 원칙적으로 무기력하게만 맞설 수 있다. 그러나
영향사는 역사주의 자체가 영향사의 한 부분으로 나타나며 그렇기 때문
에 영향사에 대한 반성을 통해서도 극복될 수 없는 것으로 정식화되어
버렸다.[29]

---

29) 일찍이 가다머에 대한 비판이 있었다. 오늘날의 역사학이 1800년대의 계몽주의와 근
대 산업사회가 만들어 낸 전통의 단절에 빚지고 있다는 사실은 취소될 수 없다는 것이다
(예컨대 Apel, Faber, Habermas). 가다머는 이를 반박하면서 자신의 이론범위에서 잘려
나간 부분을 축소하고 상대화시키려 했으며 더 나아가 이와 결부되고 확대된, 역사나 정신
과학을 설명하기 위한 보상모델 내지 구원모델(Scheler, Gehlen, Schelsky, Ritter, Lübbe,
Marquard, Schulz 등)을 논리적으로 물리쳤다. 영향사가 선험적으로 이해된다는 데에서
는 영향사가 형식화되어야 한다. 즉, 영향사가 역사주의와 역사주의의 극복시도를 여전히
조건적으로 설명하며 더 나아가 이를 가능하게 하는 것으로 설명한다는 것이다. 이렇게 되
면 영향사는 결국 역사주의에 반하는 길을 갈 수 없다. 이에 반해서 영향사가 역사주의에
대해 배제적이고 비판적으로 관계하게 되면 영향사는 선험적 필연성과 보편타당성을 상실
하며, 역사주의에 대해 동등하지만 원칙적으로 무기력하게 맞서는 특수한 반대모델만로
등장할 수 있다. 다른 방식으로 말해서 우리가 영향사적 의식에서 모든 비연속성 이전의 연
속성을 추구한다면 역사주의 자체가 영향사의 한 부분으로, 즉 기만할 수 없는 공통적 역
사의 조건에 대한 반성을 통해 일어날 수 없는 영향사의 한 부분으로 나타난다 ― 여기에
다음의 사실이 부가된다. 이와 같은 형식적인 선험성은 우리가 일반적으로 늘 역사 가운데

직선적인 분기(分岐)가 타당한 것일 수 없다면 역사적 진행에서는 목적론적 접근과정이나 발생과정도 가능한 것으로 인정되어야 한다. 특정 조건이나 "배치관계"(W. Benjamin)[30]하에서 과거로의 직접적 후퇴가 존재한다는 사실은 이러한 발생과 거울에 비치는 것처럼 일치한다. 여기서 특정한 [누적적인] 역사적(geschichtlich) 조건은 [이야기의] 역사적(historisch) 지식을 장려하는 반면 다른 조건은 이를 억제한다는 경험이 확증된다. 그러나 가다머가 요청하는 바처럼 영향사적 연속성이 특정한 형태(Typus)로 여러 차례 현실 가운데 등장할 수 있다. 하지만 일정한 확신과 내용이 아무런 물음 없이 전승되고 비밀스럽게 달리 해석되는 생활세계의 관계에서는, 역사의 복잡한 구조가 이 형태에 대립한다. 관계를 뒤집어 평가하는 일 그리고 단절된 것으로 보이는 생활세계를, 객관화하는 역사주의의 교정으로 제시하는 일은 점점 더 줄어든다. 왜냐하면 이것은 역사주의의 발생을 오인하고 역사적 내용의 복잡한 구조를 간과하는 일일 것이기 때문이다.[31]

있으며 역사에 참여한다는 것, 그럼에도 역사는 질료적인 차원에서 아무런 특정 내용도 선결정할 수 없으며 저지할 수도 없다는 것, 대부분의 특정 전통은 파괴되고 낯선 문화의 전통은 오로지 이차적으로만 관계를 맺게 되며 원칙적으로 모든 전통들이 역사주의의 의미에서 객관화되고 간격을 유지할 수 있게 된다는 것을 보증할 수 있을 뿐이다. 다른 말로 표현한다면 (영향)사적 의식의 선험성은 임의적으로 변경할 수 있는 최소한의 질료적 충족에만 의존한다. 그러므로 선험적 차원과 질료적 차원의 혼합에는 수많은 근거로 맞설 수 있다. 실제로 필요불가결한 역사의식의 연속성은 사실적으로 아주 넓은 경계 내에서 변경 가능하며 그렇기 때문에 경우에 따라서는 최소한의 내용을 통해 보상된다. 이 밖에도 역사의식의 연속성은 가능한 모든 비연속성과 단절을 근본적으로 포괄적으로 뒷받침한다. 왜냐하면 비연속성은 오로지 연속성과 구별되는 데서 그리고 그 배경 앞에서만 경험될 수 있기 때문이다(Husserl, H. M. Baumgartner).

30) W. Benjamin, *Über den Begriff der Geschichte*, 1977, 260.
31) 객관주의에 대한 가다머의 비판적 개념은 후설의 비판적 객관주의와는 전혀 다르게 평가된다. 후설에게는 대상세계를 자아의 수행으로 구성하고 이에 따라 세계를 "판단중

물론 역사적인 진행에서 직선성에 무게가 더 실리는 것으로 보이는 곳에서는 영향사적 지속성의 인상이 생겨날 수 있다. 그렇지만 이러한 구역에서도 사람들은 엄격하게 결정된 영향사보다 우선권에 대해 더 언급하려고 한다. 이러한 역사적 진행은 강제적으로 단계 단계 수행되는 영향사를 조장하는 대신 그 자체가 우연적인 것으로 그리고 불가피한 것이 아닌 것으로 특징지어져야 한다.

2. 현재의 사실에 대한 관심은 영향사적 연속성을 파괴한다

[위에서 살펴본 것처럼] 직선성 및 이를 통해 상정되는 매개의 수행은 다양하게 금기시된다. 그러나 결국 직선적 양식화를 파괴하는 역사에 대한 관계 가운데 또 다른 우선권의 질서가 존재한다. 학문들뿐만 아니라 전(前)학문적 수용자들은 영향사의 구술을 따르지 않으며 역사를 가로질러 서 있는 사실에 대한 관심, 이를테면 가까운 과거 가운데 전혀 등장하지 않았던 영역의 자율에 따른다. 역사 내적 친족관계는 현재 안에 있는 상호체계적 관계들을 유추하여 이른바 "체계적으로" 파악되고 수용된다. 그러므로 사람들은 보다 적확하게 영향사보다는 영향연관에 대해 언급한다. 또한 역사적 전개에 대해 무차별적으로 관계하는 정체적인 상태형식도 있다. 왜냐하면 수용에서는 사실 가운데 나타나 있는 유사한 유형에 무게가 더 실리기 때문이다. 배치관계는 역사를 결정적으로 가로지르는 이러한 관계체계를 지시한다. 이에 반해 가다머가 수행한 역사의 절대화는 역사 내적인 체계성을 놓치고 역사는 여러 질서형태 가운데 하나에 지

___

지" 하는 일이 중요한 반면, 가다머에게는 헤겔적인 매개를 통해 등장한 영향사에 의해 이루어지는 역사적 즉자의 지속적인 지연이 중요하다.

나지 않는 정황을 간과하고 있다. (여기서 가다머는 헤겔이 말하는 역사를 의한 변증법적 진행을 너무 추종한다. 다른 한편으로 그는 헤겔의 변증법적 진행을 더 이상 목적론적으로 독해하려고 하지 않는다.) 이러한 관점에서 보면 역사에는 그때그때 주어진 현재마다 생산적 유사성의 영역이 있으며, 유사한 유형에 의해 현재와 특별하게 관계함에도 심지어 역사적 진행 가운데서 그 지위를 고려하지 않는 생산적 유사성의 마당이 존재한다. 물론 이것은 특별한 척도에서 그리고 더욱더(a fortiori) 동시적 문화들의 평행체계로 간주된다.

이렇게 해서 직선성의 개념이 상대화된다면 해석성의 불투명한 공간을 가정하는 것이 물음으로 남는다. 따라서 우리는 역사과학과 문화과학을 고려하는 가운데 역사적 · 문화적 대상에 대한 접근성이라는 오래된 개념에 대한 잠정적 재수용을 변호한다. 접근성 개념은 독단적 비실재론보다 더 기능적이며 많고 적음을 구별함으로써 체계적으로도 중요하게 된다.[32] 이 밖에도 관찰자의 삶의 공간을 처음으로 작동시켰다는 가다머의 요구는 이러한 관점에서 볼 때 허용될 수 없다.

다른 측면에서 역사에 대한 체계적인 수용을 위해 유비와 동형(同形, Isomorphie) 개념이 추천된다. 가다머의 적용은 논리적으로 고찰해 볼 때 무의식적 유비의 한 종류다. 그러나 유비는 더 나아가 심지어 가다머의 영향사를 대치할 수 있는데, 그 이유는 유비는 현재와 과거 내지 낯선 문화 사이의 거리를 연결할 수 있으며 이를 합리적인 방식으로 그리고

---

32) 가다머의 유사-선험적 근본입장은 사각으로 빠져든 인식의 등급적 구별을 더 이상 주제화할 수 없다. 등급의 구별은 학문중립적인 동일성에 머물거나 등급화할 수 없는 결과에 머문다. 칸트를 지시하는 것은 허용될 수 없다. 칸트에 대한 지시는 반대로 나타난다. 즉 가다머는 구별들을 무조건 평준화하는 것을 허용하지 않는, 경험적으로 아주 강하게 정위된 차원에서 칸트의 근본사상을 재구성하려고 한다는 사실을 보여 준다.

종종 산정 가능한 방식으로 연결할 수 있기 때문이다. 지금까지의 서술을 요약하면 다음과 같다. 문화학적 경험은 해석학적 반실재론으로 고정될 수 없다. 해석학의 반실재론은 증명할 수 없을 뿐 아니라 현재의 해석학적 경험을 정당화하기 위해 필연적인 것도 아니다.[33] 또한 해석학의 반실재론은 현재의 해석학적 경험을 정당화하는 데 충분한 것이 아니다. 가다머에 의하면 우리의 상황과 우리의 이해 사이에는 항상 몇몇 관계들만 있을 뿐이다. 이것은 과거와 낯선 문화를 현재에 철저하게 검토하는 것을 위해서와 마찬가지로 그것에 대한 완전한 이해를 위해서도 너무 약소하다.[34]

3. 현재가 과거를 포함하고 있다는 사실에서 해석학적 반실재론이 나오는가?

가다머는 역사주의의 근본적인 난문을 역사학자의 현재가 객관화된 역사의 전체에서 배제된다는 사실에서 파악했다. 그러나 고찰하는 사람의 이러한 이종성(異種性)은 정당화되지 않은 것이다. 가다머가 제안하는 현재의 자기포함은 불가피하게, 후설과 하이데거와 더불어 객관적 총체성과 보편성을 배제하는 불투명성에 이른다. 가다머는 이로부터 역사의 유한성, 관점성, 해석성을 도출한다.

제봄[35]은 역사의 총체성을 객관적이고 구성적인 것으로 평가하지 않고 오로지 규제적 이념으로 평가함으로써 이러한 논증에서 빠져나오려고 했다. 이로써 작용하는 현재를 실재의 세계시간에 투사하는 일이 예방된다. 그렇지만 칸트에 기대고 있는 이러한 시도가 충분하게 달성되었

---

33) 역사주의와 달리 철학적 해석학은 원래 고유의 전통에 제약되며 추가적인 통합의 시도는 전적으로 설득력을 지니지 못한다는 사실이 고찰되어야 한다.

34) 지평융합에서도 실재론적 관계가 배제될 수 없다는 사실은 명백하다.

35) Seebohm, 같은 책, 147ff.

는지는 여전히 의문이다.

무엇보다도 가다머 자신의 메타이론에서 시작해야 한다. 이 메타이론이 주장하는 자기예외에 대해서는 좀 더 다루게 될 것이다.[36] 여기서 가다머 자신의 요구는 그의 비명증적 전제가 허용하는 지점보다 더 나아간다는 사실이 드러난다. 그렇지만 여기서 개연적인 중간 정위는 고려되지 않고 있다. 메타이론에서와 마찬가지로 역사의 총체화에 대한 물음에서도 [우리는] 실제로 개연성에서 빠져나올 수 없다. 이것은 일반적으로 이와 같은 원리논쟁이 언제나 휘말려 들어가게 되는 회의주의적 구조다. 그렇지만 이 회의주의적 구조는 양 측면을 향해 작용한다. 이 구조는 부정적인 독단론에 대해서와 같이 긍정적인 독단론에 대해 작용하며 — 부정적으로 평가될 수 있는 — 반실재론에도 작용한다. 불투명성과 특수성과 유한성에서 도출될 수 있는 것으로 보이는 역사의 해석성논제는 수미일관한 것이 아니다. 일반논제로서의 해석성은 개념상 딜레마적으로 처리된다. 해석성은 스스로를 지양하거나 그 자체가 필연적으로 불확실한 것으로 남는다. 우리가 항상 현재를 유한하게 경험한다 하더라도, 이 유한한 경험에서는 요구되는 해석성을 위해 가능성의 고려만 나올 뿐 확실한 통찰은 나오지 않는다.

이것은 역사과학을 통해 일반적으로 상정되는 접근성에도 통용된다. 접근성은 객관적으로 옳을 수 있으며 그렇기 때문에 지양가능성과 수정가능성을 필요로 하지 않는다. 엄격한 의미에서 지양가능하다는 것은 접근성의 원리가 아니다. 따라서 접근성의 원리는 원칙적으로 산정할 수 없는 역사의 과정에서도 타당성을 주장하게 되는데, 접근성이 더 객관적으로 평가되는지 더 발견적으로 평가되는지에 대해서만 자신의 타당성

---

36) 본서 151 참조.

을 주장한다.[37)

이 밖에도 역사주의는 역사가의 현재를 역사에서 제외했다는 비판에서 자유롭게 된다. 다양한 방식과 등급에서 충족될 수 있는 접근은 현재도 포함한다. 이것은 우리가 접근성을 역사적으로 고찰하면 비록 가다머의 비목적론적 영향사에 비추어 본다 하더라도 이 접근성이 목적론적으로 지향된 연관 가운데 있으며 그 목표가 늘 외삽(外揷)가능한 연관 속에 있다는 사실을 의미한다.

불확실성의 특징을 지니고 있는 역사의 보편성과 총체성은 실천적 관점하에서도 무차별적인 것이 될 수 있다. 역사의 인식론적 무차별은 특정 조건에서 학문이론적 무차별과 생활세계적 무차별로 이행한다. 이러한 무차별은 오로지 심각한 상황에서만 가설적이거나 프로그램적인 긍정에 도달한다.

4. "『정신현상학』의 도정을 되돌아간다"— 역사 속의 아프리오리인가?

가다머의 영향사의 근본 개념은 외적으로 보면 하이데거의 존재역사와 연결되지만 사실에 따라서는 오히려 역사적으로 구조화된 헤겔의 변증법에 연결된다. 하이데거에서는 역사진행의 연관이 무규정적이고 애매한 반면 헤겔에서는 이 연관이 세분화되어 있으며 상이한 고찰의 차원들에서 스케치되어 있다. 실제로 가다머는 철학적 해석학의 과제를 다음과 같이 특징짓는다. 철학적 해석학은 사람들이 모든 주관성에서 주관성을 규정하는 실체성을 지시할 때 헤겔의 정신현상학의 도정을 되돌아가야 한다.[38)

---

37) 접근성에 대해서는 B 7장에서 상세하게 다룬다.

헤겔의 다른 철학분과들과 달리『정신현상학』은 가다머의 영향사 구상을 위한 최고의 모델을 제공한다. 여기에는 물론 절대지를 생략하는 것 그리고 절대지에서 귀결되는 반실재론 및 질문 방향의 확실한 전도가 수반된다. 그럼에도 불구하고 가다머는 형식적인 모범을 아주 충실하게 보존했다. 즉 개별 부분들의 정합에서, 그리고 결과적으로 아무런 비약과 임의적인 이의제기를 허용하지 않는 그 연관의 교환할 수 없는 비가역성에서 형식적 모범을 충실하게 보존한 것이다.

그럼에도『현상학』에 대립하여 범주적 연기가 등장하는데, 이 연기는 평탄한 역사 영역에 대한 가다머의 유비형성을 의심스러운 것으로 만든다. 헤겔의『현상학』은 무시간적인 아프리오리의 영역에서 운동한다. 『현상학』은 이로써 전통에서의 형이상학적 연속 또는 존재론적 연속과 연결되며[39] 이 연속을 (객관)정신과 의식의 철학으로 확장시킨다. 헤겔에게 중요한 것은 모든 종류의 우연이나 재조정을 배제하는 각각의 개별 부분이 갖는 대치할 수 없고 연기할 수 없는 중요성과 함께 조건을 추적하는 일(Bedingungsfolgen)이다.[40] 헤겔에서는 이와 유사한 연속을 실재철학에서뿐만 아니라 역사철학에 이르기까지 파악하려는 단초가 확실히 발견된다. 그러나 이 단초는 조야한 모습에 제약되며 상세하게 완성되지 않았다. 이에 걸맞게도 헤겔에게는 예컨대 역사철학에서 그의 목적론적 고찰방식의 전개에 포함되지 않는 역사의 "게으른 실존"이나 "공허한 잎사귀"라는 자유공간이 있다.[41] 말하자면 실재의 역사는 헤겔에게 엄격하

---

38) Gadamer, W. M., 286.

39) Platon, *Politeia* VIII/IX; Aristoteles, *De an*. 404b 20ff., *Metaph*. 1026a 30ff., 1064b 13f, 1069a 30ff.

40) 헤겔이『정신현상학』에서도 역사철학적 관심을 추종한다는, 가끔씩 고려되는 파악(Kojève 등)은 (앞에서 플라톤의 경우처럼) 부분적으로 맞지만 이 책 전체의 확실한 기준이 되는 것은 아니다.

게 조직화될 수 없다.

이에 반해 가다머는 『현상학』의 엄격한 결과를 실재의 역사에 전이하려고 하며 이를 통해 다른 종류의 매개에서 이 결과를 재생하려고 한다. 여기에는 역사를 유사-아프리오리한 방식으로 양식화하고 이를 통해 역사를 직선적으로 비가역적으로 파악하려고 하는 경향이 들어 있다. 그럼에도 가다머가 헤겔로부터 멀어진 사실이 보여 주는 것은 가다머의 이러한 요구가 너무 높게 자리 잡았으며 단순한 역사의 수준이 『현상학』이 서술하는 비교 텍스트의 수준보다 낮다는 것이다. 특히 시간차원에서는 다선적인 전개 가닥, 확장가능성 내지 압축가능성, 회상의 결핍이 추상될 수 없다. 그러므로 우연은 유한한 역사상(像)에서 자리를 차지할 뿐이며 형이상학적 전통이 갖는 전통적으로 합리론적인 구조로 접근할 수 없다.

IV. 해석학적 경험 개념 ─ 하나의 축약

1. 경험함과 경험의 소유

가다머는 해석학적 경험을 위해 경험의 소유(Erfahrung*haben*)가 아니라 경험함(Erfahrung*machen*)의 유형을 준비한다. 이를 통해서 자연과학에서처럼 귀납, 비교 또는 유비를 통해 일반적인 개념이 형성된다는 사실이 배제된다. 그 대신에 해석학적 경험이 개별적인 경우와 결합한다. 해석학적 경험은 "그때마다 그 자체가 지식으로 추론됨이 없이 새로운 경험에 대해 개방적으로" 존재한다.[42] 여기에는 빈델반트와 리케르트가 역

---

41) Hegel, *Vorlesungen über die Philosophie der Geschichte*, 1970, 42, 53.

사를 고려하면서 인간의 유한성에 대한 반성경험에 이르기까지 집중하
는 가운데 개성기술(記述)적인 고찰방식으로 명명했던 것을 철저화한 것
이 들어 있다. 그렇지만 이를 통해 반복하고 확인하며 보존하는 경험의 측면
이 일시적인 경험을 위해 배제된다. 이것은 개성기술적인 부분도 결국에
는 무기능적이고 무가치한 것으로 만드는 경험의 양분이다. 이 밖에도
다른 삶의 영역에서 경험을 앞의 경우와 똑같이 일면적으로 환원시켜 서
술하는 일이 쉽게 발생할 수 있을 것이다. (여기서 혁명적 과학과 일반
과학에 대한 논의를 기억할 수 있다.) 그러므로 가다머가 강조하는 것은
해석학적 경험의 특유성이 전혀 아니다!

　사실 가다머는 역사과학과 역사이론("역사철학")의 새로운 전개들을
그때까지 수용하지 않았다. 이 새로운 전개들은 빈델반트와 리케르트의
개성 기술적인 고찰방식과 19세기의 역사학파를 벗어나서, 일회적-개성
적인 것에 병행해서 귀납적 일반화나 유사-이론, 즉 유사-법칙도 고려
한다("그리스 폴리스", "로마종교" 등과 같은 것). 따라서 질적인 유일성
은 독일어에서도 그 독점성을 상실했다. 이미 후기 리케르트 이래로[43] 개
별자는 일반적인 것의 상이한 차원들이 교차하는 지점으로만 파악될 수
있다는 사실이 점점 더 관철되었다. 이렇게 해서 새롭게 등장한 역사가
들은 1950년대 이래로, 역사학이 보편을 개별에 대한 기술의 수단으로만
이 아니라 역사학 그 자체를 위해서 동종성과 친족성도 따를 수 있다는
사실을 인정하는 방향으로 더 기울어졌다.[44] 사람들은 유비와 비교와 유

42) Gadamer, W. M., 334, 338 ; Gadamer, 1971, 311(후설에게 자유롭게 관여하는 구
절).
43) H. Rickert, 1929⁵, Anhang 737ff. : 역사에서 보편의 네 가지 방식.
44) 이에 대한 중요한 주장들은 L. Gottschalk(Hg.), 1963 참조. 이 밖에도 Th.
Schieder, 1952, 228ff. ; F. Wagner, 1955, 703ff. ; K.G. Faber, 1978⁴, 45ff. ; K. Acham,
1974, 53f., 57f., 66, 153ff. ; Krämer, 1974, 85ff.

형을 구별하며, 지금까지 무의식적으로 사용된 "비밀유형들"(Krypto-typen)에 대해 반성하고 이를 구별하려고 한다.[45] 무엇보다 유형 개념은 막스 베버[46]와 다른 학자들이 논리적으로 정확히 전개시킨 바와 같이 역사적 현상들의 다양성 가운데 나타나는 보편의 유연한 형식으로 잘 입증되어 왔다. 여기서 이 형식은 차상위 유 개념(genus proximum)과 특수차이(differentia specifica)의 추상적 수렴을 벗어난다.

여기서 중요한 것은 대부분에 있어 특정한 시기와 문화 또는 사회적 집단에 따라 재단된 제약적 타당성을 일반화하는 일이다. 그럼에도 역사적이나, 혹은 문화적 연구결과를 더 진전된 모습으로 체계화하는 작업의 결과는 현재 연구의 대표자들이 역사나 이질적 문화의 라인을 고유의 체계학으로 끌어들일 수 있다는 점을 포함하고 있다. 이것은 보통 일반적인 것이 고양된 차원에서 일어나지만 유비적으로 변경시키는 과정 내지 비교의 과정에서만 일어나기도 한다.

그러므로 역사가의 경우에서나 (체계적인) 현재 연구가들의 경우에서 일회적이고 우연적인 것의 경험을 상이한 등급에서 넘어서는 경험들이 존재한다. 경험에 대한 이런 반복적이고 보존적인 관점은 길게 보면 우연적인 우선적 경험보다 더 중요하고 더 비중이 있다. 따라서 이러한 경험의 유형은 철학적 해석학에 의해 간과될 수 없거나 우연적인 것으로 되돌려질 수 있다. 반복이나 유비가 유일한 해석학적 변화일 것이라는 긴급한 알림에 맞서는 것은, 유비적 비교가 동일성 및 차이성에 대한 지식에 기인하며 유사한 관계들이 다른 학문집단에서도 나타난다는 사실이다.

45) Th. Schieder, 같은 책, 232 ; J. Engel, 1956, 101.
46) M. Weber, 1968, 특히 39ff., 157ff.

2. 수용과 동화 — 필연적 차별화

가다머는 이해를 고유한 입장(Eigenstandort)에 엄격하게 고정한다. 우리는 가능성에 따라 선판단을 폭로해야 하지만, 메타이론은 이 일이 늘 단초적으로 부분적으로 달성될 뿐이며 실제로는 우리도 개괄적인 선판단에서 빠져나오지 못한다는 사실을 경고한다. 그러나 사실 고유한 입장은 스스로를 다른 입장과 관점으로 전치할 가능성을 결코 배제하지 않는다. 이러한 능력은 심지어 아주 넓게 세분화되어 있으며 아주 상이한 높은 영역과 깊은 차원에도 도달할 수 있다. 여기서 우선 문화과학과 정신과학이 생활세계로 접근하려는 시도가 숙명적으로 입증된다. 학문은 원칙적으로 생활세계의 선판단과 제약성을 조망하고 이를 변경하며 교정할 수 있다. 특히 학문은 생활세계 가운데 반실재론적 해석들이 존재함을 확정하고 이를 통해 메타이론에다 이에 상응하는 핸디캡을 준다. 가다머가 실행한 바와 같이, 학문이 조망할 수 없을 정도로 선입견에 빠져 있다는 일반적인 가설을 통해 이러한 차이를 덮어 버리는 것은 별다른 의미가 없다. 학문은 메타이론이 신빙성이 있는 것으로 수행한 자기평가에 대해 일정한 모순관계에 있다. 학문은 그 이론이 형성될 때 초역사적인 상태를 택한다. 그러나 결정적인 것은 상이하게 진행되는 낯선 인식의 고차적인 영역과 차원이 분명 존재한다는 사실이다. 그러나 이러한 영역과 차원들에서는 인식론적 기초 다지기를 한 순간도 생각할 수 없다. 따라서 이들은 추정적 신빙성을 지닌 것과 비교할 것을 요구한다. 그런데 이러한 비교가 어느 정도까지 고유한 입장을 갖게 해 줄 것인지 하는 물음은 열려 있으며 이에 대해서는 늘 경험적으로만 대답할 수 있다.

　메타이론이 이러한 사실의 전체구조에 대해 회의적으로 물음을 제기하는 것은 메타이론이 갖는 좋은 권리다. 그러나 전적으로 개방적이며 미결정적인 입장에서 출발해서 문화와 역사 속에 있는 안정적이며 개관 가능한 관계들과 맞서고 잠재적으로 실재론적인 문화연구와 역사연구를 가로막기 위해서는 이러한 권리로 부족하다. 특히 차원과 관점 간의 파악가능한 구별들을 강제로 가설적 메타이론으로부터 평준화하는 것은 권장할 만한 일이 아니다.[47)]

생활세계에 시선을 고정하는 것, 그리고 생활세계에서 다양하게 발견되는 낯선 것이 고유한 입장에 동화되는 것에 시선을 고정하는 것은 어쨌든 거의 구별되지 않는다. 비판적 동화이든 혁신적 동화이든 상관없이 아직 동화가 아닌 수용과정과 이해과정이 있다. 그리고 동화로 표현되는 것은 대부분 특수한 경우로서 보다 일반적인 유형학으로 들어간다. 메타이론의 입장에서는 우리가 생활세계나 학문에서 제약을 받고 있다는 사실을 지시하는 것으로 충분할 수 없다. 항상 상위에 놓여 있는 제3의 입장이 있는데, 이것은 제약성을 개관하거나 이를 더 이상 해소될 수 없는 회의주의로 유도한다.[48)] 그러나 이 상위의 입장은 인식 비판적 물음에서 생략될 수 없거나 배제될 수 없다. 이 인식 비판적 물음에 대해서는 여기서 다루지 못한다.

특히 동화는 (선택과 더불어) 수용의 과정과 (고유의 구조에 적용하는 것과 함께) 통합의 과정을 전제한다. 그러나 동화는 타자의 원본적 경험

---

47) 가다머는 반어적인 글과 "왜곡되었거나 암호화된" 글에 대한 이해에서 해석학적 태도의 예외 경우를 인정한다(W. M., 278f. Anm. 2). 그러나 이러한 경우는 실제로 이런 "가상적 예외"가 사실적 동의로서의 이해를 포함한다는 것을 입증할 뿐 아니라, 여기서 의미정립이 객관적인 — 심리학적이거나 주제적인 — 한계에 부딪친다는 사실도 입증한다. 여기서 한계는 그 최초의 진행에서 반실재론적으로 극복될 수 없다. 반성행위의 경향적 실재론에 대해서는 본서 250f., 257, 287 참조.

48) 여기서 중요한 것은 (보편적이 아닌) 부분적인 해석학적 회의주의다. 이 회의주의는 불가지(不可知)의 의미에서가 아니라 비결정성의 의미로 이해되어야 한다.

과 동일시 될 수 없다. 정확하게 살펴보면 경험은 다의적이다. 이미 언급한 바와 같이 경험은 한편으로 타자의 경험 및 논의에서 벗어나 있는 사람의 스쳐가는 경험으로 쪼개지며 다른 한편으로 동일한 사람의 확인하는 경험으로 쪼개진다. 이 밖에도 해석학적 경험은 낯선 문화과학과 역사과학에서만이 아니라 이 둘을 가지고 작업하는 체계적(독단적) 분과에도 적용된다. 또한 경험은 생활세계에서도 역할을 감당한다. 그럼에도 경험은 획득적 수용에서 떨어져 나가며 더 나아가 결정적인 배치 및 통합과도 분리된다. 무엇보다 경험은 (무의식적인) 동화와 구별되어야 한다. 이론적으로 고찰하면 동화는 먼저 타자를 자기화하는 (가능한) 최후의 발걸음이다. 이에 반해 경험은 동화의 근저에 놓여 있으며 그러므로 동화에 대립하여 중립적으로 견지되어야 한다. 경험과 동화는 처리과정의 두 가지 대립축이지만, 서로 일치하는 것은 아니다. 생활세계에서도 경험과 동화의 동일화는 가상적인 것에 불과하다. 비록 여기서 수용과 통합을 함께 다루고 이것을 넘어서 장기적이고 비판적-혁신적 경험유형을 이것과 연관시킨다 하더라도 개념적으로 경험과 동화는 생활세계에서 잘 구별될 수 있다.

따라서 해석학적 경험의 개념은 가다머와 대립해서 보충될 수 있을 뿐 아니라(제1절), 가다머의 범위 안에 제약될 수 있다(제2절). 또한 모든 경험을 자기경험으로 반작용하게 하는 것(헤겔, 하이데거)은 필연적으로 주어져 있는 것이 아니다.[49]

---

49) 본서 61 각주 51 참조.

3. 역사적 탐구와 문화논리적 탐구의 자율성

철학적 해석학에는 관점다원주의와 관점 차이에 맞서지만 이들과 모순되지 않으면서 모든 개별 관점을 통일시키고 동일화하는 일원론이 있다. 이 일원론에는 생각할 수 있는 모든 해석대상에 대한 인력(引力)과 적응이 부가된다. 원칙적으로 해석자는 자기 고유의 생활공간(Standort)을 떠날 수 없기 때문에 항상 다시 판단할 수 있으며 이와 같이 무의식적으로 세계의 집중적인 고유한 방식을 산출한다. 은유에서는 이러한 결과가 늘 이미 완결된 지평융합으로부터 오랫동안 유일한 현재의 지평으로 자리 잡는다. 일방적인 독백으로 기우는, 확실히 순환적인 자기동어반복으로 기우는 해석학적 의식의 구조는 타자와 낯선 사람을 특유의 비추임효과(spiegelungseffekten)로 잠식하고 이를 사라지게 하는데, 이러한 해석학적 의식의 구조는 더 나아가 적법화모델과 확언(Affirmation)모델을 신뢰한다. 이에 반해 역사나 낯선 문화의 발견적-혁신적 기능은 배경으로 사라진다. 이것은 거리를 유지하는 역사주의 반대극단인데, 이러한 역사주의에 특유한 모습으로 근접하는 것은 별 영향을 미치지 못하는 모델이다. 자기 고유의 생활공간에 대한 확언과 주장은 물론 가치를 갖는다. 왜냐하면 확언은 혁신적인 역사적 원본성을 위한 영원한 기획을 통해 이 고유의 생활공간을 가져오기 때문이다. 이것은 예컨대 사람들이 출발하는 현재의 대표적 권위 가운데 과거의 고전이 이미 선취되어 있다는 사실이 설명되는 경우에도 마찬가지다.

적확하게 정식화하자면 철학적 해석학의 요청은 다음과 같이 요약될 수 있다. 각각의 해석대상(Interpretandum)은 주어져 있는 생활공간으로부터 원칙적으로 각각의 해석을 허용하며, 모든 해석대상들(Interpretanda)은 그때마다 고유한 입장만 확언할 수 있으며, 따라서 그 어떤 오류와 반증도 없다. 이로부터 곧바로 다음의 요청이 따라 나온다. 모든 해석들은 동등하지만, 다른 해석에 앞서 한 해석을 특징지을 수 있는 초관점적 기준은 ─ 예컨대 저항적인 해석II에서 ─ 만들어질 수 없다. 이 사실은 보통 철학적 해석학의 기본 가정에서 정초된다. 즉, 상이한 관점들은 헤아릴 수 없이 역사적으로 조건 지어져 있으며 그렇기 때문에 이러한 조건은 근본적으로 합리적인 방식으로 획득될 수 없고 비교될 수도 없다.

이러한 전제하에서 역사와 문화과학에 대한 본래적인 연구작업이 관점적 축약에서만 나타난다는 것은 논리적이다. 과거나 낯선 문화와, 지배적인 현재 관점의 교차는 개별과학의 다양한 처리방식에 의해 지배적인 해석학적 관점하에 놓여 있는 국면만을 드러나게 한다.[50] 여기서 이미 설명한 철학적 해석학의 방법론적 중립성에 맞서서 텍스트를 "해석학적으로" 독해하고, 즉 텍스트의 역사적 맥락을 무시하는 가운데 텍스트를 직접적으로 설명하고 이렇게 함으로써 기술적 해석학과 직접적으로 경쟁하는 습관이 더 확대된다는 사실이 드러난다.

더 나아가 메타해석학적 전이해에 대해 개별과학이 삐딱하게(Querlage) 제기하는 문제가 고려되어야 한다. 이처럼 자기 스스로를 교정하는 역사성도 존재한다. 이 역사성은 '영향사'의 먼 작용에 의존하지 않으며, 단순히 지연과정과 보상과정을 따르고, 특정한 자료를 가지고 작업함으로써 거의 자동적으로 발생한다. 이러한 요소들은 현재의 인식주도적 관심의 옆자리에서 평가절하될 수 없다. 개별적으로는 가령 메타해석학적 해석의 전능을 제약하거나 심지어 특정 관점의 배제를 강요하는 맥락적

---

50) 이것은 우리가 역사가나 문화학자를 종종 순진하게도 그들이 자신들에 의해 도출된 입장 자체를 대변하고 이 입장이 현재에도 옳은 것으로 간주한다는 사실과 일치한다.

인 정합관점들, 또는 추상적으로 기계적으로 서로 분리될 수 없는 기저들과 해석들의 혼합이 메타이론에서도 간접적인 자리를 요구해야 할 것이다. 결론적으로 철학적 해석학은 아무런 문제없이 성공을 거둔 기획들과 인문주의적 행복감을 지향하는 근원적 경향에 맞서서, 비판적이고 경멸적인 것의 경험을 자기화한 것일 수 있다.[51] 그러나 이와 더불어 곧바로 별로 고상하지 않은 것 또는 심지어 역사주의의 의미에서 "무차별적인 것"의 중요성에 대한 물음이 제기된다. 이 중요성은 철학적 해석학의 독창적인 전방배열에 비추어 볼 때 곧바로 긍정적으로 결정될 수 없다.

위의 서술을 다음과 같이 요약할 수 있다. 개별과학적 탐구의 자율성은 가다머의 철학적 해석학이 믿게 하려는 것과 같이 아무런 단절 없이 모든 관점들의 원칙적 동등성의 요청과 매개될 수 없다. 어떤 경우에도 잠정적으로 정위될 수 없으며 적어도 두 가지 심급(審級)의 관계를 새롭게 정식화할 것을 늘 다시금 강요하는 과도함이 남는다. 여기서 가다머의 무게두기에 맞서서, 경험 범위에 대한 개별탐구의 부분은 가다머의 지평융합이론에서 확인할 수 있는 것보다 더 크고 의미심장한 사실에서 출발해야 한다. 이것은 개념사 탐구에도 유효하다. 즉, 가다머의 프로그램에 부합하게도 영향사에서 후진적으로 진행할 뿐 아니라 개별과학에 의해 구성적이며 생산적으로 현재의 개념형성을 가능하게 하는 개념사 탐구에도 유효하다.[52]

---

51) 예컨대 A. Przylebski, 2002, 222-228 참조.
52) Krämer, 1974, 85 참조.

4. 현존재의 실존에서 고귀한 텍스트로?

하이데거가 요구한 역사(Historie)의 실존화[53]는 가다머의 해석학에도 흔적을 남겼다. 가다머는 인문주의적 근본입론을 실존적 특징과 함께 수태시키게 되는데("자기 자신을 작동시키다"), 이 실존적 특징은 명백히 해석학적 가치를 지니며 명증성과 인식의 실천적 변용을 위한 기능을 갖는다. 따라서 우리는 이해와 행위의 스펙트럼에서 한계 경우에 해당하는 첨예화된 수용형식을 허용하지만, 그럼에도 불구하고 이 수용형식을 모든 학문적이거나 일상적인 이해노력의 필연적 조건으로 고양시키지 않는다. 열린 마음과 주의력을 지닌 분명한 태도에서 사소한 태도에 이르기까지의 모든 태도는 우연적인 해석행위에서 결여될 수 있다. 이 모든 태도를 제외하면, 효과적이긴 하지만 덜 드라마틱한, 후진적이거나 전진적인 수많은 이해 방식들이 있다.[54]

이러한 이해는 역사관계에 대한 보다 확장된 개념으로 연결되는데, 이 개념은 실용적인 것을 넘어서서 모든 종류의 간접 매개도 포함한다. 실존적인 것이 제거되면서 직접적인 관계와 작용도 지양된다. 그러므로 매개

---

53) Heidegger, 1957⁸, § 76, 392-397.

54) F. Fellmann은 이미 결론을 도출했으며 스스로 규정적이고 규범적인 수용(Aneignung)방식의 제한에서 벗어났으며 "고전" 텍스트와 기념물의 질적 한계에서도 벗어났다. 결과는 "탁월한" 텍스트와 예술작품에 대한 지향을 포기하고, "이해"를 확장하며, 역사와 낯선 문화를 가능한 모든 지평을 향해 실용적으로 더 많이 획득하는 것이다. 우리는 여기서 펠만과 함께 해석학의 실용화(Pragmatisierung)에 대해 언급할 수 있다. 이 실용화의 적용영역에는 "아래"쪽으로 아무런 경계가 설정되어 있지 않다. 이것은 현대의 매체세계와 컴퓨터세계로 연결될 수 있다. D장, 본서 188f 참조 — 이것에 부합하게도 경우에 따라 해석학을 통해 시작되는 삶의 설계와 가능한 삶("처세술") 또는 평균적인 도덕적 태도와 행위는 가다머의 인문주의적 입론이 상정하는 바와 같이 평화로운(irenisch) 속성을 지닌다.

된 수용, 깨진 수용이 내적으로 수용되지 않은 것이라거나 "비실존적"이라고 비판하는 것을 진지하게 받아들 수 없다. 우리가 오늘 아주 다양한 차원에서 만들어 내고 확인할 수 있는 대부분의 관계들은 결코 직접적으로 매개될 수 없으며 전달자의 중간항에 의존한다. 이 관계들은 다양한 심급을 넘어서 서로 얽혀 있거나 심지어 상호작용한다. 이로써 파악가능한 범위가 확대되는데, 이 때문에 중요성이 집중적으로 줄어드는 일이 없다.

따라서 우리는 상이한 차원들 사이뿐만 아니라 해석학적 경험 매개의 상이한 등급들의 간격을 세분화해야 하며, 그다음 다양하게 확대된 해석학적 수용과 획득과 변경의 총체적인 모습에 도달하게 된다.

여기에는 특히 해석하고 수용하는 수신자의 상이한 유형에 대한 구별도 속한다. 가다머의 해석학에 의해 총애를 받은 바 있는 이상적 유형을 상정하는 것에 맞서서, 최소한 평균적 수용자는 전적으로 상이한 인식목적과 방법요구와 함께 등급화된 경험유형을 대변하는 역사학자와 정신과학자로서의 전문가와 구별되어야 한다. 여기서는 첫째 우연적인 일상의 수용자와 교양을 지닌 비전문가가 구별되어야 하며, 둘째 전문가와 인접부문의 대표자가 구별되어야 한다.

V. 철학적 해석학의 이론적 상태에 대하여

1. 자기예외 또는 자기포함?

지금까지 철학적 해석학의 이론형식은 두 가지 딜레마를 가진 것으로 확인되었다. 첫째, 반실재론을 미결상태로 두는 증명의 딜레마, 둘째, 다원

성의 다의성을 정식화하는 다원주의-딜레마가 그것이다. 그렇지만 반실
재론적 고찰방식을 붙들고 있는 지속적인 제한도 있다. 그런데 이러한 제
한은 반실재론적 고찰방식에 대해 물음을 제기하지는 않지만, 이를 대안
으로 유도할 수 있는 한계를 보여 준다. 증명을 줄곧 명백히 의도적으로
수행하는 메타해석학자의 논증 마당은 해석이 유비 일반에 따라 존재해
야 한다는 것을 설명하며 해석들이 서로 구별된다는 사실과 이들이 어떻
게 구별되는지를 설명한다. 사람들은 해석학적 차이 자체를 인정하며 통
일성과 동일성의 개념을 구성적으로 사용한다. 그런데 이러한 구성적 사
용은 지속적인 반성 없이 자기 부정적 수행(performatives Selbstdemen-
ti)에 비판적으로 근접한다. 말하자면 메타이론가들은 유아론이나 기회
원인론, 심지어 모든 인식과 전달을 배제하는 무한소의 차이성에 빠지지
않기 위하여 다른 방식으로 이러한 공통성에 의지한다. 메타이론가들은
차이들을 쉽게 개관할 수 있는 것으로 간주하고 이를 위해 오로지 결합
하는 기저(基底)들을 인정함으로써, 그리고 동일성과 적합성의 반대 개
념들도 확실하게 인정함으로써 이러한 극단적 경향을 벗어날 수 있다.[55]
이것은 적어도 메타이론 자체에 결여되어 있는 비일관성이다. 가다머에
서는 이러한 결핍이 자기적용의 딜레마를 거부하는 것으로 나타난다. 이
딜레마는 다음과 같이 서술된다. 먼저 '인식이 반실재론적이다'라는 총
괄명제는 그 자체를 배제하거나 포함하는 한에서 이율배반적이다. 이 명
제를 유형이론적으로 배제하면, 우리는 메타이론의 차원에서 전통적인
실재론으로 되돌아가며 이로써 해석적 우주를 붕괴시키게 된다. 이와 반
대로 딜레마를 자기포함의 측면으로 해결하면 반실재론의 총괄명제는
여러 관점들 가운데 오로지 하나의 관점만을 표현하며 이로써 그 자체가

---

55) 부분-전체-관계론적(mereologisch) 상대화 비판에 대해서는 85, 188, 219 참조.

주변적인 것이 되어 버린다. 더 나아가 이 명제는 이어지는 메타명제 자체에서 재차 다의적으로 서술될 수밖에 없으며 이러한 서술은 무한소급에 빠지게 된다.

가다머는 이 복잡한 문제에 대해 여러 차례 입장을 표명했다. 그는 우선 후설과 하이데거의 후임으로서 이러한 반성적 논증의 적법성을 부정하며[56] 자신의 메타이론을 상대화에서 구해낸다.[57] 그러나 그는 주저에 덧붙이는 말[58]을 통해 현재 진리로 간주되는 것이 미래에 옳지 않은 것으로 고찰될 수도 있는 한에서 대안을 역사적으로 무력화해야 한다는 것을 분명히 한다. 이것은 아무런 의심 없이 적확한 것이지만, 사실적 대안과 현재적 대안에 대해서는 설명하지 못한다. 가다머는 자신의 입론의 결과에 따라 이 사실적 대안에는 입장을 표명하지 않으려 한다. 그렇지만 눈에 띄는 것은 그가 (니체, 아벨, 시몬, 로티 등과 같은) 해석철학자들과 달리 아예 자기상대화를 벗어난다는 사실이다. 여기에는 후설과 하이데거를 통해 매개된 선험적 문제제기가 간접적으로 영향을 미쳤을 수 있다. 그런데도 가다머는 독단적인 자기포함이나 자기배제를 무력화시킬 수 있는 그 어떤 중간해결에 대해서도 숙고하지 않았다. 우리는 강한 논제를 개연주의의 약화된 논제로 바꿀 수 있을 것이다. 즉, "해석학적 인식이 비실재론적이라는 사실은, 이 논제 자체를 포함해서 (오로지) 개연적이다." 이렇게 되면 물론 이 논제의 더 큰 개연성이 논증적으로 설명될 것이며 이로써 부분적인 실재론적 요구가 생겨나야 할 것이다. 판단을 양상화하는 것은 동시에 이 양상화가 갖는 타당성의 등급을 낮출 것이

---

56) W. M., 327 ("사실 반성적 논증에서는 아무것도 인식되지 않는다") 가다머는 이를 통해 H. Rickert의 형식 논증을 무력화하려고 한다.

57) W. M., 제2판 서문, S. XIX.

58) Gadamer, 1965, in: W. M., 477-512, 특히 504-506(L. Strauss와의 논쟁).

며, 이렇게 되면 더 이상 정언적으로 배제될 수 없는 대안들을 개입시키게 될 것이다.

2. 역사적 관점과 체계적 관점의 구별

철학적 해석학의 대변자들은 — 언어적 전환을 따르는 많은 사람들과 같이 — 복잡한 전통에 맞서 "단순화"를 성취했다는 사실을 스스로 인정한다. 이론적 비판가들과 경험적인 현장연구자들은 이러한 단순화가 새로운 고찰방식에 대한 증명을 더욱 어렵게 하는 패러독스를 안고 있다고 생각한다. 가다머가 방법 및 분과를 역사적인 것과 체계적인 것으로 구별하는 것에 맞서는 것은[59] 결코 우연한 일이 아니다. 가다머에 의하면 "우리가 믿어야 하는 것을 알려고 할 때 우리는 이미 너무 늦은 것이다."[60]이것은 역사에서 나오는 진리사건이 역사적 학문에 일어나는 것과 똑같이 모종의 체계적 학문에도 일어난다는 사실을 의미한다. 그렇지만 역사성이라는 표지에서는 체계들이 현재와 미래를 다른 시선으로 바라보며 이로부터 진리물음과 타당성물음을 다르게 제기한다는 사실이 관점적으로 축약되어 있다. 체계적 분과가 거의 아무런 역할도 하지 않는 사실영역이 확실히 존재한다. 가다머는 여기서 다시금 미학적인 것의 모델영역에서 출발하는 것으로 보인다. 그러나 학문체계의 전개는 체계적 분과를 구축하기 위해 전진한다는 사실을 더 많이 보여 준다. 신학과 같이 상대적으로 보수적인 분과에서도 교의학이나 조직신학은 — 모든 형태의 역사신학과 달리 — 현실작용적인 사실물음을 제기하며 타당성에 대해 비판적으로 선고한다. 조직신학과 역사신학은 역사를 해석하지만 이를 아

---

59) Gadamer, W. M., Vorwort zur 2. Auflage, S. XIX.
60) Gadamer, W. M., 465.

주 상이한 영역에서 해석한다. 이를 간과하는 사람은 여러 면에서 해결 불가능한 과제를 역사에 안기는 반면, 이 두 심급을 분리시키는 것은 역사의 부담을 덜어준다. 어쨌든 가다머는 일관되게 학제 간의 업무분담과 공통작업을 분석되지 않은 상태로 둔다.

이것은 이해와 평가와 적용의 관계에 혼동을 불러일으키고, 이론적 의미와 실천적 유의미성의 구별이 없는 불명료한 함축으로 나타난다. 이것은 무엇보다 생활세계의 모델에 따라 개방되는 역사분과 영역에 해당하지만, 동시대를 지향하는 문화과학에서도 재발견된다. 이것은 해석자의 입장 강화로 나타나며 그렇기 때문에 정반대로 해석학적 경험의 비판적, 혁신적 기능의 약화로 나타난다. 다른 측면에서는 해석자의 입장이 "해석학적으로" 독해되는, 즉 동화의 방식으로 독해되는 고전 텍스트를 통해 예상되는 것으로 보이는 한에서 해석자와 그 동시대적 권위가 갖는 원본성의 손상으로 특징지어진다. 이 밖에도 학문적 작업이 전통의 해석과 동일시되므로 역사가는 자신이 체계적 연구자로 높게 평가된다는 느낌을 갖는다. 그는 낯선 견해들을 탐구함으로써 해당 사실을 충분하게 규정하는 것이다. 그는 또한 사실에서 해석된 텍스트와 일치해야 한다. 저자의 의도를 철저하게 부정하고 텍스트를 그때그때의 맥락에서 고립시키는 것은 이것을 가능하게 한다. 역사를 가로질러 있으며 의식적으로 표방되는 고유한 입장은 여기에 포함되지 않는다.

철학사를 위한 결과는 분명하다. 철학사는 평가할 수 있는 것이 아니며 오히려 철학사적 사건의 현실적 작용상태를 아무런 대안 없이 반영한다.

이와 반대로 역사적 모델/분과와 체계적 모델/분과 간의 구별이 고수되어야 한다(우리는 이것에 대해 논증할 것이다). 체계적 분과는 그것이 존재하는 한에서 해석학적 경험의 첫 번째 수신자다. 특히 체계적 학문은 의식적으로, 전적인 책임을 지고, 통제를 받는 가운데 적용하는(applizieren)

것이 일반적이다. 이와 달리 위에서 말한 수용과정은 추후에 비로소 드러나거나 통제될 수 없는 의심스런 불분명함에 머문다. 이와 반대로 체계적 학문은 의도적으로 해석학적 경험을 벗어난다. 하지만 체계적 학문은 바로 그러한 이유로 원래 내용이 다르다는 상이성의 개념을 갖는다. 결국 이해의 두 가지 방식이 갈라진다. 체계적 학문은 해석학적으로 이해된 것을 사실의 관점에서 지속적으로 해석함으로써 전진적인 것과 만회하는 것을 목표로 적용한다. 이러한 지속적 해석은 상호체계적으로 다층적으로 반복될 수 있는 관계다. 여기서 학문이론(과학이론)이 기술하고 있는 경험형식들이 상세하게 파악될 수 있다. 이를테면 반증, 확인, 확증, 이론적 애로의 발견술적 극복, 경감, 확대, 경향 제시, 종래의 모든 해결시도의 총체화 및 예측이 그것이다. 특히 귀납형식, 변화된 맥락에서 얻게 되는 더 많은 지식의 형식이나 유비추론이 있다.

3. 의미관계

역사와 체계학(교의학)을 구별하고 정돈하는 조명을 통해 문화과학 내에서 상이한 뜻(Sinn)차원과 의미(Bedeutung)차원[61]이 더 잘 구별될 수 있다. 이미 설명한 바와 같이 뜻은 인식론적인 애매한 과정에서 원래 뒤에서 산출되는 것이 아니라, 상이한 심급들의 합주에서 그리고 유비적으로 학문 이전 방식의 관계에서 산출된다.

가다머는 역사적으로 고립된 의미에 맞서서 현재의 관점뿐만 아니라 애당초 가치 있는 인문주의적 요소를 포함하고 있는 통합된 뜻(Einheits-

---

61) 가다머는 후설과 하이데거의 뜻 개념을 따르는데, 그는 여기서 뜻 개념과 의미 개념을 구별하지 않는다(옮긴이: 이 번역도 두 개념을 맥락에 따라 교차적으로 사용한다).

sinn)이나 통일된 의미를 지향하려고 한다. (폐기된) 저자의 뜻 대신에 역사적 산출자와 아무런 관련이 없는 "현실적 의미", 그래서 무제약적으로 변경할 수 있는 "진정한" 의미로 이행하는 "현실적" 의미가 타당해야 한다.[62] 지금까지처럼 역사적 관점과 체계적 관점을 구별하는 것은 역사적 의미와 체계적[교의적] 의미의 동일화를 손상시킬 뿐 아니라 적어도 두 가지 의미형태의 수용을 요구한다. (가다머에 의하면 역사의 두 관점이 여기에 해당할 것이다.)

더 나아가 역사적 의미는 이미 다수의 하부유형을 포괄하는 집합 개념이다. 즉, 문자적인 의미와 병행하는 작품의 의미, (그때그때 대중이 갖는 수용자의 의미도 귀속하는) 맥락적 의미, 마지막으로 완전히 대치될 수 없는[63] 저자의 의미가 그것이다. 동일한 구별은 낯선 문화에 대한 고찰에 적확하게 맞아떨어진다. 그렇지만 현재의 의미도 다의적이다. 현재의 의미는 다양한 방식으로 원래 체계적인 의미에 관계하며 이 체계적인 의미에 앞서는 생활세계에 관계하고 여기에 추가되는 인문주의적 의미에 관계한다. (가다머는 인문주의적 의미를 일반적인 가치의미와 함께 고찰하는데, 어쨌든 양자는 구별되지 않는다.)

여기서 체계적인 의미는 단순하게 역사적 의미에서 도출될 수 없으며 최소한 부분적으로는 — 애당초 역사적 영향영역에서가 아니라 현재에 규정된 영향영역에 근거해서 — 역사적 의미에 대립한다.[64] 인문주의적

---

62) A. Graeser, 1984, 436-445 참조.

63) 본서 73f. 참조. 히르쉬(E. D. Hirsch, 1972, 301ff.)는 역사적(문화적) 관계(의미)와 현재연관(유의미성)이 구별될 수 있다고 올바로 고찰한다. 그러나 그는 여전히 뵈크(Boeckh)의 지향주의적 관점에 사로잡혀 있다. 뵈크의 관점에 따르면 저자의 의도만이 역사적 해석의 대상일 수 있다.

64) 그러므로 역사의 의미는 체계학과 함께 근거 지어질 수 없다. 우리는 체계적 의미를 초-의미는 의미의 의미로서 역사적 의미(와 이질적 문화의 의미)와 예리하게 구별할 수

관점은 비유럽적인 것에 비추어 볼 때 일반적인 가치의미에 종속될 수 있다. 가치의미는 단순히 존재적 의미에 병행될 수 없으며 종종 존재적 의미에 대립적으로 관계한다.[65]

가다머가 예술에서뿐만 아니라 지평융합에서도 주장하는 비구별의 원칙은 의미 개념과 연관해서 애매하게 하는 것으로, 그리고 인식을 가로막는 것으로 입증된다. 해석학적인 메타이론은 단순히 학문을 지나치며 생활세계(?)로 되돌아갈 수 없으며 오히려 학문의 구별을 수용하거나 최소한 이 구별을 설명해야 한다. 이에 반해 통일된 의미는 생활세계에 대한 기술(記述)만을 목표로 삼고 근대의 복잡한 연관체계를 반성하지 않는 규범적인 선택이다.

역사(와 문화과학)와 현재적 처리를 구별하는 것에서 동시대적인 선택들에 맞서는 역사의식의 자율성이 나올 뿐 아니라, 영향사의 가지로만 이해될 수 없는 아주 다양한 중간 입장에 대한 역사적 접근의 변화도 나온다. 객관적으로 근접하게 재구성될 수 있는 많은 세계와 역사적 시기에 이르기까지 수많은 중간 입장이 있다. 물론 역사는 엄격하게 정의된 특수한 더-많은-지식(Mehrwissen)[66]에 근거한다. 그러나 더-많은-지식은 되돌아봄과 직접적으로 관계하지 않는다. 더-많은-지식과 되돌아봄은 아주 잘 구별될 수 있다. 그리고 무엇보다 체계학이 보여 주는 보다 많이 파악된 더-많은-지식[67]과 구별될 수 있다. 가다머와 같이 미래 규정적인 체계학을 역사지향적인 탐구와 결합하는 사람은 이미 역사적 관점을 떠났다.[68]

있다.
65) 본서 288 각주 63 참조.
66) 본서 71, 96, 175-182 참조.
67) 본서 181f. 참조.

4. 철학은 역사가 된다

역사적 학문과 체계적 학문을 구별하지 않고 체계적 심급 일반을 주제화하지 않는 것은 가다머의 이론형성이 갖는 특유함을 보여 준다. 이에 대해서는 보다 상세하게 고찰해야 한다. 가다머에게는 역사를 위한 미룸이 있으며, 현재는 역사의 부록으로 현상한다. 따라서 현재의 사실연관과 역사연관이 구별되지 않으며, 현재는 추상적으로 역사에서만 도출된다. 여기에서 약점, 즉 체계적 심급의 결핍에서 설명될 수 있는 강한 전통주의가 드러난다. 역사적 심급은 이를 오로지 변경하기만 하는 역사 위에 마치 기생하는 것처럼 존재한다.

기독교적 계시종교가 철학의 비교의적인 전제들과 혼동되어서는 안 되는 역사의 우월을 무조건 강요하지만 않는다면 우리는 여기서 불트만이 행한 조직신학의 부정이 미친 영향을 관찰할 수 있을 것이다. 이와 반대로 신칸트학파의 법률학을 아무런 비판 없이 플라톤의 텍스트로 투사한 나르톱의 책『플라톤의 이데아론』(제1판 1903)의 모델은 가다머에게 분명 의미 있는 것이었다. 가다머는 여기서 인식될 수 있는 체계적 입장의 약점을 고려하지 않고 투영론(Projektionismus)을 일반화했다. 나르톱은 명백히 플라톤의 역사적 이데아론에 대한 체계적 비판을 인정하려고 하지 않았으며 역사주의의 시대에 역사적 분석과 체계화하는 서술 사이의 낯선 융합에 도달했다. 자기만의 고유한 최종적 자립성에 이르기까지 성숙하지 못한 나르톱의 확신에 역사적 알리바이를 보증하기 위해서

---

68) 가다머의 메타이론 안에는 "내재적" 해석과 "외재적" 해석을 나누는 벨머의 주저하는 구별이 남아 있다(A. Wellmer, 1995, 123-156). 그런데 이 구별은 역사적 관점과 체계적 관점의 명확한 구별을 통해 1974년 이래로 추월당한다. *H. Seiffert im Handlexikon zur Wissenschaftstheorie*, hggn. von H. Seiffert und G. Radnitzky, 1992², 139-144 참조.

는 역사가 나르톱에게 너무 부담이 된다. 이와 같이 체계적인 것을 역사적인 것에 종속시키는 것은 원래 나르톱 제자였던 가다머에게 분명하고 구속력을 지닌 것이 되었다. 여기서 체계적 철학자의 적절치 못한 신중함이 나타나는데, 이런 신중함은 가다머에서 전체적으로 역사적인 것에 대한 체계적인 것의 평가절하로 귀결된다. 어쨌든 가다머에서 체계적 심급은 그 동시대적인 "원천"이 독자적으로 주제화되지 못하고 관계 속으로 들어오지 못하면서 거의 역사적 심급에서 시작하는 것으로 보인다.

그럼에도 가다머는 두 심급 간의 불균형을 적어도 그가 역사를 오로지 반실재론적으로, 즉 현재를 통해 파손된 것으로 주장함으로써 — 여기서 가다머는 나르톱을 따르고 있다 — 바로잡는다. 나르톱에서 플라톤의 이데아론이 신칸트학파적인 법률학이 되는 것처럼 인문주의적으로 고찰된 가다머의 역사는 반실재론적으로 영향사적으로 산출된 현재가 된다. 이렇게 두 반대계기들을 — 과거와 현재의 상호규정성을 — 통합하는 일이 가다머의 철학적 해석학의 특징이다. 이것은 역사와 현재의 존재방식을 상호관계로 환원하는 가다머의 고찰방식이 보여 주는 "단순화"의 상징이다. 그러나 다른 한편으로 현재의 사실연관 및 역사의 고유성과 같은 다른 연관들은 고찰되지 않은 채 묻혀 버리거나 아주 사라져 버린다.

상세하게 해명되지 않은 현재의 투사적 해석주의는 가다머의 언어 장(章)[제3부]에서 편재(遍在)적인 반실재론으로 넘어간다. 그는 역사와 체계적 심급의 상호 대체를 넘어선다. 그럼에도 불구하고 철학적 해석학의 요점은 약화되었거나 축소된 현재와 깨진 역사의 특유한 공존에서 관찰될 수 있다. 반실재론이 철학적 해석학의 현상하는 모습을 주로 지배한다 하더라도 상세하게 설명되지 않고 무규정적이며 역사 이후에 정위된 체계적 심급에 대한 또 다른 비판은 사소한 것으로 평가될 수 없다. 니체가 비판적으로 논평하는 다음의 명제는 자구에 얽매이지 않으며 나쁘게 적용되지 않을 것이다. "philosophia philologia sive historia facta est."
[문헌철학, 즉 역사적 사실] 가다머에게서도 우선적으로 제시된 바와 같
이 사실 이 명제는 모든 전통주의에 대립할 수 있다. 초역사적 체계학을
인정하지 않는 것은 여기서 근본적으로 문헌학적으로 고찰되지만 재차
역사적으로 상대화되고 낯설게 된 역사와 함께 간다.

5. 철학적 해석학의 요구와 한계

우리는 기초를 다지는 관계가 전도될 수 있다고 이의를 제기할 수 있다.
그러나 패러독스를 예방하는 것은 반대의 사실을 보여 준다. 주관과 객
관을 비(非)데카르트적으로나 언어적으로 매개하는 새로운 고찰방식이
전통적 고찰방식[69]보다 우위에 있다는 것은, 가능한 관계들이 밝혀지고
이것이 상세하게 통찰될 수 있을 때 현상학적으로 명백해질 수 있다. 이
에 맞서서 패러독스는 지성의 희생(sacrificium intellectus)을 요구한다.
패러독스를 설명하고 배제하고 축약하는 대신, 또는 패러독스는 알려지
지 않은 것을 정의(定義)상 우리가 전혀 모르는 설명근거로 사용한다.

　가다머는 당시를 위협하던 역사의 상실을 전도의 방식을 통해 포착하
려고 했다. 역사와 전통이 (거의) 모든 것이며, 체계적인 반대심급은 존
재하지 않으며, 우리는 역사의 초월적인 힘에 아무런 대안 없이 내맡겨
져 있다.

　진리는 중간 어딘가에 있다. 그러나 우리가 철학적 해석학의 지속적인
공헌으로 돌릴 수 있는 것은 아마도 다음과 같을 것이다. 1) 주변에 놓여
있는 최종적 불투명성을 지적한 점, 2) 잠정적인 (어쩌면 비결정적인) 반

---

69) R. Rorty, 2001, 30-49 참조.

실재론을 해석학적 고찰방식에 통합시킨 점, 3) 저자의 의도를 자동적인 텍스트의미를 통해 의도적으로 — 때로는 정당하게 — 대치한 점. 이렇게 해서 문학적이거나 법률적인 텍스트는 저자의 의도로 나타나지 못하며, 의도 또한 올바른 해석의 기준이 아니게 된다. 그런데도 도구적이고 정보를 제공하는 모든 기호체계에서는 저자의 의도가 아주 중요하며 심지어 필요불가결하다는 사실이 통용된다. 그 이유는 이러한 기호체계가 텍스트와 맥락 간의 연관과 논증을 보여 주기 때문이다. 그러므로 경우에 따라서 결정적인 것은 저자의 의도가 과연 고려되어야 하는 것인지, 그리고 어느 정도에서 고려되어야 하는 것인지 하는 물음이다.

이 세 가지 근거에서 문화과학에 반성지평의 변화가 확실하게 자라나지만 가다머와 그 추종자들이 생각하는 것만큼 큰 변화는 전혀 없다.

가다머의 철학적 해석학은 문제적인 상태를 받아들이지 않으며 오히려 전적으로 단정적인 상태, 즉 명증적인 상태를 받아들인다. 그렇지만 이러한 요구는 이행될 수 없다. 철학적 해석학이 갖는 증명딜레마적인 구조는 우리가 그 자체를 인식하지 못하는 "타자"와 관계하며, 이와 마찬가지로 통제적 지식을 명백히 벗어나는 무의식적 영향사와 관계하고, 마지막으로 역사와 문화와 언어에서 의식을 넘어서는 존재 일반과 관계한다. 그러나 이러한 차원들이 과연 실재하는지, 그리고 어떠한 범위와 정도로 실재하는지 하는 문제가 여전히 불분명하며 유비적으로도 밝혀질 수 없다.

여기서 철학적 해석학은 우리가 세계를 실제로 존재하는 것과 "다르게 인식한다"는 것으로 정의되는 철학적 반실재론의 일정한 효력을 공유한다. (관념론과의 차이는 세계의 즉자존재를 강조하거나 이를 무시한 데 있다.) 그러나 이를 위한 논증의 기초가 전반적으로 너무 약해서 논제의 문제적 상태를 넘어설 수 없다. 더욱이 논증의 기초로 보이는 곳에서 발견되는 것은 증명할 수 없는 전제를 수반하는 선결문제요구의 오류다.

이로써 철학적 해석학은 단순가능성이론(Theorie des Nur-Möglichen)의 입장으로 빠져든다. 이 이론은 근본이론과 결합되는 요구들을 충족시킬 수 없는 보조이론과 보충이론이 된다. 이를 통해 이론형성의 과정에서 주어지는 한가한 직무는 칸트의 비판주의와 같은 관념론 철학들과 평행을 이룬다 해도 이들과 경쟁할 수 없다. 앞에서 지적한 바와 같이[70] 철학적 해석학은 반실재론의 기회들이 애당초 제한되어 있는 근본적으로 경험적인 차원에서 활동한다. 둘째로 철학적 해석학은 다른 모델인 헤겔적 모델을 똑같이 이종적인 매체를 통해 재생하려고 함으로써 역사적 과정의 직선성을 전제하는 가운데 재차 부담을 진다.[71]

철학적 해석학은 인식론의 전체저장품에 대해 마치 부록처럼 관계하는 가능성고려 이론으로서, 이러한 증명딜레마적 구조를 애당초 벗어나 있는 실재론에 대한 구성적 불균형에 빠진다. 실재론은 반실재론 내부의 관계 전도에서 아무런 반실재론적 사전(事前) 전제를 요구하지 않는다. 반실재론의 딜레마는 선택지의 한쪽을 향해 실재론적으로 결정될 수 있다. 이에 반해 반실재론은 문제적으로, 회의적으로 평가될 수 있는 상태를 결코 벗어날 수 없다.

정확하게 고찰해 보면 철학적 해석학은 그것이 보여 주는 실재론에 대한 상대적 의구심이 강요적이지 않고 고려할 가치를 지는 한에서 주변으로 밀리는 모습을 띤다. 이로써 철학적 해석학은 분명 숙고하게 하는 부드러운 기능을 행사하는데, 이 기능은 엄격한 논증에서가 아니라 분위기를 조성하는 데서 유의미한 것이다.

---

70) 본서 36f.
71) 본서 34f.

가능성의 반성은 아무런 생각 없이 상정된 실재론에 대한 대안을 개진하며, 이를 (아직) 실재론적으로 결정될 수 없는 해석관계에 대한 가설로 자극한다.[72] 따라서 철학적 해석학이 주제화하는 가능존재는 실재적 가능존재가 아니라, 고려되어야 하고 주목되어야 하는 사고가능존재다. 이 가능존재는 애당초 증명될 수 없지만 (여전히) 반박할 수 있는 것도 아니다. 그러므로 이것은 장기적인 시각에서 논의가 지속되어야 하는 것이다. 역설적이게도 이 문제는 그 자체가 "증명된다"는 사실을 통해 스스로 해결된다. 왜냐하면 이로써 이 사고가능존재는 타자로서 지금 알려지게 된 타자로 확인되기 때문이다. 우리가 해석I이나 해석II에 더 큰 관심을 기울이는 것과 상관없이 이 둘의 같음과 다름은 우리 가운데 통용되고 있으며 본래적인 인식론의 문제를 더 이상 제공하지 않는다.

가능성숙고의 보충이론인 철학적 해석학의 위상은 보편해석학과 철학적 해석학의 관계에서 그 강조점을 변화시킨다. 철학적 해석학이 비판적 요구를 제기한다 하더라도 그 자체가 칸트주의 비판철학의 상대물을 제공할 수는 없다. 이러한 비판적 심화가 방법적으로 명증적인 수준에 도달하지 못하고 오로지 가능적으로만 남는다는 사실에서 보편해석학에 대한 재평가의 이유가 드러난다. 하이데거와 가다머는 이 보편해석학의 보편적인 타당성요구를 문제 삼았다. 철학적 해석학이 보편해석학에 대해 배후 물음을 제기한 것은 양자의 지속적인 자리배치가 성취될 수 없는 것으로 입증된 것과 똑같은 정도로 그 파괴력을 상실한다. 철학적 해석학은 비판적으로 반성하는 해석학으로 이해되기 때문에 여기서와 같이 비판적인 반성을 지속하는 것은 수미일관할 뿐 아니라 그 자체가 강

---

72) 이 밖에도 실재론의 더 큰 개연성은 확실성의 등급을 신중하게 검토하는 데서가 아니라 반실재론에 대한 다양하고 구체적인 대안들을 통해 생겨난다. G장, 본서 280 참조.

한 요구의 대상이다.[73]

---

73) M. Hofer는 가다머에서 반성유형들을 철저하게 탐구했다("Hermeneutische Reflexion?", in: M. Wischke/M. Hofer, Hrsg., *Gadamer verstehen. Understanding Gadamer*, Darmstadt 2003, 57-83). 호퍼는 가다머가 아리스토텔레스적-브렌타노적인 심리학적 동반지각에 가깝게 다가가기를 원하지만 사람들 사이의 (동시적) 관계에서는 오히려 선험적인 타당성반성에 근접한다는 결론에 도달한다.

다른 한편으로 가다머의 사유 도정은 — 혼동과 모순들을 도외시할 경우 — (『진리와 방법』에서) 칸트를 토대로 삼는 데서 벗어나 비-선험적인 기회원인론을 지향한다. 그러나 예컨대 이해는 항상 다른 이해라는 반성 명제에 나타나 있는 메타해석학의 정초는 이를 통해 저지된다. [이러한] 수행의미로부터 반실재론적 해석학은 도출될 수 없다. 대화에서 확인되는 타당성반성의 개방적 역할은 이것을 보여 주는 표지다. 본서 63-66, 123-131 참조.

B

해석철학 비판
(G. Abel, H. Lenk, J. Simon)

1. 해석철학의 근본적인 난점

해석철학은 수년 전부터 독일어권을 지배하고 있다. 이를 통해 가다머의
입장이 평가절상되고 지지되었다. 해석철학은 또한 니체, 카시러, 굿맨
(N. Goodman), 퍼트남 등에 토대를 두고 있으며 이를 넘어서서 직접적
으로 칸트로 되돌아가는 것이 확실하다. 철학적 해석학을 특수한 경우[1]
로 정위하려는 경향에도 불구하고 해석철학자들은 근본구상에서 가다머
와 아주 밀착되어 있다. 칸트의 모델은 역사적으로 증강되어 생각되며
이로써 가다머의 다원주의와 상대주의의 모습이 반복된다.

    이런 의미에서 해석철학은 독일철학사의 전체 틀에 아주 잘 부가된다.
그렇기 때문에 해석철학에 맞서는 일은 어렵다. 그러므로 다음의 개관은
본격적인 "반박"을 시도하는 것이 되어서는 안 된다. 오히려 지금까지보
다 더 강하게 주목되어야 하는 것은, 저자를 표제와 결합하는 독단적인
겉치레와 결코 일치하지 않는 해석철학의 인식론적 위상이다. 해석철학
이 특정 부분에서 자기상대화를 부조화적으로 드러낸다 하더라도 그 자

---

1)   예컨대 H. Lenk, 1993, 607 ; H. Lenk, 1995, 34 ; G. Abel, 1993, 425.

체는 심지어 전략적인 수완을 갖고 있다.[2] 해석철학자들의 저술들에는 모든 의심을 자신의 관점에서 억눌러야 하는 결정적인 독단적 진술들이 압도적이다.

이 밖에도 해석철학과의 논쟁은 이를 통해서 가다머의 해석학보다 더 큰 문제에 직면한다. 왜냐하면 해석철학은 가다머의 실재론적 최후 보루를 제거하고 이를 해석I로 변경했기 때문이다. 따라서 여기서는 열린 모순들은 기대될 수 없으며 이것은 오히려 내재적으로 밝혀져야 한다.[3]

W. 올스턴은 실재론으로 되돌아가는 그의 책 『실재론적 진리 개념』 (1996)에서 모든 진리기준과 구별되면서 — 화용론적(話用論的, pragma-

---

2)   예컨대 J. Simon, 1989, 158, 314 ; H. Lenk, 1993, 243ff., 620 ; H. Lenk, 1995, 260 ; G. Abel, 1993, 506, 523f. ; G. Abel, 1999, 61, 352ff. ; G. Abel, 1996a, 279.

3)   이어지는 서술에서는 다음과 같은 논증형태들이 철저하게 구별되어야 한다. ① 증명의 딜레마 또는 **충족딜레마**. 이 딜레마는 반실재론에 들어 있는 해석I과 해석II의 불일치와 관계한다. 이 딜레마는 대부분 회의적인 결과를 낳는다. 해석II가 경험가능하고 이를 통해 딜레마가 무디어지게 되면 이 딜레마는 때때로 실재론으로 해소된다. 딜레마의 특수한 경우는 관점과 해석I의 구별가능성이다. 이 밖에도 딜레마는, 그 자체의 실재론적 정초 여부가 불확실하게 남아 있는 모든 구분에 적용될 수 있다. ② 등급논거(많음과 적음에 따른 논거). 이 논거는 해석I을 모두 동일하게 다루는 것에 맞서서 먼저 경우들의 비동일성을 주장한다. 이 논거는 사례들의 배열로 종결될 수 있으며 결국 최종목적에 점진적으로 접근하는 표상으로 귀결될 수 있다. (극단적인 경우에는 이 최종목적이 달성되기도 한다.) ③ 자기적용의 논거. 이 논거는 가다머와 달리 해석철학에서 대부분 주장되고 있는 자기포함의 경우를 그 상이한 경우 유형들의 방향으로 지속적으로 추적하며 이로부터 상이한 결과를 도출한다. 여기서 (무한한) 반성이론은 이론의 단순한 차별화, 이론에 대한 대안, 이론 자체의 상태에 미치는 상이한 영향과 구분되어야 한다. 무엇보다 이론의 상대화와 (이를 통해 제약되는) 이론의 타당성요구가 어디까지 미치는가? 해석주의에서 자기적용의 딜레마는 개별언어적 진술과 초개별언어적 진술이 결합되어야 하는 경우에도 등장한다. ④ 논증딜레마 또는 서술딜레마. 이 딜레마는 해석의 다원성을 드러내는 반실재론적 해석주의이론과, 전통논리학(참과 거짓의 2가원리)에 빚지고 있는 해석주의이론의 표제와 증명방법 사이에서 발생하는 수행적 모순을 정식화한다.

tisch)하고 정합적인 방식으로 — 현실과의 직접적인 접촉을 중심에 두는 진리 개념을 발전시켰다. 이러한 약한 최소 진리 개념에는 아리스토텔레스의 경우와 같이 명백한 정의가 없다. 올스턴은 판단과, 지각에 주어진 사실들 간의 (종속적) 동일성에 관계한다.[4]

이로써 그는 많이 논의된 형이상학적 실재론과 구별되는데, 그는 형이상학적 실재론의 경험을 엄밀한 내재를 통해 대치한다. 따라서 전통적인 일치이론의 방식에 따르는 역추론은 사라진다. 그렇지만 올스턴은 직접적인 접촉을 통해 서로 관계하는 기호세계의 결합도 고려한다.[5] 올스턴은 동일한 수행능력을 지닌 무한한 모델을 고려하는 퍼트남의 모델이론[6]을 상세하게 반박하며, 퍼트남이 지시와 지시에 대한 반성을 혼동하고 내포와 외연을 혼동한 것을 비판한다. 올스턴은 퍼트남이나 (더밋 등의) 인식론적 진리 개념의 대변자들과 달리 세계의 일반적인 규정성을 주장하며 참과 거짓에 대한 축약되지 않은 구별을 주장한다. 오류가능성과 접근은 의미에 부합하게 서로 연결된다.

올스턴은 오로지 중간결산만을 명확히 도출할 뿐이며 여러 질문들을 열어 놓는다. 올스턴의 내재성 논제를 인정한다면 실재론자와 반실재론

---

4) 이에 대한 보다 상세한 서술은 본서 283 참조.

5) 매개의 양의성에 대해서는 본서 186f. 참조.

6) H. Putnam, 1982, 69ff., 286; H. Putnam, 1991, 88ff., 149ff. 올스턴은 이에 맞선다. W. Alston, 1996, 132-161("Putnams Model-Theoretic Argument" 중심문제에서 올스턴이 서술하는 것은 다음과 같다(132-142). 모델이론은 오로지 참이나 거짓의 가능성만을 입증하며, 그의 고유한 최소 진리 개념은 모든 의미를 규정적으로 파악하게 한다. (이것은 퍼트남이 유일하게 허용한 보편적 의미와 구별된다.) '참'과 '거짓'에 대한 근본구별은 상이한 이론들 간의 더 큰 차이로 이어질 수 있다. (이렇게 되면 각주3에서 전개된 등급 논거는 경쟁적 이론들의 추가 제거에 기여한다.) 이 밖에도 R. Fumerton, 2002, 요약 129ff. 참조. 샨츠는 20세기에 나타난 전개를 비판적으로 개관한다. R. Schantz, 1996; R. Schantz, 2002.

자 사이에 증명의 부담이 뒤바뀌어 나타난다. 해석주의가 근원적으로 주어져 있고 이로부터 실재론이 도출될 수 있는 것이 아니라 이와 반대로, 복합성으로서의 반실재론이 단순한 실재론에서 전개될 수 있는 것이다. 반실재론과 해석철학이 정초하는 바와 같은 "해석"의 정의는 전통 해석학의 후진적 암호해독적 해석이 아니라 이러한 해석의 확대다. 즉, 후진적인 암호해독의 해석에 맞서서 규칙적으로 다양하게 등장하며 선택을 허용하는 전진적이고 생산적인 해석 형태를 띠는 해석이다. 특히 해석주의에는 새로운 것이 부가된다. 일반적으로 정식화한다면 해석주의 그 자체가 약간 변경되는 것이다. 이것은 무의식적으로 일어날 수 있지만 해석자 입장에서 볼 때 관계는 실재론적으로 파악된다. 메타이론가들의 반성은 여기서 실제로 어떤 것이 어떤 다른 것으로 해석되며 변경되어 해석된다는 사실을 비로소 분명히 한다.

그러나 메타이론가, 특히 해석철학자는 이것을 일반적인 이론이나 특정한 증명수단 없이 실행하지 않는다. 이들은 "해석"의 정의를 달성하기 위하여 해석I을 비교해야 한다. 타자존재의 관계는 자동적으로 정립되지 않는다. 왜냐하면 이에 대한 대안은 항상 관계들의 동등성과 동일성이기 때문이다. 이것은 올스턴과 전통 실재론의 대변자들이 종속적 기능에서 상정하는 바와 같으며, 해석철학자들의 주장도 이와 같다. 이와 동시에 간접적으로 수렴적 접근에서도 파악될 수 있는 올바른 해석의 유일성도 똑같은 것을 의미한다. 이것은 오래된 진리 상응이론 또는 일치이론에서 주제화된 것을 의미한다. 그러나 이것은 올스턴이 최근에 정의를 내리지 않은 채 탈형이상학적으로 서술한 것이다.

이 밖에도 다른-해석은 분석적으로 이미 해석 개념에 포함되어 있지 않다. 언급한 바와 같이 해석철학자들은 항상 대조 개념을 가지고 들어온다. 더 정확하게 고찰하면 두 개의 부분 개념은 서로 반대로 관계한다.

유일무이한 해석활동은 규범적인 방향으로 나아가며, 이러한 유일한 해석활동에는 또한 모든 접근형식이 상응한다. 다른-해석은 이러한 규범적 연관을 해소해 버리며 이를 원칙적으로 동등한 가치를 지니는 해석의 비환원적 다원주의로 대체한다.

오류가능성, 등급화, 접근은 이들이 도출되지 않는 한 더 이상 고려되지 않는다. 이와 반대로 여기서는 연이어 전개되는 증명의 딜레마가 처음으로 관철된다.

간단하게 정식화하면 이 두 관계에 중요한 것은 다음과 같다. 해석II는 알려져 있으며 따라서 비교가능하거나 아니면 알려져 있는 것이 아니다. 두 번째 경우는 회의주의와 아주 적확하게 결합될 수 있다. 해석I에 대해서 — 알려져 있지 않은 — 해석II가 동일한지 아니면 "다른지" 하는 것은 결정될 수 없다. 이것은 이미 우리에게 친숙한 증명의 딜레마인데, 이것은 앞에서 소개한 것으로서 실재론과 회의주의 사이의 선언(選言, Disjunktion)에서 확인된다.[7]

해석 주체에게 대상에 선행하는 우선권을 부여하고 대상이 주체를 통해 규정되는 것을 통해서도 딜레마는 해소될 수 없다. 말하자면 주체의 극은 대상의 극 없이 규정될 수 없으며 따라서 대상을 일방적으로 예단할 수 없다. 이로써 "해석활동"에 대한 정의는 관념론적으로 다뤄질 수 있으며 축약될 수 있다.

내재적(internalistisch) 반실재론에 대해서는 엄밀한 의미에서 오로지

---

7) 본서 23f. 참조. 관계의 부분화도 더 나아가지 못한다. 해석II가 "부분적으로" 알려져 있고 "부분적으로" 알려져 있지 않다면 문제가 되는 해석II가 알려져 있지 않은 것에 대한 의심이 정확하게 지시된다 — 지각도 이러한 규칙에 따른다. 수반된 지각은 부분적으로 인식될 수 없지만 추정적으로 밝혀질 수 있으며, 또는 이 지각은 부분적으로 인식가능하(며 따라서 비교가능하)다.

특정한 전제하에서 조건적으로만 언급될 수 있다. 즉 무의식적인 행위에서는 내재적 반실재론이 일차행위를 되돌아보는 반성단계의 관할권으로 떨어진다. 사람들은 무의식적 행위를 마치 그것이 반성된 것인 양 다루어야 하는 것이다. 그렇지만 잘 살펴보면 두 번의 경우에서 중요한 것은 오로지 의심과 회의를 통해서만 은폐될 수 있는 실재론적 관계다.

이러한 정황에서 형이상학적 실재론에 대한 비판이 재현된다. 다른-해석에 대한 증명의 부담은 직접적인 지시에 대한 증명부담보다 분명히 더 크다.[8] 적어도 형이상학적인 것이라는 표제는 실재론에서보다 독단적 반실재론에 더 가깝다. "설명할-수-없음"은 다른-해석의 탈선에 이중적으로 맞아떨어진다. 왜냐하면 설명은 해석I과 해석II의 비교를 요구하며, 따라서 (전통적 실재론이 가정하는 것과 같이) 해석II 자체에 대한 인지를 전제한다. 진리 일치 개념이 무한소급에 빠진다고 하는 종래의 비판은 주어져 있는 해석II의 이탈을 증명하는 조건에 의해 더 많이 이루어진다. [그렇지만] 이러한 비판 가운데 유사한 무한소급이 추가적으로 나타난다. 그러므로 증명의 부담은 불균등하게 나누어져 있다. 그러나 해석II에 대한 가설이 가능하며 이는 딜레마에 빠지지 않을 것이라는 반론은 가설 개념이 전진적 해석과 공존한다는 사실을 간과하고 있다. 가설은 후진적인 해석관계를 위해서도 존재한다. 이러한 관계가 동일하거나 "다른" 성격을 띠지 않느냐 하는 문제는 "가설"의 개념내용으로부터 결정될 수 없다. 정확히 규정된 이러한 의미에서는 가설이 회의주의에 빠진다.

이러한 방식으로 해석주의에 대한 반대입장의 윤곽이 드러나면 등급

---

8) 개별과학에서 나타난 현재적 논의에 대해서는 P. Koslowski와 R. Schenk가 2004년에 편집한 책 참조(이 책은 철학적으로는 분명한 결론에 이르지 못했다).

화와 차별화의 관점이 더 확대된다. (관계적으로나 징후적으로 이해되는) 해석II들은 ─ 많고 적음의 원리에 따라 정돈되면서 ─ 위계적으로 서술될 수 있거나, ─ 동일질서의 원칙에 따라 ─ 관점적으로(aspekt-haft) 서술될 수 있다. 이 두 구별은 우선 문제가 없는 것으로 보인다. 다만 모순이 [깔끔한] 정돈을 벗어나며 해석적 석의(釋義)를 야기한다. 해석철학자는 물론 이러한 경우를 예시적으로 강조하며 나머지 경우들을 이것과 연관 지으려 한다. 결과는 상대주의이론으로 연결되는 임의적인 다수 석의들의 다원주의다. 이에 반해 차별화와 서열화의 현상적 결과물이 고수되어야 한다. 이러한 결과물을 해석적으로 완전히 풀이하고 이로써 이를 상대화한 사람은 스스로가 앞에서 논의한 증명의 딜레마에 직면한 것임을 확인하게 된다. 그는 관계들이 실제로 "다른 것"이며 이것이 새로운 해석을 통해 변경되어 왔다는 사실을 보여 주어야 한다. 다른 한편으로 관점들의 다원주의가 밀고 들어오는 것으로 보이는 곳에서도, 정확하게 고찰해 보면 관점들이 과연 다원주의를 전면에 나타나게 하는 서열화로 연결되는지 그 여부가 고려되어야 한다. (물론 이와 반대로 단일성이 다수성으로 해소될 수 있다는 것도 타당하다.) 그런데도 역사의 진행 가운데 등장하는 문화들은 많고 적음에 따라 규정되는 서열을 형성할 수 있다. 이러한 서열은 잠정적이다. 말하자면 오류가능성과 반박가능성의 지배를 받는 것이다. 더 나아가 이 서열이 (압도적인) 상태를 갖게 될 것인지에 대해서도 예측할 수 없다. 이와 같은 것은 모든 범주적 체계, 비교의 크기, 중요도, 분할조치(기상학) 또는 이성사용의 스타일(J. Hacking)에 해당한다. 이 중에서 하나가 올바른 것이라거나 가장 지속가능한 것이 아닌가 하는 물음은 근본적으로 열려 있다. 한 측면이나 다른 측면에 입각한 엄격한 증명은 불가능하다. 이것은 오늘날 자명한 것으로 요구되고 있는 독단적 해석주의의 주제넘은 요구를 받아들일 수 없게 한

다.[9]

해석철학자들은 인식의 주원천인 지각도 해석적이라는 사실("선택 없는 해석", "객관적 해석")에 대해 의견을 같이 한다. 결국 이론적으로 더 이상 구속력 있게 설명될 수 없는 유심론의 경향이 드러난다. 또 다른 어려움은 지각이 기호로부터 더 이상 기호화될 수 없다(즉 무한소급으로 빠지게 될 것이라)는 특수한 경우에서 나타난다. 이 사실은 최소한 지각 개념이나 기호 개념 내에서 상세하게 구별되어야 할 것이다. 그러나 증명의 딜레마가 다시금 의미 있는 이의를 제기한다. 즉, 지각은 개별적인 경우에 해석적일 수 있지만, 이를 개별적으로 일반적으로 증명하는 것은 지각의 해석II로 회귀하는 것을 전제한다. 이러한 회귀는 실재로 귀결되거나, (회귀가 달성될지 못할 경우) 회의로 귀결된다. 지각에서의 해석은 이러한 전제에 따라 드러나거나 이를 통해 중립화될 수 있다. 또는 해석성에 대한 주장은 구속력이 없는 것으로 남는다.[10]

(많고 적음의) 등급화 원리가 해석 내재적이지 않으며 (G. Abel) 오히려 실재에 의존하고 있다는 사실은 다음의 증명딜레마에서 발생한다. 즉, 모든 것이 해석될 것이라는 아벨의 파악은 애당초 증명딜레마를 규정하는 회의적 버전만을 허용한다. 등급화 원리도 이러한 회의에 종속된다. 등급화 원리는 근거 있는 결정이 가능하다는 사실이 없어도 해석적일 수 있으며 옳을 수 있다.

---

9) 우리는 주어져 있는 이론적 반성에서도 우리의 현재적 해석I에서 실질적으로 벗어날 수 없으며 여기서 빠져나올 수 없다는 철학적 해석학의 보충논증은(Gadamer, W. M., 327f., 424) 또 다시 경험적으로만 조정할 수 있는 것이며 따라서 일반적인 고찰에 대해 아무런 구속력을 갖지 않는다.

10) L. Wiesing은 지각을 해석적으로 파악하는 데서 텍스트해석학이 세계해석학으로 일반화되고 그다음 지각도 세계해석학에 관계 맺게 되는 허용되지 않은 일반화의 결과를 직시한다(2004, 137-151).

마지막으로 해석은 곧 다르게 해석함으로 정의될 수 있다는 전제에도
똑같은 사실이 통용된다. 이를테면 변하지 않는 후진적 방식의 해석활동
과 같은 대안이 있기 때문에, 이러한 파악은 어쨌든 회의에 빠지며 따라
서 구속력 있는 것으로 받아들여질 수 없다.

'대상 자체'에 대한 설명불가성의 논제는 중간 매개를 전제하는 데 기
인한다. 그렇지만 이러한 편입도 다의적이다. 해석자가 해석II에 관계하
거나 이에 근접하여 관계하면 이 논제는 사소한 것이 된다. 다만 매개가
사실 자체의 **변화**를 야기한다는 사실이 전제되면 '대상 자체'의 규정은
문제적으로 나타난다. (왜냐하면 대상 자체의 규정은 중간 매개의 배후
로 들어갈 수 있어야 할 것이기 때문이다.) 이 문제는 논쟁 중에 있다.
'일치'와 구별되는 '이탈'은 결코 자명하지 않으며 오히려 메타이론에서
특별한 증명을 필요로 한다.

아벨의 논변은 이러한 점에서 아주 축약되어 나타난다. 전체나 절대자
가 파악될 수 없는 곳에서는 당연히 해석이 필요하게 된다는 전제는, 특
수성이 전체론을 대신한다는 분명한 대안을 뛰어넘는다. 증명의 딜레마
에 의하면 이것은 의심스러운 것일 수 있지만 그럼에도 더 이상 사태에
서 빠져나올 수 없다. 여기서 해석주의를 위해 남게 되는 것은 양상적으
로 더 이상 높게 평가되어서는 안 되는 가능성 고려라는 역할 뿐이다.

여기서는 일반적으로 해석자(해석 "주체")만이 아니라 (세계에 대한)
해석II의 과중한 부담이 확인되는데, 이러한 부담은 명증적인 것으로 드
러난다. 먼저 세계관계의 "주체제약성"은 해석주의가 기대고 있는 칸트
적 전통의 유산이다. 그런데 이러한 전통 자체는 몰(沒)대안적인 것이 아
니다.[11] 근대에 나타난 이 전통의 다원화는 심지어 (일차성질, 이차성질

---

11) 본서 223-225, 271-275 참조.

에서 확인되는 바와 같이) 경험적으로 인증을 받았지만 (허용되지 않는) 일반화를 통해서만 근본적인 것으로 되돌려질 수 있다. (창조적) 주체를 통한 제약을 전제하는 것은 증명의 딜레마에 빠지지 않고는 불가능하다. 이와 반대로 초객관적인 것과 초인지적인 것이 상이한 등급으로 제거되는 것이 알려진다. 그러나 무엇보다 초인지적인 것은 추정적인 것으로 자격을 갖출 수 있다. 이러한 추정은 실제적인 세계경험과 그 확장가능성에 비추어 볼 때 ("아직까지") 아주 가설적인 상태를 전제한다. 따라서 인간에 대한 인식론적 제약은 물론이고 실재에 대한 분절화와 여과작업은 엄밀한 의미에서 증명할 수 없는 것이다. 이것은 실재가 거론되지 말고 아예 인식론에 대한 문제제기로 이어져야 한다는 것을 의미하지 않는다. 오히려 최종적인 결정을 권할 수 없을 정도로 늘 수많은 대안이 제시된다. 따라서 (비결정성의 의미를 띤) 회의주의가 마지막 말이 된다.[12] 해석자(주체)와 해석II(객체)의 구별은 한스 렝크에 의해 파악된 바 있다.[13] 그러나 바로 여기서 해석특성에 비판적으로 맞서는 의심과, 세계가 관념론적으로 주체에 희생되고 반대로 해석자로서의 주체가 세계에 희생되는 것을 막는 적절한 의심이 나타난다. 이 밖에도 — 주체와 객체의 구별과 더불어 — 누가 이러한 해석의 초-주체일 수 있을까?

요제프 시몬(1989)은 해석철학 내에서 특별한 위치를 차지한다. 퍼트

---

12) 이것은 M. Seel(2002)의 입장과 대립한다. 그는 (해석자를 통한) 규정과 (세계를 통한) 규정됨의 정식과 함께 증명딜레마적 부담을 안고 있는 구상을 자신의 이론 가운데 받아들인다. 제엘에 대해서는 본서 188 각주 7 참조.

13) H. Lenk, 1993, 75, 310ff., 349, 448, 453f.; Lenk, 1995b, 251, 255, 256f., 258. 이 문제에 대한 특별논문에서 렝크는 현상학적 분석을 통해서가 아니라 해석의 불가피성으로부터 거의 연역적으로 이러한 결과에 도달한다는 사실을 보여 준다. (이와 마찬가지로 오로지 해석된 "기체"를 위해) 또한 우리가 해석이 갖는 증명딜레마적 구조를 간과한다 해도 원초적 해석자의 존재가 도외시될 수 없다.

남, 렝크 또는 아벨과 달리 시몬은 인식에 대한 철저한 주관화와 개별화를 수행하며 이로부터 주관적인 기준들을 허용한다. 더 나아가 그는 가다머가 이미 보여 준 바와 같이 상호이해과정의 화용론적 측면을 중심에 놓는다. 그가 이해수행을 최소한 신빙성 있는 명제와 만족스러운 명제로 환원한다면 이로써 그는 (고대) 회의주의(개연주의) 및 가다머가 파악한 수사학이론의 계열에 선다. 시몬은 근본 개념들을 수미일관하게 내면화함으로써 형이상학적 전통을 회피하려고 한다. (피기표체(Bezeichnetes)로 귀납추리하지 않는 기호 개념; "선험적" 일치 개념[14] 대신 진리의 정합 개념 등) 지속적인 근본 개념들은 분석되지 않은 반면(차이, 개체성, 지금, 연속성, 접근 등), 다른 개념들은 모순적으로 나타난다. (이와 같이 역사의 목적론이 부정됨에도 시몬은 — 엄청난 분기(分岐, Divergenz)에도 불구하고 — 전적으로 가장 최근의 현재를 "진리"로 선언할 때 사실상 전통적인 선형적 연속도식을 따른다.) 그럼에도 불구하고 시몬의 최소주의적 입장도 증명의 딜레마에 굴복한다. 이해는 시몬에게서도 다른 이해, 즉 다른 해석인 것이다. 시몬은 이러한 주장을 증명해야 한다는 부담을 추적하지 않는다. 시몬의 고유한 입론에 의하면 이러한 주장은 회의와 의심으로 귀결된다. 즉 "동일한" 해석과 "다른 방식의" 해석 간의 비결정성에 도달하는 것이다. 시몬은 전통의 모사사유에서 빠져나오려고 하지만 이러한 선택은 어디에서도 그 자체를 증명하거나 논증할 능력이 없다. 시몬의 회의주의는 전진적 해석과 후진적 해석 간의 양가성에 상응하기 위하여, 그리고 동일성과 통일성보다 차이와 타자성을 최대한 우

---

14) 시몬은 또 다른 규정들이 확정되지 않는 한 정합적 연관의 개별요소들이 그 상호관계에서 실재론적으로 인식된다는 사실을 간과하고 있다. 더 나아가 오늘날 널리 알려져 있는 "반형이상학적" 경향은 진리 개념(일치, 해석) 대신에 진리기준 (특히 합의와 효과)의 정립을 놓치고 있다. 진리기준은 암묵적으로 진리 개념에 연관되어 있다.

대하기 위하여 몇 걸음 더 나아갔어야 했다.[15] 어쨌든 후진적 고찰방식이 아무런 논거 없이 배제될 수 없으며, 전진적 관점이 엄청난 증명의 부담을 억누르는 가운데 마치 자명한 것처럼 유일하게 타당한 것으로 서술될 수 없다.

시몬에서 확실성의 내용을 신빙성이나 개연성으로 환원하는 것은 전통 비판적인 다르게-해석함의 가설에 병립한다. 일상에서는 보통 이와 같은 용인[즉, 확실한 것을 개연성으로 환원하는 것] 그 이상이 받아들여지지 않으며 때로는 이러한 용인이 아예 의도되지 않는다는 사실을 확실하게 변호할 수 있다. 그러나 최소주의적인 근본결정은 적어도 다음과 같은 배후물음을 가져온다. ― 예컨대 과학주의적 방식과 같은 ― 그 어떤 조건하에서 확실성에 대한 "보탬"이 기대될 수 있으며 이는 과연 가능한가? 이럴 경우 보태진 것은 어디까지 견지될 수 있는가? 또는 사람들은 보통 상응하는 판단들에 대해 어떤 믿음을 부여하는가? 어쨌든 확실한 버전의 경우, 그리고 이와 결합되어 있는 확실성의 등급화는 배제될 수 없다. 산수가 예외적으로 방어되기만 하고 분석되지 않는다는 사실은 시몬의 전체 입론이 갖는 논증적 결함을 지시한다.

사람들이 확실한 것으로 말하는 "해석되지 않는 것은 없다"는 논제는 어쨌든 등급계열과 순위계열의 많고 적음에 입각하는 차별화를 놓친다. 이러한 계열 자체를 해석I로 파악하는 것은 다시금 증명의 딜레마에 빠진다. 왜냐하면 옳음의 (가능한) 등급에 대해서는 그 어떤 결정적 진술도 불가능하기 때문이다. 아마도 많은 이탈과 예외는 오로지 접근에 불과하며, 따라서 이러한 경우들을 지속적으로 함께 고려하는 것은 타당하다.

---

15) 시몬이 다른 해석철학자들과 공유하는 비트겐슈타인의 맥락주의와의 연관 및 초맥락적 고찰방식을 막는 이 연관에 대해서는 나중에 다룬다(본서 112f.). 기호의 이해불가성 또는 미래에 이루어지는 장기간의 개선가능성에 대해서는 충분히 숙고되지 않았다.

형상적으로 말한다면, 여기서 중요한 것은 점진적 접근이나 중심적 접근
인데, 이러한 접근을 통하면 제2부류도 전망적으로 보일 수 있다. 이러한
해석성의 차별화와 등급구별을 하위에 배치하고 이를 해석성 자체와 관
련지우지 않는 강제적 논거는 없다. ("매개되지 않은 것은 아무 것도 없
다"는 명제에도 비슷한 사실이 해당한다. 이 명제는 그 자체가 실재론적
으로 파악될 수 있거나 증명딜레마의 회의적 뿔에 굴복하는 개별 매개과
정으로부터의 추상이다.)

또 다른 문제들은 합의나 의견불일치에서 보이는 주관적인 역할변호
를 통해서 발생한다. 시몬과 같은 해석철학자는 양쪽의 현장, 즉 화자(저
자)의 현장과 이해자의 현장을 해석적으로 다만 그럴듯하게 주제화한다.
실재론적인 시선을 염두에 두고 있는 사람은 그 반대도 (양자는 객관적
으로 옳다) 생각해야 하며 특히 불균형적 관계에 대해 숙고해야 한다. 불
균형적 관계에서는 한 사람이나 다수의 대화 상대가 객관적으로 올바르
게 표현하지만 그럼에도 이들은 해석적으로 파악된다. 여기서 양 방향에
대한 회의가 드러나는데, 그 이유는 우리가 그 어떤 방향의 기준도 가질
수 없기 때문이다.

시몬이 인정하는 몇몇 현상들 가운데 하나는 보다-나은-이해이다. 이
를 위한 기준은 그때그때의 맥락에서 찾아져야 한다. 그러나 사람들은
[이해와 보다-나은-이해 간의] 이러한 비교를 아주 세련되게 미래로 추
상해 내는 규칙적 습관을 보여 준다. 이러한 비교가 자주 수정되어야 함
에도 불구하고 사전에 예리한 수정이 불가피하다고 간주하는 동기가 없
는 것이다.[16]

---

16) 자크 데리다는 가다머와 점진적으로만 구별되지만 이론적으로는 더욱더 차이가 난
다. 데리다의 중심 개념인 "차연"은 (기호들 사이에 나타나는) 타자성의 측면과 (의미충족
의) 지연의 측면을 결합하며, 이로써 구조주의의 정태적인 기호체계를 역동적이고 무한히

2. 해석의 양상적 상태

우리가 해석함을 다르게 해석함으로 파악한다면 해석의 양상적 상태는

개방적인 구조로 열어 보여 준다. 다른 한편으로 데리다는 기호가 다른 기호에 대한 모든 구별을 앎으로써만 규정될 수 있다는 소쉬르의 기호에 대한 전체주의적 정의(定義)를 고수하므로, 이러한 규정은 애당초 확보될 수 없다. 무한히 많은 의미들 간의 결정불가능성에 머무는 것이다. 동일화는 가능하지 않기 때문에 단 한 번의 반복도 보증될 수 없다. 따라서 엄격하게 말하면 비이해 내지 오해만 있거나, 긍정적으로 말한다면 전진적 해석의 의미에서 비실재론적인 새로운 해석(Umdeuten)만 있다. 동일성과 지속성도 선험적 주체 가운데서 확정될 수 없는데, 이것은 — 기호체계에 유비적으로 — 스스로를 자기 동일적으로 포착할 수 없으며 따라서 결코 자기 자신을 완전한 자기확실성 가운데 소유할 수 없기 때문이다. 이 밖에도 데리다는 그 이후의 시몬과 같이 기호체계의 지시도 배제하고 (가다머나 렝크와 같이) 인식론적 반실재론뿐만 아니라 의미론적(존재론적) 반실재론을 대변한다. 따라서 전통적인 의미 개념과 진리 개념은 포기되며 기호 개념도 오로지 남용되는 의미로 사용될 뿐이다. 그럼에도 형이상학에 대한 데리다의 근본가정은 토론할 만하며, 그의 "차연"의 철학이 전통의 통일성 형이상학과 동일성 형이상학에 대해 전회의 형이상학과 반(反)형이상학을 제안하는 것은 아닌지 물음을 던진다. 전회의 형이상학과 반형이상학은 차별화되는 중간해결 및 대안을 건너뛰면서 전통형이상학 못지않게 선택적이고 교조적인 스타일을 띤다. 그러나 데리다는 최소한의 지속성(restance)을 인정하고 이와 함께 — 철학사의 경고에 부합하게도 — 차이의 독점을 부정한다(M. Frank). 더 나아가 오해만이 옳다는 주장은 자기해체적일 것이며 이를 자신에게 적용할 경우 해체주의가 전달될 수 없다는 결론에 이르게 될 것이다. 실제로 데리다는 자기적용의 물음에 대해 아무런 입장도 표명하지 않았다. 물론 그의 이론형성의 일관성을 위해서는 자기예외나 자기포함 모두 숙명적이다. 자기예외의 경우에는 폭발의 위협이 있으며 자기포함의 경우에는 입론의 상대화라는 위협이 있다. 이것은 더 나아가 비개연성의 부담을 지고 있는 증명의 딜레마와 흡사하다. 즉, 비이해나 비결정성의 경우가 있다는 사실은 대조적인 이해의 경우에 직면할 때, 그리고 지속적인 이행에서만 유의미한 것이다. 전체론과 이것에 대한 불가지론적 평가는 그 자체로 의문시다. 왜냐하면 특수성이 무조건 해석성을 의미하는 것은 아니기 때문이다. 더 나아가 데리다 고유의 해석 실제가 그의 불가지론이 보여 주는 이론적 기준의 배면에 남아 있는 것은 특기할 만하다(H. Kimmerle). 데리다가 이와 같은 비일관성 앞에서 문학적-심미적인 것으로 물러나게 된다면(J. Habermas) 이로써 그의 이론적 요구는 감각적으로 감소된다.

오로지 가능적 상태에 불과하다. 특정 사태가 원래 기술되었던 것과 다르게 해석된다는 사실은 아무런 모순 없이 가능하다. 더 나아가 보다 넓은 연관에서 또 다른 실재와 사태 또는 조건이 새롭게 해석된다는 사실도 가능하다. 실재론과 달리 반실재론은 근본적으로 높은 양상적 상태를 요구할 수 없다. 이것은 해석주의에게 마지막으로 남아 있는 증명딜레마의 회의주의적 뿔[딜레마에서 긍정 또는 부정되는 선언사항]에 일치한다. 해석철학자들은 선험적 주체이론의 토대를 사실상 떠났기 때문에 엄격하게 선험적인, 아프리오리한 연역은 실제로 불가능하다. 해석관계의 발견은 오로지 회상 가운데서 경험적으로만 제시된다. 되돌아봄에서 해석된 사실과 그 해석 방식이 인식될 수 있다. 동시에 고찰방식의 근본적 실재론이 이와 함께 확정되어 있다. 왜냐하면 발견된 사태, 즉 이전의 해석 II는 이것과 함께 직접적으로 파악되며 비교된다.[17] 여기서 해석주의를 실재론으로 이끄는 증명딜레마의 긍정적인 뿔이 그려진다. 해석철학의 상태는 일치 및 접근 인식이론의 상태보다 덜 확실하다. 이에 반해서 해석철학이, 발견된 관계 자체가 다시 한 번 해석된다는 사실을 받아들인다면 문제의 마당은 완전히 불투명성으로 휘감기게 된다.[18] 멀리까지 미치는 이러한 전제와 더불어 전진적 해석의 양상적 상태는 현재 주어진 현상가능성에 제한된다.[19]

---

17) 계속 나타나는 복잡한 문제(이미 해석된 것에 대한 해석)에 대해서는 이하에서 서술할 것이다.

18) 본서 109, 220f., 244 참조.

19) 새롭게 등장한 칸트-비판가들(O. Külpe, H. Albert, M. Hossenfelder 등)은 칸트의 이론철학도 이와 같은 양상적 제약과 연관된다는 사실을 납득시켰다. 칸트는 직관형식(공간, 시간)과 범주가 물자체의 차원에서는 등장하지 않는다는 사실을(예컨대 보다 상세하게 규정되어야 하는 방식으로 직관형식과 협력하는 물리적 공간과 시간이 존재하지 않는다는 사실을) 확실하게 보여 주지 못한다 ─ 더욱 어려운 것은 헤겔적인 주체-객체-변증

해석주의에 대한 다른 징후는 그것이 이를테면 결과와 함께 숙고되지 않을 때만 가시화된다. 이것은 긍정적으로나 부정적으로 결정될 수 없는 많은 문제들의 비(非)-2가(價)논거, 즉 근자에 더밋과 퍼트남 이래로 반복되어 온 통일성과 동일성에 맞서는 논거에 먼저 적용된다.[20] 실제로 이러한 진술들은 아직 개관될 수 없거나 그 구성요성들이 아무런 모순 없이 양립할 수 있는 부분-문장들로 해소된다. 오로지 중요한 것은 이러한 진술들을 미결정 상태로 두지 않고 이를 세세하게 추적하고 상응하는 구별을 수행하는 일이다. 쿤과 굿맨에서 퍼트남을 거쳐 반 프라센에 이르는 또 다른 차별화[21]는 물론 옳지만 다르게 설명될 수 있다. 반 프라센은 특정 학문이론의 예후적 기대가 종종 옳다는 실재론자들의 표준논거를 이 이론의 진리내용에 대한 증거로 인정하지 않으려 하며, 오히려 이러한 경우들을 위해 폭 좁은 용어인 일치성(Adäquatheit)을 선호한다. 이 용어는 다수의 등가적 이론들이 동일한 문제를 해결하는 경우를 위해 좀 더 정확하게 확보되어 있어야 한다. (이에 대한 반대는 다음과 같다. 동일한 이론이 상이한 방식의 여러 문제들을 해결한다.) 이러한 한계경우에는 일-대-일-대응은 확실히 존재하지 않는다. 그럼에도 불구하고 사실(Sache)에 대한 접촉은 가정되어야 한다. 특히 해결이 전적으로 등가적이지 않으며, 정확하게 고찰해 보면 해결이 단계적 등급을 나타낸다는 사실로부터 출발해야 한다. 진리내용을 분리시키려는 시도, 그리고 해석

법의 해석적 특성을 평가하는 일이다. 주체와 객체가 그때마다 서로 동일하게 된다는 것을 우리는 어디서 아는가? 그럼에도 헤겔에서 증명딜레마적인 결핍은, 차이를 "실재론적으로" 조망할 수 있게 하는 절대적 관점을 통해 해소된다(그러나 헤겔은 오늘날 더 이상 반복될 수 없다).

20) H. Putnam, 1991, 188, 194 ; N. Goodman, 1990, 34, 146ff. ; Th. S. Kuhn, 1967, 223ff. 참조.
21) B. C. v. Fraassen, 1980, 38f., 68f., 153ff. ; H. Putnam, 1982, 62 참조.

성과의 결합, 이 둘은 어쨌든 사람들을 납득시키기에 충분한 것이 못된다. 왜냐하면 다수의 대안설명들이 주어지기 때문이다. 그러므로 예를 들어 그때마다 일정한 진리존재의 관점이 옳으며[22] 의문시되는 해결의 상이한 접근단계가 추가로 존재한다는 가정을 권할 수 있을 것이다. 이것은 심지어 ─ 집중해서 단초를 마련하는 ─ 대립적 해결이다. 이러한 설명들 각각은 사태를 만족스럽게 설명하는 데 충분하다. 우리는 이러한 경우에서 해석II를 알지만 이를 상이한 방식으로 해설할 수 있다. 우리에게 해석양상이 불투명하다면, 이를 어쨌든 이미 수행된 방도로 재구성하는 것은 가능하다. 이와 반대로 해석의 다원성이 모든 경우에 등가적이라는 해석이론가들의 가정은 픽션으로 확증된다. 차별화와 (양적) 등급화는 항상 가능하다. 상이한 관점들이 먼저 상쇄 될 수 없는 경우에서만, 그리고 다양한 견해와 (혹은) 위계로 귀결되지 않고 오히려 ─ 늘 잠정적인 ─ 비결정성이나 모순으로 귀결되는 경우에서만 해석철학적 가정은 숙고할 만한 가치를 지닌다. 그러나 해석주의를 위한 경험론적 토대는 그 위에 포괄적인 인식론적 입장을 건축할 수 있기 위한 목적에 비추어 보면 너무나 부족하고 보잘 것 없다.[23] 해석다원주의의 경우 역시 결국에

---

22) Hartry Field(1973)는 부분진리(와 부분거짓)의 개념을 논의에 부친 바 있다. 이 개념은 M. Devitt(1997³, 165ff., 173 등)와 J. Leplin(1997, 103, 127ff., 131ff.)에 의해 더 발전되었다. 더 나아가 레플린은 도구주의적 해결은 이유의 물음을 지연시키기 때문에 부족하며 설명도 외전(外轉) [가정] 없이는 이루어지지 않는다는 것을 보여 준다. 가상적인 등가(Äquivalenz)는 경험적으로 무효화될 수 있으며, 맥락은 무규정성의 역할을 상대화한다 ─ 진리논의의 현재적 상태에 대해서는 R. Schantz가 편집한 책 참조(2002, 특히 훌륭하게 작성된 서론 1-8).

23) 최근에 데비트는 콰인과 프라센의 하부규정(하부결정) 개념을 정확하게 분석하고 비판한다(M. Devitt, 2002, 26-50). "하부규정"은 맥락의 임의적인 확장과 변화 때문에 확고한 것이 아니라 요구에 따라서 늘 최소화될 수 있거나 전적으로 없어질 수 있다. 이를 통해 반실재론은 (절대적인) 경험론적 등가와 함께 자신의 토대를 점점 더 상실한다. M.

는 해석성의 증명딜레마를 강화시키는 회의적인 불투명성에 머물러 있다.[24]

지금까지는 주로 무의식적 해석에서 출발했다. 의식적 해석이 무의식적 해석에 어떻게 관계하는가 하는 물음은 지금 연관적으로 논의될 수 있다. 의식적 해석은 전통에 걸맞게 이미 퇴행적 해석에 주어져 있다. 즉, 결과는 판단과 사태의 동일화인 것이다. 이 경우를 해석주의의 틀에서 과거적인 것으로 설명하는 것은 틀린 것이 아니다. 그러나 이것은 오류가능성과 접근의 범주를 향한 반대방향의 수렴보다 더 큰 증명의 부담을 감수한다. (실재론적) 오류가능성은 가설적으로 받아들여진 해석성에 앞서 투명성과 통제가능성이라는 장점을 갖는다.

이 밖에도 접근 주체는 저자와 (화자, 동시대인, 원초적 청자 등과) 똑같이 알려고 하는 내재적 경향을 갖는다. 그러나 이러한 기준은 대부분 달성되지 못하며, 그래서 이 기준은 — 실재론적 관점에서 볼 때 — 해석자의 적은 지식에 머물고 만다. 다른 측면에서 해석자는 보통 체계적으로나 역사적으로 원래의 맥락에 참여한 사람보다 더 많이 알 수 있다. 정확하게 살펴보면 해석자와 해석대상 간의 모든 차이는 이와 같은 더 많은 지식으로 환원될 수 있으며 이를 통해 객관화될 수 있다. (이것은 다른 관점에서 더 적은 지식과 매개되어야 한다.) 더 많이 아는 사람은 해석대상을 어떤 것으로(als) 해석할 수 있다. 다시 말해서 관점적으로 그러나 객

Devitt in: 1997, 112-121 참조 — 쿠체라는 "실재론적 실재론" 예리하게 변호한 논문에서 이미 굿맨과 퍼트남(및 간접적으로는 반 프라센)의 견해에 대해 비판적인 입장을 취했다. 렝크는 선결문제오류의 방식에 따라 해석주의적 입론을 추가함으로써 겨우 쿠체라의 논문을 논박할 수 있었다(그렇지만 이런 방식에 맞서 증명의 딜레마가 돌아올 수 있다). (H. Lenk, 1995 b, 78-85) F. v. Kutschera, 1989, 490-521, 특히 512ff.

24) 해석II는 알려져 있으며 우리는 다만 계속해서 해석할 뿐이라는 경우형태는 본서 244에서 인식론적으로 최소한 생산적인 것이기는 한 것으로 정리된다.

관적으로 해석할 수 있는 것이다. 바로 여기에 이런 경우가 아니라면 결 코 주목을 끌지 못할 해석적 "로서"의 다의성이 놓여 있다.

("모든 존재하는 것은 해석이며, 해석은 존재하는 모든 것이다")라는 "해석성의 명제"는 이러한 포괄적 관점에서 다의적으로 서술될 수 있다. 또한 우리가 세계의 기호적 특성에서 출발한다면 언급한 연관은 "동일 적"이거나 "다른" 것이다. 더 많은 지식을 예시하는 경우는 동일성과 유 사성에 적용된다. 이 경우는 근본적으로 해석대상에 속하는 지식을 포함 하는 동시에 이를 넘어선다. 그러므로 이 경우는 두 지식의 결과를 동일 성과 차이로 비교하게 하며 이것으로부터 그 이상의 것을 추론하게 한 다. 여기서 드러나는 유비관계는 문화과학과 정신과학을 위한 비축약적 인 기준이라면, 체계분과들은 "유비"를 이보다 넓은 의미에서 이해한 다.[25]

무의식적 해석은 추후적으로나(ex post) 외부로부터(ab externo) 확인 될 수 있다. 이에 반해 의식적으로 선택할 수 있는 여지는 좁게 마련된 다. 전체적으로 경쟁관계는 등급화를 통해 그리고 어쩌면 해석대상으로 의 필연적 소급을 통해 계속 진행될 수 있다.

3. 맥락주의와 역사

가다머, 더밋, 아벨은 해석주의를 역사에 특별하게 적용했다.[26] 동시대적

---

25) 본서 48 참조. 그러므로 더 많은 지식은 가다머의 영향사를 깎아내리는 반면 체계적 인 수용은 이를 높게 평가한다. 유비에 대한 상세한 논의는 본서 145, 159f., 169-174 참조.
26) 가다머의 『진리와 방법』, 제2부; M. Dummett, 1992², 358-374; M. Dummett, 2005; J. McDowell in: 1982, 160-182; G. Abel, 1993, 127-135("Vergangenheit und Interpretation").

인 입장과 비교해 볼 때 비록 경험의 역사성과 비직접성을 전도시킬 수 없다는 사실이 날카롭게 등장한다 하더라도 맥락주의의 틀 및 고유한 입장이 갖는 범주적 타자성의 틀은 유지된다. 비트겐슈타인의 사적 언어이론 및 — 아벨의 경우 — 칸트를 지향하는 상이한 범주적 장치가 가다머를 넘어서 등장하는 것이다. 더 나아가 2가논거에 대한 의심이 하나의 역할을 담당한다.

그럼에도 과거가 (다르게) 해석되었거나 (똑같은 의미로) 접근되었던 것이 아닌가 하는 문제를 미결정상태에 두는 증명딜레마의 해석주의적 경향에 맞서야 한다. 구별을 보다 정확하게 고찰하면 이 구별은 현재의 해석자가 갖는 더 많은 지식으로 환원된다. 더 적은 지식은 다른 관점에서 더 많은 지식과 함께 간다.

역사와 그 진행을 평가할 수 있는 아르키메데스의 점[준거점]이 전혀 없다는 사실은 포괄적이고 초맥락적인 구조에 맞서는 것이 아니다. 초맥락적 구조가 미치는 범위에 대해서는 — 심층차원에서와 같은 확장에서 — 그 어떤 보편구속성에 대한 언급도 허용되지 않는다. 이 구조는 상황에 따라 유연하며 수정가능하다. 이 말은, 해석II로의 후퇴 없이는 해석가능성이 확보될 수 없다는 사실을 고려할 때 아무런 해석가능성도 표현하지 않는다. 칸트를 끌어들이는 것은 특히 역사를 위해 별로 도움이 되지 않는다. 왜냐하면 이것은 칸트로부터 관찰되는 칸트적 모델의 비정통적 복제를 전제하기 때문이다. 해석주의의 고유성은 세계를 총체적으로 드러내는 현상주의에 있는 것이 아니라 조망할 수 없는 차이에 이르게 하는 입장의 다원화에 있다. 더 나아가 해석주의에는 역사적으로(in historicis) 현재에서와 똑같은 한계가 정해진다. 특정 한계가(價)를 밑도는 극소한 차이는 더 이상 정합적으로, 즉 한 번도 해석가능한 것으로 나타날 수 없다. (예컨대 끝이 시작과 관계 맺을 수 없는 문장들과 같이) 이러한 해석의 한계가를 지시하는 것도 결국 증명딜레마에 빠진다. 말하자면 무엇이 해석되었는지 어떻게 해석되었는지가 밝혀져야 할 것이다. 다른 측면에서 2가논거에 대한 비판도 역사적으로 볼 때 자의적이다. 왜냐하면 이 비판은 관계를 무모순율에 따라 구별하고 정리하는 조건을 의도적으로 벗어나기 때문이다. 겉으로 볼 때 혼란스러운 관계도 이어지는 과정을 통해 그 자체가 밝혀질 때까지 오로지 잠정적으로만 이 상태에 머문다는 사실로부터 출발할 수 있다.

맥락주의는 (보통) 집중적으로 매개된 현실 구조에서 나오는 확실한 권리를 갖는다. 그러나 맥락의 영향을 고정시키고 전반적으로 이를 제한하는 것은 별다른 의미를 갖지 못한다. 맥락은 그 비중에서 변화하기도 하며 내적으로 등급화될 수 있다. 역사에 적용해 볼 경우 이것은 맥락적으로 제약되는 주요점에 개의치 않고 접근의 방식으로 과거로 소급해 들어가는 도정이 있다는 사실을 의미한다. 이러한 도정을 다소간에 맥락 자체의 해석성으로 수렴하는 것은 그때마다 등장하는 현재의 역사성과 아무런 관계도 없는 정초하기 어려운 사전결정이다. 우리가 그 시기를 상대적으로 구별할 수 있는 관점들의 전체계열이 있다(더 많은 지식, 계열, 목적론 등과 같은 것). 그러나 관계를 구속력 있게 측정하고 도출할 수 있는 아무런 절대적인 점도 생각될 수 없다면 이 관점들은 해석주의적 평등주의에 서게 된다. 오히려 중요한 것은 절대적 척도와 절대적으로 이해되는 상대주의 사이의 중간도정을 가는 일이다. 이 중간도정은 증명될 수 없지만 그 자체가 일상과 실천의 몇 가지 개연성을 갖는다.

맥락주의에 대한 대표적인 문제제기는 앞서[27] 단초적으로 다루어졌으며 지금 더 상세하게 서술한 생각들에 나타나 있다. 개인적인 해석자나

---

27) 본서 31-34 참조.

기회를 얻은 해석자 그리고 그의 관점에 호소하는 것은 오로지 순환적으로만 상환될 수 있다. 말하자면 해석II에 나타나 있는 그의 해석I로 되돌아감으로써, 더 나아가 특수성을 해석성으로 풀이함으로써 상환될 수 있는 것이다. 이 두 관계는 오로지 실재론적으로만 증명될 수 있다. 만약 그렇지 않다면 선결문제오류라는 처리방법의 실패가 위협하게 된다. 이제 맥락에서는 다음의 논증이 되돌아온다. 만약 순환적인 설명이 회피되어야 한다면, 맥락이 해석자에게 귀속되며 다른 맥락 및 그 이상의 맥락과 구별된다는 사실은 실재론적으로 증명을 요구한다. 맥락을 지각하고 매개하는 것은 반실재론적 추론을 위한 토대를 마련하기 위하여 스스로 반실재론이어서는 안 된다. 우리는 맥락에 대한 의존성, 맥락을 통해 귀결되는 임의 차원에 대한 의존성을 정확하게 인식하거나 아무 것도 인식하지 못 한다 (무의식적인 것 자체는 그 정의(定義)대로 우리에게 인식불가능하다).[28] 이에 더해서 맥락 전반의 영향이 어느 정도로 검증가능한지, 그리고 이는 어떤 등급에서 가능한지 하는 물음이 추가된다. 이에 대한 근거 있는 답변은 반실재론적인 가정으로 만족스러울 수 없으며 보다 더 강한 논거를 요구한다. 반실재론적 결론이 도출되기 전에 특별한 맥락 그리고 이것과 초맥락적인 것의 구별, 해석자의 "해석"을 위해 이 맥락이 미치는 범위가 먼저 확보되어야 한다. 여기에는 이미 등급화 논거가 작동하고 있다. 등급화 논거는 다소간의 해결가능성에 입각하여, 하나의 가능성이나 다수의 가능성이 실재론적으로 옳은지, 그럼에도 이러한 방향에서 양적이거나 일반적인 근친성이 드러나는지 하는 물음을 미결정의 상태로 둔다. (그러므로 해결가능성이 다원적이라는 반대논거는

---

28) 단순한 조건들은 어쨌든 증명의 능력이 없다. 단순한 조건들의 양의성에 대해서는 본서 184, 185f. 참조.

해결이 엄격하게 등가적으로 나타날 경우 언제나 설득력을 지닌다.)

우리가 맥락을 적확하게 판단할 수 있으며 맥락으로 파고 들어갈 수 있고 맥락을 통해 의도된 목표지평으로 들어갈 수 있다는 전통적인 반대 논제는 상환할 수 없는 선취를 대가로 지불하는 경우가 아니라면 결코 반박할 수 없다. 여기서는 맥락에 대해 이렇게 관계하는 것이 아무런 문제와 어려움에 직면하지 않는 경우와, 이것이 눈에 띄게 억제 당하거나 심지어 침해당하는 결과로 나타나는 경우를 재차 구별해야 한다. (두 번째 경우는 주로 오류가능성의 표지로 이해될 수 있으며, 그다음에는 더 많은 전제가 등장할 때 비로소 해석연관적으로 이해될 수 있다.) 맥락제약성을 극복할 수 없다는 가상은 이를 통해서 극적인 상황에서 다양한 모습으로 벗어나며, 그것이 전혀 지양되지 않는 경우라면 최소한 대안을 통해 상대화된다.[29]

4. 전(前)해석과 증명의 딜레마

굿맨 이래로 해석철학자들은 가다머를 설명하면서 원본적인 해석은 없으며 모든 해석함은 — 통시적이든 동시적이든 — 이미 주어져 있는 해석들과 연결된다고 주장한다. 주어져 있는 해석들은 오직 다른 방향으로 계속 해석된다. 무엇보다 역사적-문화적 영역에서 말을 걸어오는 이러한 표상은 근원적으로 해석되지 않은 것에 대한 가정을 금한다. 이를 통해 고전적인 증명딜레마가 동시에 등장하는 것으로 보인다. 이렇게 되면 다른 해석의 토대로 전제될 수 있으며 해석I[해석수단]과 분리될 수 있는

29) 분석철학에서 (의미론적인 문제를 분리시키면서) 맥락주의에 대해 비판하는 것으로는 Th. Grundmann, Die Grenzen des erkenntnistheoretischen Kontextualismus, 2003b, 993-1014 참조.

해석II[해석대상]를 더 이상 고려할 수 없게 된다.

그러나 — 이미 해석된 것이든 아직 해석되지 않은 것이든 — 해석대상에 대한 다른-해석을 증명할 수 없다는 증명딜레마의 논증적 핵심이 남는다. 어쨌든 그때그때의 전단계가 알려져야 하며 이로써 그때그때의 최종단계가 해석대상으로 인식될 수 있어야 한다.

이 밖에도 사실상 무한한 해석계열은 개괄가능성을 점점 더 상실한다. 해석성이 실제로 흠이 없는지 여부는 경험적으로 증명할 수 없으며 오로지 가설적인 유비추론을 통해서만 탐구할 수 있다. 예외는 처음부터(a priori) 회피될 수 없다. 그러나 예외는 전체 해석계열과 엄격하게 분리되어야 한다. 더 나아가 우리는 상대적 연관점에 더 많이 접근하고 더 적게 접근하는 것이나 이로부터 분리되는 것을 부정할 수 없으며 관점과 입장을 상대적 전체로 완성시키는 것도 부정할 수 없다. (잠정적인) 전진과 후퇴도 단순히 부정될 수 없다. 보통 객관적인 기준 계열에 도달하지 못하는 이에 대한 증거가 있다. 이러한 증거 자체는 무조건 해석I[해석수단]로 파악될 수 없다. 왜냐하면 해석I[해석수단]은 해석II[해석대상]를 향한 비교적 후퇴를 전제하기 때문이다.

끝으로 열린 물음은 전체 해석계열의 기체(질료 Substrat, Hyle)에 대한 물음이다.[30] [해석의] 가지가 무한히 갈라지는 것은 역사와 문화의 유한성에 비추어 볼 때 금지된다. 유한성은 첫 번째 해석이 다시금 하나의 해석에 연결될 수 있기 위하여 원환적으로 조직되어야 한다. 비록 직선

---

30) 아벨은 확고한 해석주의를 획득하기 위하여 모든 기저를 정언적으로 부정한다. (1993, 65, 438f.) 그렇지만 이것은 담보에 머문다. — 아벨에서 분명하게 그려진 "해석" — 철학의 경향은 ("해석", "기호", "기저" 등과 같은) 언어사용의 변화에 기인한다. 이 변화는 혁신적인 것이 부정된 개념으로부터 이해될 수 있다는 사실 없이 전통의 전도를 제안해야 한다.

적 역사발전의 관점에서 문제와 관계한다 하더라도, 모든 해석의 최종 기저를 상정하는 경우 그 어떤 길도 통과하지 못하는 것으로 보인다. 여기서 최종 기저는 그 자체가 더 이상 해석I으로가 아니라 순수한 해석II로 표상되어야 한다. 증명딜레마의 기본형식은 이를 통해 수정되며 해석 역사의 시작에 놓인다. 문제는 해석철학에게 치명적인 것은 아니지만 이 논증이 갖는 확실한 애로(隘路)를 보여 준다.

5. 해석철학의 밝혀지지 않은 범주

해석철학의 몇몇 근본 개념은 충분히 분석되지 않았다. 이것은 이미 가다머에 관한 앞 장의 서술에서 이미 드러났을 수 있다.[31] 해석철학자들에게는 개체성의 개념도 거의 최종적인 데이터로 사용되는데 이는 (예컨대 니체의) 자아-파괴, 이와 연관되어 있는 생기(生起)철학, 그리고 다른 측면에서 비트겐슈타인의 반-사적-언어-논거가 이 문제와 같은 것이 될 수 없다 하더라도 마찬가지다. 우리는 여기서 모순적인 결과나 심지어 문제적 결과에 이르는 자기적용의 딜레마를 볼 수 있다. 예를 들어 누가 실제로 해석하며 그는 무엇을 해석하고 어디까지 해석하는지에 대한 물음이 열릴 수 있다. 개체성은, 특정 개체성이 (전진적) 해석 개념에 부합하기 위하여 다른 개체성과 달리 무엇을 해석하는지 항상 밝혀져야 한다는 증명의 딜레마에 빠진다. 이 문제는 타당성 요구의 여러 단계를 나누는 질적 방식이나 등급적 방식의 구별들을 제시하는 조건과 결합되어 있다. 끝으로 개체성이 수행하는 인식에 대해 물어야 한다. 개체성이 수행하는 인식은 맥락성과 기회원인성에서 어느 정도로 소진되며, 상세하게

---

31) 본서 23ff. 참조.

규정될 수 있는 방식으로 초맥락적인 것을 파악하는 일에 참여하지 않는 지에 대해 물어야 하는 것이다.

해석철학자들의 고백은 메타이론의 개별화하는 경향과 결코 일치하지 않는 서술 형식, 표현 형식, 논증 형식 가운데 이미 들어 있다. 요제프 시몬[32]의 입론에서처럼 이 형식이 분명하게 다른 방식으로 설명되지 않는 한, 문제는 반대입장을 위한 논거를 제시하는 개방적인 수행적 모순이다 (논증딜레마).

이와 비슷한 물음은 "지금"으로 향하며 이에 상응하게도 "여기"로 향한다. 시몬은 "지금"을 가지고 진술이 미치는 범위를 제한하려고 한다. 지금은 몰연장적인가? 만약 연장(延長)을 갖는다면 지금에는 어떠한 담지능력이 주어지는가? 이로써 맥락주의가 변경되어야 하며 이와 동시에 가능한 한 맥락주의가 좁게 파악되어야 한다는 사실이 분명해진다. 그렇지만 여기서 해석성의 자기지양을 막기 위하여 적어도 극소논거, 즉 지각과 이해의 문턱 저편에 있는 타자성이 회피되어야 한다. 더 나아가 "지금"과, 이보다 더 개방적인 표현인 "현재" 사이의 접근이 그려져야 한다. 실제로 "현재"라는 표현은 아주 상이하게 멀리 나아가는 과거와 미래를 구분함으로써만 정의 내려질 수 있다("지금시간"[Jetztzeit] 참조).[33] 시몬이 명백하게 토대로 삼고자 하는 개별 계기의 원초성은 연관을 분명하게 중단시키기 위해서 개념적으로 규정된 것이 아예 없다. 이것은 상호주관적이고 상호문화적인 공동성을 현재적으로 차단해야 하는 배제적 "여기"

---

32) J. Simon, 1989, 5-7, 306. 시몬도 논증딜레마를 부정한다. 그는 논증딜레마가 그 자체의 이론적 전제에 따라 요구되는 것보다 더 정확하게 논증한다. 다시 말해서 논증딜레마가 해석주의적 관점에서 가능한 것보다 시몬 자신이 더 정확하게 논증한다는 것이다. 이 밖에도 시몬은 — 니체와 더불어 — 여기서 형이상학의 언어가 극복된 것이 아니라 계속 사용되고 있다는 점을 인정한다.

33) 다음의 C장 참조.

에 최초로 적용된다. 사실 이러한 제한은 오로지 최소규정으로 가능하지만 그 자체가 구속적인 것이 될 수는 없다. 그러므로 도달범위에 대한 물음과 초맥락적인 것에 대한 물음은 여전히 열려 있다.

이와 연관된 비명료성은 관점성(Perspektivität) 개념에서도 나타난다. 이미 기억을 떠올린 바와 같이[34] 오로지 측면(Aspekte)에만 관계하는 관점들은 우선 해석적으로 이해될 수 없다. 측면을 유사하게 산출하며 그래서 반실재론적으로 작용하는 관점들만 해석주의와 결합될 수 있다. 이와 동일한 것은 특히 서로 모순되는 관점에만 적용된다. 그러나 (대부분 많고 적음에 따라 이루어지는) 등급화를 드러내는 관점들도 먼저 실재론적으로 처리되어야 한다. 포함관계도 이러한 등급화관계에 속한다.

두 번째 단계에서는 물론 이런 방식의 관점성에 대한 측면적 평가 또는 등급화하는 평가가 해석적으로 물어질 수 있다. 이렇게 되면 분류작업은 변경될 수 있으며, 이로부터 해석은 비로소 특정한 배치관계를 선택하거나, 전반적으로 해석은 비로소 적절한 구별을 해내기 시작한다. 이러한 해석성에 대한 가정은 다시금 증명의 딜레마와 맞닥뜨린다. (측면과 등급에 대한) 의문을 차별화하는 것이 오로지 반실재론적 해석I[해석수단], 즉 재해석된 해석수단에 지나지 않는다는 논증은 말하자면 적절한 (실재론적) 해석II[해석대상]에 대한 지식을 다시금 전제한다. 다른 말로 하자면, 이러한 차별화는 유동적이거나 해석성을 결정적인 지점에서 지양한다.

사람들은 오늘날 개연적 전체나 허구적 전체를 염두에 두면서 관점의 해석성을 기꺼이 변호한다. 이에 따라 관점은 커다란 통일성의 (객관적) 측면만 제공하는 것이 아니라 이 전체를 해석하는 가운데 변형시킨다.

---

34) 본서 32f. 참조.

그러나 여기서도 증명의 딜레마가 연관된다. 관점을 전체와 비교하고 이로써 전체의 지식을 전제할 수 있는 경우에만 해석성은 신빙성을 가질 수 있다. 그렇지 않다면 해석성에 대한 전제는 자의적이며, 따라서 단순한 특수성의 표상으로 만족하는 것에 가깝다.

인식은 보통 관점적으로만 나타나므로 — 처음에 실재론적으로 관찰된 — 관점들이 어떻게 평가될 수 있는지에 대한 확장된 질문이 제기된다. 무엇보다 관점에 대해서는 그것이 다른 관점과 관계하는 경우에만 언급될 수 있다는 것이 분명하다. 제3의 관찰자는 참여자보다 관점을 더 분명하게 인식하지만, 참여자도 관점 자체를 지각하는 한에서 단초에서는 이미 관점을 넘어서 있다.[35]

적어도 인지적 영역에서는 관점 가운데서 사고하는 의식이, 관점을 다른 관점을 수용함으로써 확장하고 보충하는 경향으로 연결된다. 가능한 관점의 임시적 통합은 — 전체화라는 표현을 피하기 위하여 — 어쨌든 우리가 가능한 한 포괄적인 목표에 대한 무한접근으로 정당하게 기술할 수 있는 과정을 지시한다. 정립을 통해서든 개별적인 선택을 통해서든 아니면 전체적 앙상블의 자의성을 통해서든 간에 관점을 상대화하는 것에 맞서서 발언하는 것은 무엇보다 전환될 수 없는 증명의 부담이다. 관점 자체의 추가와 합산에 물음을 제기하는 것은 완전히 반직관적으로 작용한다.

논증적으로 실제보다 적게 드러난 해석철학의 또 다른 요소 개념은 차이다. 해석철학자들은 항상 동일성, 동등성, 동의어와 같은 개념에 분명하게 맞서지만 차이와 타자성의 반개념을 마치 자명한 것처럼 전제한다. 여기서 이 개념 자체는 결코 통일적이지 않으며 예컨대 해석I과 해석II의

---

35) 본서 32f. 참조.

차이로, 해석I들 간의 차이로, 관점과 측면 또는 등급 간의 차이로 그때마다 상이하게 평가된다. 특히 등급화하고 규모를 정하는 작업은 차이와 연관된다. 개체성 개념의 경우보다 더 분명한 것은 이에 대한 원칙적 반성을 불필요한 것으로 보이게 하는 근대적 사고의 구조로 얽혀드는 것이다. 이로써 차이관계에 대한 논증필요성과 증명필요성은 불가피하게 사각(死角)으로 빠진다. 그러나 이들 논증필요성과 증명필요성은 곧바로 해석주의적 입론의 한계에 도달한다. 말하자면 차이의 범주 없이 해석철학은 전혀 정초될 수 없다. (강한 의미의 "······로 해석함", 실재론적 또는 해석주의적 투사로서의 해석I의 차이, 해석자의 내재적 차이 등) 지금까지 존속하는 모순 없는 입론의 자기적용도 중요하다. 이 밖에도 이 같은 방식으로 실제보다 적게 표시된 차이이론은, 해석철학자들이 형이상학의 본질적 특징을 재인식하게 되는 통일성과 동일성이론과는 다른 상태를 가질 수 있다는 것이 물음으로 떠오른다. 차이는 내용적으로 대립적이지만 동일한 단계에서 그 자체가 형식적 이론으로서 마치 통일성과 동일성과 같이 존재한다. 다시 말하면 차이는 형이상학적인 것이다. 이를 통해 해석철학에 대한 개선요구는 결정적인 점에서 차원이 재확정된다.

해석자와 기체(질료)를 구별하는 것은 (전진적) 해석 개념과 함께 전제되는 차이의 경우다. 질료에서는 증명딜레마가 등장하는 반면, 해석자에 대한 물음, 해석하는 "주체"에 대한 물음은 그것이 여전히 해석적으로만 답변될 수 있다는 선으로 밀려난다. ("개체성"은 우리가 살펴본 바와 같이 다급한 정보[Notauskunft]에 지나지 않는다.) 그러나 해석자의 실존은 해석의 결과일 수 없다. 왜냐하면 해석주의는 해석자의 작용을 통해 정의되며 순환을 감수하기 때문이다.

해석철학자들은 모든 근본 개념을 해석I로 정한다. 가장 분명한 경우는 아벨인데, 그는 칸트를 지시하면서 자신의 단계모델의 첫 번째 차원을 토대적인 것으로 기술한다. 칸트적 입론의 복제는 — 다시금 차이의 사례는 — 여기서 가까운 근대의 표시로 전제되어 있다. 이와 비슷하게 시몬은 최고의 개념을 아무런 제한 없이 해석가능한 기호의 상태로 돌린다.[36) 그러나 이와 같은 모든 해석I들은 증명딜레마에 빠져 있다. 이들은 강한 의미로 해석될 수 있지만 마찬가지로 개별적으로 "옳을" 수 있다. 그러므로 이들의 해석가능성은 다른 가능성들에 대립하는 하나의 가능성에 지나지 않는다. 여기서 "옳다"는 것은 우선 "모사적"이다. 이것은 유일한 형식으로 주어지지만 더 확장된 영역에서는 보다 상세하게 나타난다. 개별관점들을 접근적으로 총괄할 때 우리는 이를 진정하게 파악할 수 있는 것이다.

아벨은 최근의 글에서[37) 대부분의 증명 부담을 지고 있는 칸트와 더 많이 관계한다.[38) 이것은 자신의 밑그림의 첫째 차원, 범주적 차원에만 적용되는 것이 아니라 (사람들이 약호 "4"로 특징지으려고 하는) 아벨의 독자적인 입장에도 적용된다. 아벨은 4의 차원을 3의 차원에 접근시키려고 하며 뢰러(G. Löhrer)에 의해 요구된 (오류가능한) 자기적용[39)을 모든 독단론에서 빠져나오게 하기 위하여 이를 비판주의적인 것으로 돌리려고 한다. 그러나 부정적 독단론도 여전히 독단적이며, 자기적용은 외재적일 뿐만 아니라 — "여전히 다른 관점이 존재한다" — 내재적으로도

36) J. Simon, 1989, 120f. 시몬은 퍼스의 계열에서 기호와 기호로 묘사된 것의 "형이상학"을 극복하기 위해 모든 것을 기호로 정한다. 그러나 이러한 관계는 최소한 전형이상학적으로 이미 암묵적으로 전제되어 있다. "극복된" 형이상학이 이렇게 사용된 기호 개념 내에서 그리고 이를 등에 업고 다시금 등장할 것인지 하는 문제는 아주 의문이다. (전문용어적인 결정은 이러한 관점에서 아예 외부에서 영향을 미친다.)
37) 예컨대 G. Abel, 1996a, 271-288 참조.
38) 본서 93 각주 19 참조.
39) G. Löhrer, 1996, 266, 269f.

수행될 수 있다. 다시 말해서 이어지는 메타명제들에서 [수사적인] 모습은 늘 다시금 (해석적으로) 다의적으로 설명될 수 있으며 이는 무한소급에 빠진다. 아벨[40]과 함께 자기적용의 명제를 동어반복적으로 (결과 없는) 자기관계성으로 환원함으로써 이 명제를 무력화하는 것은 자기적용의 요점을 놓치는 것을 뜻할 것이다.[41]

　지금까지의 논의를 통해 아직 토론되지 않은 논증딜레마가 지향하는 이러한 방향이 드러난다. 이 딜레마는 사람들이 해석철학자로서 자신이 이론과 맺는 연관을 분명하게 하지 않은 채 철저하게 전통적으로 실재론인 방식으로 논증한다는 사실에서 유래한다.[42] 반실재론을 (철학적으로) 입증해야 하는 개별과학에 대한 한스 렝크의 처리는 실재론적인 방식에서 이 사실에 대한 가장 인상적인 평행관계를 보여 준다. 이 처리는 마치 주저하는 것과 같이 자신의 이론을 위한 적절한 서술형식을 심지어 모순적으로라도 찾아내는 것이지만, 더 이상 통제할 수 없는 비실재론적 관계가 중첩됨으로써 논증적으로 절망적인 상황을 만들어 내는 더 큰 모순을 방지한다. 해석성의 가정은 (무한히) 많은 해석단계를 통해 부담을 지게되면 불투명하게 된다. 개별과학은 그 자체가 부분적인 해석주의를 입증해야 함에도 불구하고 그 때문에 해석학적 우주 바깥에 머무는 데, 여기에는 이유가 없지 않다.

---

40) G. Abel, 앞의 책, 275ff.
41) 아벨의 변호는 사실에 기반을 두고(in der Sache) 납득시키기 위하여 너무 ad hominem[말보다 말하는 인간에 따르는 것]으로 구상되었다.
42) 본서 104 참조.

6. 비트겐슈타인과 초맥락성

해석주의의 모든 근본 개념들은 증명딜레마에 굴복한다. 이들은 (실재론적) 해석II에 기초를 두고 있거나 그 자체가 비판적 검증을 요구하는 해석I과 관계한다. 해석II와 해석I 간의 구별은 해석 자체의 개념과 함께 주어져 있으며, 이 구별은 "형이상학적으로" 확정될 수 없다. 이것은 해석이 해석철학에서와 같이 다른 해석으로, 해석대상의 "변경"으로 정의될 때 비로소 올바로 적용된다. 이를테면 무엇이 변경되었으며 변경의 결과가 무엇인지 하는 물음이 불가피하게 제기되는 것이다. 비록 해석II[해석대상] 자체가 이전 해석의 해석I[해석수단]으로 파악된다 하더라도 두 경우를 비교하는 것은 근본적으로 오로지 실재론적으로만 가능하다.

폭 좁은 맥락과 기회원인성을 넘어서는 초맥락성은 비록 임의적이지 않고 추적가능하다 하더라도 실제로 무한하다. 이것은 비율적으로 시간적 근접이나 공간적 근접으로 자리 잡는 것이 아니라, 사실의 근접이나 변화하는 관심의 상태에서 발생하는 높은 강조점과 지연된 강조점을 보여 준다. 이로써 단순한 맥락은 상대화되며 예견될 수 있는 변경에 노출되지 않는다. 여기서 새로운 단어인 "초맥락성"은 애매한 용어인 "전체론", 즉 넓은 외연뿐만 아니라 비교되는 맥락의 심층에도 관계하는 "전체론"보다 선호되어야 한다. 초맥락성이 미치는 범위는 해석학적 순환에서 언급되는 관계들에 상응하지만 이 순환의 역관계성은 여기서 분명하게 다룰 수 없다.[43] 초맥락성은 오로지 가능적으로만 중요하지만, 이것은 엄청난 결과를 얻을 수 있다. 그러므로 초맥락성과 관계하거나 최소한 이것으로부터 스스로를 보호하는 것은 의미 있는 일이다.

---

43) 본서 178f. 참조.

초맥락성은 해석주의를 지지하는 데 적합하지 않다. 언어의 전체론을 충족될 수 없는 것으로 치부하고 해석성을 자기 쪽에 두는 (소쉬르와) 데리다의 입론은 추론적이지 않다. (전진적) 해석성이 적합하다는 것은 — 허용되지만 도달할 수 없는 — 언어전체와 비교해 봄으로써만 설명될 수 있으며 이를 통해 추가로 실재론적으로 사전 결정될 것이다. 전체의 물음은 이와 같이 조정될 수 없으므로 두 가지 해석유형은 작동되어야 한다. (보통은 개연성의 근거에 입각하여 생활실천적인 실재론에 우선권을 부여한다.)

다른 한편으로 의미가 그때마다의 사용과 결부되어 있으며 삶의 형식인 개별언어는 분리된다는 후기 비트겐슈타인의 중심논제는 점점 더 의심을 받게 되는데 이는 정당하다. 다수의 언어학자와 전 계열의 철학자들[44]은 의미론을 위한 보편 개념의 구성적 기능을 염두에 두면서 이 논제와 거리를 두는 반면, 해석철학자들은 시종일관 비트겐슈타인의 독트린을 무비판적으로 따른다. 상이한 의미유형을 구별하는 것이 유익한 만큼 의미론이 전적으로 화용론에 포함되고 여기서 실현된다는 것은 거의 불가능하다. 새로운 사용유형을 만들어 내고 기존의 사용유형을 변경하는 것은 이미 존재하는 기본 개념 없이는 설명될 수 없다.

이와 비슷하게 개별언어의 통약(불)가능성에 대한 물음은 그 사이에 적어도 약화되었다. 그 결과 사람들은 언어와 진리의 "비판적" 분리를 지지한다.

결국 맥락주의는 언어로부터 확증될 수 없으며, 폭 좁은 환경이 의미를 우선적으로 규정할 수 없다. 우리처럼 사람들이 언어와 사실을 구별한다면 이와 동일한 것이 비로소 사실의 세계에 올바로 맞아떨어진다.

---

44) 예컨대 W. Schulz, 1967, 95ff.; J. A. Foder/J. J. Katz, 1964, 18ff.; E. Heintel, 1972, 162ff.; E. Coseriu, 1997, 227-231.

사실의 파악가능성은 맥락에 의해 촉진되거나 저지되지만 결정적으로 맥락에 결속되어 있는 것은 결코 아니다. 증명부담의 딜레마적 구조는 항상 초맥락적인 것을 결정적으로 맥락에 의존하게 하는 것을 금한다.

요세프 시몬이 이해과정의 최적화를 단순히 비교적인 "개선"으로 강등시킨 것은 전통적인 진보사상을 상대화하려는 시도다.[45] 그는 전체의 전개과정을 많고 적음에 따라 등급화하는 중간해결로 넘어간다. 이 중간해결은 평가에 따라 절대적 기준을 벗어남에도 불구하고 개별적인 운동과정보다 더 높은 신빙성을 갖는다. 이러한 등급들이 (다만 "믿어진다",[46] 해석된다는 방식으로) "오로지" 주관적 의미만을 갖는다는 사실은 배제될 수 없다. (그 어떤 것도 한 등급이나 다수의 등급이 옳다는 사실을 막을 수 없다.)[47] 결국 시몬에게서는 오랜 기간을 통해 모습을 드러내는 — 체계적 학문과 구별되는 — 역사적 학문의 타당성 요구에 대한 입장이 발견되지 않는다. 여기에는 가다머와 더불어 역사적 평가가 체계적 평가에 의존한다는 사실이 분명하게 전제되어 있다. 그렇지만 앞서 지적한 바와 같이 이러한 의존성은 증명의 딜레마에 굴복하게 되며 따라서 오로지 약한 가설로 간주될 뿐이다. 이 밖에도 시몬의 소재(Materie)에 대한 접근은 그가 역사적 관계에 병행해서 상호문화적 관계를 논의하지 않는 한 무엇인가 부족한 것이다.[48] 상호문화적 관계는 일반적으로 쉽게 이해될 수 있으므로 우리는 또한 이것을 역사적 관계에 포함된 것으로 생각할 수 없다. 그러므로 상호문화적 관계는 특별한 논의 및 가능한

---

45) J. Simon, 1989, 156ff., 232-239.
46) J. Simon, 1989, §47, 240-243.
47) 요점은 우리가 멀리까지 미치는 인식단계들을 기대할 수 있다는 데 있는 것이 아니라, "만족스러운" 통찰들은 수준 높은 요구를 할 수 있는 옳음을 이미 포함하고 있다는 데 있다.
48) 유일한 언급은 이질적 문화에 관한 것이다(§42).

한 차별화된 논의를 필요로 한다.

　서열화의 여러 형식 이외에, 그리고 경우에 따라 서열화와 교차하면서 양상적(aspekthaft) 관계가 고찰될 수 있다.

7. 접근성의 복권

해석철학에서는 통일성과 연속성과 접근의 형식들이 오로지 "주관적"으로만 그리고 해석적으로만 파악되며, 이러한 파악은 항상 다양한 방식으로 일어난다. 예컨대 한스 렝크[49]에서는 역사의 통일성이 오로지 회상을 통해 생성되는 해석적 구성물에 지나지 않는다. 역사를 이야기로 파악하는 것은(Danto, Ricoeur 등) 이 사실을 아예 언어적 형식으로 표현한 반면, 신칸트주의는 선택된 표상으로 이루어진 역사의 구성을 고려한다. 따라서 역사의 구조는 해석의 사실이다. 그럼에도 불구하고 남는 물음은 인간을 통해 이루어지는 역사적 진행의 재구성이 어느 정도로 대용물에 지나지 않는가 하는 것이다. 즉, 다른 인식수단이 결여될 때 실재적인 결합과정의 자리로 밀치고 들어오는 대용물에 지나지 않는가 하는 물음이다.

　그러나 해석철학으로서는 체계적 학문의 대상인 동시대의 연관도 동일한 구성적 해석성에 내맡겨진다. 이것은 자연과 역사의 모든 영역에 해당한다. 카시러, 비트겐슈타인, 가다머에 의하면 바로 여기서 모든 해석철학자들은, 현재의 맥락이 다른 영역으로 들어가는 진입로를 규정하며 이것에 대한 직접적인 상환청구를 저지한다는 사실에 대해 공통적으로 확신한다.[50]

---

49) 예컨대 H. Lenk, 1993, 492 등.
50) 물음은 역사적 사태(및 경우에 따라서는 체계적 사태)의 반복가능성에 대한 아주 특수한 물음과 혼합될 수 없다. 반복가능한 것은 항상 보편자인 반면(저자의 책, 1978, 336-

접근은 포퍼에 이르기까지 학문이론에서도 한 역할을 감당했던 고전 해석학의 중심 개념이었다. 이 개념은 한편으로 (체계적으로) 인식목표에 대한 접근적 도달만을 표시하며, 다른 한편으로 (통시적으로) 인식목표를 향한 접근적 진행만을 표시한다. 이 밖에도 접근의 개념은 개인적 발전 및 삶의 역사적 발전과 관계하며, 연속된 세대에서 보이는 발전(극단적인 경우에는 예측할 수 없는 미래에 종말로 치닫는 인간성의 발전)과 관계하고, 결론적으로 역사적 분과 및 체계적 분과와 관계한다.

새로운 해석학과 해석철학은 실재적 접근의 표상에 대해 신랄하게 논쟁했다. 왜냐하면 실재적 접근은 실재론적 목표와 정위하는 규범과 함께 가는 객관적 진행을 전제하기 때문이다. 해석철학에서는 모든 해석들 자체가 동등한 가치를 지니기 때문에, 즉자존재자에 대한 접근은 더 이상 논의의 대상이 될 수 없으며 오로지 해석에 내재하는 주관적인 효력의 내부적 진행 방식에 지나지 않는다. 해석이 실제로 "오류가능한" 것이긴 하지만, 그것은 특정한 해석틀 안에서만 그러하다.

연속성, 수렴, 전진, 철저한 규명 그리고 특별히 해석철학 내에서 이루어지는 접근과 같이 많고 적음에 따라 등급화되는 모든 개념들은 모두 해석적으로 실행되며 말하자면 괄호로 묶을 경우에만 적용가능한 것이다. 이들은 실재의 규명을 위해서는 아무런 쓸모가 없으며 그렇기 때문에 인식론적으로나 존재론적으로 아무런 진술능력이 없다.

하지만 해석의 우주는 그것이 폐쇄적일 경우, 해석 개념이 비판적으로

---

339 및 M. Frank, 1984, 455-475). 엄밀하게 보면 개별적인 것은 보편자 내에서의 변경을 통해 (빈도나 중요 현상을 통해) 오로지 간접적으로만 수용될 수 있다. 가다머와 시몬은 오로지 기호(텍스트)만을 보편자로 인정하는 반면, 의미와 적용은 해석적으로 설명된다. 필자에게는 이러한 경계 설정이 너무 제한적으로 보인다. 이 밖에도 개체적인 것 자체의 "반복가능성" 곧 접근의 사실이다(예컨대 한 번에 대해 두 번을 반복할 수 있는 것보다 아흔 아홉 번에 대해 백 번을 반복할 수 있는 것이 훨씬 용이하다). 본서 258f. 참조.

분석되고 해석I과 해석II의 관계가 철저히 파헤쳐지는 곳에서 결함이 드러나고 공격에 노출될 수 있다. 해석I이 해석II를 벗어난다는 사실과 정도는 결코 피상적인 물음이나 이차적인 물음이 아니며 오히려 (전진적) 해석 개념의 적절성에 관계한다. 해석I이 해석II를 벗어난다는 사실과 정도는 서로 분리될 수 없을 뿐 아니라 오히려 해석주의 자체의 근본물음이다. 이러한 물음은 [해석주의적] 단초의 양상적 상태를 위해서도 의미심장한 결과를 가져온다. 사실 질문이 답변될 수 없다는 정보는 이미 해석주의적 단초를 추정의 상태로 전락시키고 있다. 이 밖에도 이러한 추정에는 해석 개념의 다의성이 반이상(反理想)적으로 관계한다. 해석주의를 근본적으로 수반하고 있는 이러한 불확실성은 자기적용의 논거 및 서술 논거와 같은 다른 증명수단에 의해 더 커질 수 있다.[51]

이것은 등급화 논거와 같은 또 다른 논거의 상태를 위해 결정적인 결과를 갖는다. 해석주의의 증명불가능성을 설명하는 증명 논거는 등급 논거의 범위도 선결정하며, 그것이 더 이상 내적 해석성에만 고정될 수 없는 한에서 등급 논거를 복권시킨다. 만약 해석성만이 가능하다면, 다시 말해서 해석성만이 무모순적인 것으로 생각될 수 있다면 다른 양상적 상태는 (비-)등급화 논거와 같은 특수한 논거에 속할 수 없다. 이것은 등급의 구별이 오로지 해석적 특성을 갖는지 아니면 실재적 특성을 갖는지 그 물음이 열려 있다는 사실을 의미한다. 이것은 이미 추정가능한 이탈의 등급에 적용된다. 즉, 해석I과 해석II 사이에 드러날 수 있는 해석의 차이에 적용되는 것이다. 등급화의 원칙을 직선적 시간연속 가운데 적용하는 접근성(Approximativität)에 대한 특수한 논증을 올바로 평가하는 출구가 바로 여기에 놓여 있다. 포퍼의 증명 시도[52]를 둘러싼 논쟁은 아

51) 본서 80 각주 3 참조.
52) 이에 대해서는 예컨대 H. Keuth, 2000, 179-199 참조("Annäherung an die Wahr-

무런 결정도 하지 못한다. 왜냐하면 이 시도는 반대로 접근성에 대한 (종래의) 증명불가능성을 수행한 것에 불과하기 때문이다. 그러나 이를 통해 접근의 가능성은 이를 통해 의문시되지 않는다. 다시 말해서 접근이 원칙적으로 불가능하다는 사실에 대한 반대증명은 존재하지 않는 것이다.[53] 예를 들어 합의를 확정하는 데 영향을 미치는 해석주의자들의 반지향주의(Antiintentionalismus)도 반대입장에게 전적인 여지를 허용한다. 그러므로 해석I과 해석II 사이에 존립할 수 있는 해석의 차이도 경우에 따라서 아무런 모순 없이 접근가(價)로 파악될 수 있는가 하면 대립적으로 등급화될 수 있다.

우리가 접근성의 다양한 의미들을 그것이 미치는 범위에 따라 개념적으로 분석하려고 한다면, 여기서 근본적인 것은 지금까지 전개된 것의 방향성이다. 이 방향성은 역사적, 문화적 장에서 [이전 보다] 더 많아진 지식과 연관된다. 즉, 과거의 입장이나 낯선 입장과 같은 다른 입장에 앞서 고유의 입장을 선취하는 더 축적된 지식과 연관되는 것이다. 이 방향성은 일반적으로 명백하거나 저변에 깔린 연속성을 인식하게 하는데, 이로부터 우리는 이 방향성이 바로 다음의 미래에도 이어질 것이라는 사실을 상정할 수 있다.

그러나 이러한 전망에는 오로지 감소된 예측만을 허용하는 가설적이며 추정적인 계기가 이미 작동되고 있다. 먼 미래를 위한 성취의 기회는 더 줄어든다. 그러므로 미래예측의 영역에서는 접근성 개념이 우선적 권

---

heit"): Keuth, 1978, 112-152 참조.

53) 동일한 사고유형은 예컨대 타인의 심리 파악과 자기이해에 적용된다. 결정적인 것은 이에 대한 폭넓은 논쟁이 있다는 사실이 아니라, 해석주의자가 자기해석의 건전성을 증명의 딜레마에 입각하여 증명할 수 없다는 사실이다. 따라서 실재론적 파악이나 반실재론적 파악이 옳으며 어느 정도로 옳은지에 대한 물음은 열려 있을 수밖에 없다.

장사항이 아니다. 그러나 이것은 점진적 "접근"이 귀속될 수 있는 역사적 회고로 간주되며, 체계적 학문을 통해 지금까지 달성된 것에 대한 전망으로 간주된다. 이러한 체계적 학문의 성과에는 다양한 제안들이 정리될 뿐 아니라 서로가 대조를 이루어야 한다. 이것은 근본적으로 일상세계에서도 적용되는 방식이다. 여기서는 오류가능성과 심지어 해석성도 그때그때 고려되어야 한다. 이에 대해서는 당연히 근거 지어진 수많은 경우들이 있는데, 고전해석학에 대한 재이해, 즉 좁은 의미의 접근성에 대한 재이해, 이를테면 미분접근(슐라이어마허) 또는 제한접근(슐레겔)이 이러한 경우에 가깝다.

더 나아가 진보 자체가 이미 올바른 방향잡기에 대한 표지로 이해되는 곳에서는 넓은 의미의 접근이 거론될 수 있다. 그러나 이러한 파생적 의미는 거짓을 제거하는 방향으로 특수화되면서 경우에 따른 특징짓기를 요구한다.[54]

사람들이 예측할 수 없지만 가능한 "전체성"이나 최종상태를 추론한다면 마지막으로 넷째 의미가 작동된다. 물론 이를 위해서는 아무런 증명도 확실한 표지도 없다. 전체연관의 해석성이라는 반대테제에서와 같이 여기서도 회의(懷疑)가 개입한다.[55]

이 책이 표방하는 실재론적 입장은 무엇보다 접근성의 **첫째** 의미, 즉 역사 및 (당대) 문화에 대한 접근성의 지속적인 타당성을 산출한다. 우리는 접근성을 통해 후진적 해석학의 목표에 도달할 수 있다. 왜냐하면 우

---

54) C. F. Gethmann(1980, 575)은 진보가 (양적) 측정가능성과 결합되어서는 안 되며 가령 근원적 목적을 도구화하는 데서도 표현된다는 사실을 강조한다. 물론 (주어진 측정가능성이 아닌, 절대적 측정가능성과 구별되는) 상대적 측정가능성이라도 괜찮다.
55) 그러나 우리가 아르키메데스의 점을 갖고 있지 않다는 사실이 이러한 점이 아예 존재하지 않는다는 사실을 (우리가 이 점을 결코 발견할 수 없다는 사실을) 의미하지는 않는다.

리의 이해는 이러한 목표에 직·간접적으로 맞아떨어지기 때문이다. 여기서 우리가 갖는 현재에 대한 더 많은 지식은 원칙적으로 구별되고 분리될 수 있다. 이를 위한 기준은 해석철학자가 하부적인 기능에서 사용한 기준과 동일하다. 다만 해석철학자가 상대화한 관점들은 변화된 증명상황을 통해 또 다른 중요성을 지닌다.

이것은 사람들이 "의식보다 더 많은 존재"인 무의식적인 것을 소개하고 이로써 의식에다 예측불가한 제약성의 부담을 지울 수 있다는 사실을 통해서만 물음의 대상이 될 수 있다. 그렇지만 이 같은 무의식적인 것은 증명될 수 없으며 현재의 지식상태로부터 설득력을 지닐 수 없다. 이를 위해서는 다음과 같은 다층적인 분석이 필요할 것이다. 첫째, 과거, 타인, 세계와 같은 타자가 근본적으로 우리의 직관을 벗어난다는 것을 설명하는 분석. 둘째, 이러한 우리의 통찰을 포함하는 특수한 조건들을, 즉 순환성에 의해 위협받는 모험을 고려하는 분석. 셋째, 이러한 조건들이 어떤 등급과 범위에서 우리의 통찰에 영향을 미치며 이를 변화시키는지에 대한 제시. 그러나 이를 위한 입증책임은 제시될 수 없다.

그러므로 대상을 향한 전진과 접근의 통찰은 물리칠 수 없다. 여기서는 역사적 전망과 예측적 전망이 그때마다 구별되어야 한다. 예측적 전망은 많은 부분에서 의심스럽다. 그러나 충족구조와 증명구조는 동일한 것이다. 가정, 연속성, 연관, 접근성은 단지 해석될 뿐이며 증명할 수 없다. 이를 증명한다면 이들은 스스로를 지양하게 된다. 남아 있는 반박은 항상 비판적 의식을 일깨울 수 있으며 비반성적 입장에 대항마를 제시하는 회의적 태도를 산출할 있다. 특히 전혀 통찰될 수 없는 조건들이 있을 것이라는 생각과는 거리를 유지해야 한다. 우리는 이와 같은 독단적인 (peremptorisch) 조건들에 대해서는 아는 바가 없기 때문에 정당화되지 않은 형이상학에 말려들지 않으려면 이러한 조건들을 가능한 한 고찰하지 말아야 한다.

이 밖에도 해석철학이 담고 있는 접근에 대한 생각은 아주 모호하며 미분화되어 있다. 더욱이 접근은 이를 통시적으로 체계적으로 엄밀하게 규정하는 지시, 일치, 적합성과 같은 개념과 연관되어 있다. 그럼에도 불구하고 접근성은 가령 단선적으로 파악될 수 있을 뿐 아니라, 다선적으로 나선형적으로, 집중적으로 순회하는 것으로 생각될 수 있거나 서로 대립하는 상이한 차원에서 앞으로 나아가는 것으로도 생각될 수 있다.[56) 경험적으로 볼 때 접근의 과정은 그것이 이론적으로 단순하게 설명되는 것보다 훨씬 복잡하다. 따라서 직선적 연속에 대한 비판, 가령 "패러다임"에 대한 비판은 너무 단순하며 보다 상세한 설명을 요구한다.

이것은 무엇보다 학문의 불연속성을 강조하는 파이어아벤트나 쿤[57)과 같은 연속성 비판가에 맞서는 반대 논거로 제시될 수 있다. 여기서는 한 걸음 더 나아가 수행성과의 비교와 포함관계가 인정되는데, 이는 포퍼의 "진리유사성"(迫眞性)에 맞서서 도구주의적으로 진리 개념과 분리되면서, 그리고 성과와 비교의 특수성을 강조하는 가운데 이루어진다. (이렇게 되면 비교는 항상 부분적으로만 가능하다. 비교는 모순과 후진적 운동에 의해 제약된다.)

그러나 상이한 이론들이 "동일한 것"을 수행한다는 사실은 최소주의적으로 (도구주의적으로) 해석될 필요가 없다. 이것은 응용기술자나 수

---

56) 주기적(고대모방적) 역사고찰과 전진적(진보적 근대의) 역사고찰 간의 대립 및 양자의 교차와 혼합형식에 대해서는 J. Schlobach, *Die klassische humanistische Zyklentheorie und ihre Anfechtung durch das Fortschrittsbewußtsein der französischen Frühaufklärung*, 1978, 127-142 참조. R. Vierhaus, *Zum Problem historischer Krisen* 참조. 이 책에서도 위기현상의 복잡한 특성이 해명되고 있다(321f.).

57) P. Hoyningen-Huene(*Paul Feyerabend und Thomas Kuhn*, 2002/I, 61-83)는 이 두 저자에게 새롭게 맞선다(*Information Philosophie*, 2005/2, 98-101 참조).

공예가가 아닌 학자의 의도에도 거의 상응하지 않는다. 물론 일반적으로 직선적 목적론이 연이어 재구성될 수는 있다. 그럼에도 불구하고 문제들을 다면적으로 해결하는 것은 이를 진리 개념과 궁극적으로 분리시키기 위하여 그 잠정성과 추정적 특수성 및 고립을 근거하여 볼 때 충분하지 않다. 무엇보다 파이어아벤트는 물론이고 특히 쿤은 철학적 해석학자(가다머)나 해석주의자들과 동일시될 수 없다. 이들은 실제로 과거 패러다임과 현재 패러다임의 융합을 표방하지 않는 역사주의자들이며 통약불가성과 변환불가성(일-대-일-대응)을 역사적 관점에서가 아니라 체계적 관점에서 가르친다. (이들에 의하면 과거 패러다임은 학문역사가에 의해 지속적으로 설명될 수 있다.)

그럼에도 불구하고 파이어아벤트와 쿤에게도 외적인 기준은 없으며 그렇기 때문에 특정 목표나 제한적 목표에 대한 증명가능한 전개와 접근이 없다. 물론 상대화의 한계는 절대적 기준 대신에 내재적 측정가능성과 추론적 접근의 차이에 의존하는 데 있다. 그러므로 증가된 성과와 [이전 성과의] 포함은 늘 전진을 위한 증빙이다. 증가된 성과는 확실하게 입증될 수 없으며 반박도 불가능하다. 그러므로 이것은 철학적으로 요청되는 추상적 불가지론보다 소득이 많은 탐구의 실용적 근거다. 따라서 등급화계기도 평가될 수 있다. 즉, 등급화계기는 다른 이론들이 상대적으로 물러나게 되는 증가된 납득가능성을 강조하는 것이다. 이로부터 "접근"의 표상은 경시될 수 없는 비중을 얻는다. 접근의 표상은 그럴듯하거나 항상 가능하다. 이것은 적시된 해법이 맞아떨어질 수 있으며 학자나 철학자도 이를 일반적으로 다루고 있다는 사실을 뜻한다.[58] 이러한 관계

---

58) J. W. McAllister(in: 1993, 203-222)는 이론의 변화가 이미 기준의 차원에서 일어나며 그런 다음 실재론적으로 (내지 오류가능적으로) 설명될 수 있다고 L. Laudan("Explaining the success of science," in: 1984, 83-105)을 올바로 반박한다.

를 — 위협적인 무한소급을 가지고 — 다시금 해석적으로 상대화하는 것은 증명의 딜레마를 통해 반대방향으로 지시될 수 있다. 말하자면 이러한 경우에 해당하는 해석II는 실재론적으로 설명될 수 있거나, 이와 관련하여 비생산적인 회의(懷疑)를 할 수 있을 뿐이다.

이 밖에도 파이어아벤트는 자신이 궁극적으로 의도하는 발견술(Heuristik)을 위해 전진가능성을 상위의 목표로 상정한다. 그리고 변칙을 제거하려는 쿤의 이론 역동적인 동력은 (진리나 일치의) 전진을 가장 중요한 전제로 포함하고 있다. 총괄적으로 우리는 여기서 비김수를 찾아내어야 한다. 이것은 진보주의를 찬성하는 만큼 그것에 맞서기도 한다(양자 가운데 그 어떤 것도 증명될 수 없다). 다만 실무에 종사하는 학자가 자신의 행위를 유의미하게 정당화하기 위해 진보주의를 실용적으로 전제하고 이를 실제로 사용해야 하는 것이 전부다. 패러다임의 존재론적 상태에 대한 증명 딜레마적 숙고와 협동하는 이러한 전제는 독단적으로 표방되는 반대논제에 의해 더 이상 구해질 수 없다. 그러므로 이것은 모든 보증하는 담보에도 불구하고 반박될 수 없는 가설인 전통적 진보이론에 머물 수밖에 없다.[59]

해석철학자들은 그들의 저술에서 칸트와 퍼트남에 의지하면서 자연과학적 반실재론에 중점을 두었다. 역사적 과학들은 사실상 제거된 것으로[60] 간주되었으며, 중심문제에서는 다른 저자들에 의해 이미 해결된 것으로 파악되었다. 렝크는 심지어 정신과학이 자연과학보다 높은 차원에서 해석 연관적이라고 생각하며 이미 확산되어 있는 정신과학의 "분리주의"에 맞서서 중요한 문제는 오로지 등급의 구별이라는 사실을 강조한다.[61] 그

---

59) 쿤과 파이어아벤트의 자기적용의 결핍에 대해서는 본서 128f. 참조.
60) 예컨대 H. Lenk, 1993, 35장, 44장.
61) H. Lenk, 같은 책, 604f.

런데 강조점이 원칙적으로 뒤바뀔 수 있다. 정신과학이 적용되는 현재나 과거의 문화는 자연과학에서 그러한 것처럼 칸트적인 물자체가 아니라, 현재가 미래의 과거인 것과 같이 지나간 현재 또는 동시적 현재다. 따라서 해석을 위한 여지는 탐구의 대상이 과학에 의해 구성되는 자연 영역에서보다 훨씬 적다. (탐구 대상이 과학에 의해 구성되는 것은 오늘날 폭넓게 수용되는 칸트의 이론을 따른다) 이미 언급한 바와 같이 우리는 우리 자신이 산출한 것만을, 즉 문화와 역사만을 인식할 수 있다는 비코의 명제[62]가 지속적인 타당성을 갖는다. 이것은 정신과학들 각각의 도구가 전통적으로 더 풍부할 수 있으며 최근에는 이 도구가 추가적으로 해석적 애매성을 상정할 수 있다는 해석주의적 전제하에서도 타당하다. 정신과학과 사회과학은 자연과학보다 해석가능성이 떨어진다. 그렇기 때문에 이 둘은 오래 전부터 약한 의미의 해석수단을 만들어 내었을 것이다.

어쨌든 특정한 사실 영역에서 이루어진 역사적 발전의 총체는 개연성의 전제를 받아들이는 반면, 많고 적음에 따라 등급을 매기는 것이나 개별적인 관점에 따라 세분화하는 것은 항상 가능성의 전제를 허용한다. 이 역사적 발전은 오류가능하며 예측할 수 없는 교정도 허용한다. 여기서 목적론적 요구가 줄어든 것이 사실로 드러나지만 무조건 다른 쪽을 향하는 해석주의로 변경된 것도 아니다.[63] 수학 영역에서 괴델이 전개한 증명, 즉 완결된 이론형성이 불가능하다는 것은 강한 해석을 위한 패러다임 변화를 수행할 수 있는 자격증이 아니다. 왜냐하면 비완결성이 전반적으로 비실재론을 세세한 부분에 이르기까지 포함하는 것은 아니기 때문이다. 말하자면 비완결성은 이론 내부에서 시도되는 해석들이 실재

---

62) G. Vico, *De nostri temporis studiorum ratione*, Ausgabe Darmstadt 1963, IV 40f.; ders, *Scienza Nuova* 331 = IV I, 117 Nicolini.

63) 본서 90f. 참조.

론적인지 반실재론적인지 하는 문제를 미결상태로 둔다.[64]

8. 해석철학에서 자기적용: 자기포함의 문제

해석철학자들은 자기예외와 자기포함의 딜레마에서 철저하게 자기포함을 변호한다는 점을 통해 가다머를 수정했다. 이러한 해결은 메타이론의 차원에서 실재론으로의 복귀를 막고 이로써 해석적 우주의 폭발을 막는다는 점에서 필연적이다. 그럼에도 불구하고 자기포함은 결코 문제가 없는 것이 아니다. 왜냐하면 [자기포함의] 입론은 결국 논증적으로 오로지 제약된 요구만을 가지고 등장할 수 있을 정도로 그 자체가 상대화되기 때문이다. 해석철학자들은 그들 저작의 전체에서 무엇보다 독단론자로 등장하고 오로지 예외적으로만 — 아주 적은 곳에서만 — 자기상대화에 동의함으로써 이러한 결핍을 비켜 가려고 했다. 그럼에도 실제로는 내용과 형식에 따른 자기상대화가 불가피하다. 자기상대화는 모든 방식의 독단론을 원칙적으로 빗나가게 한다. 그 이유는 독단론이 딜레마 속에서 실재론적으로 파악될 수 없는 메타이론으로 되돌아가기 때문이다.

자기포함은 (모든 것이 — 강한 의미에서 — 해석되며 반실재론적이라는) 반실재론의 전체 명제 자체가 다의적으로 해석될 수 있다는 사실을 의미한다. 우리는 다른 방도를 통해 가능한 모든 해석들을 알지 못하기 때문에 이 해석들을 방식과 수에 따라 예견할 수 없으며 사전에 산정할 수 없다. 여기서 강한 물음이 제기된다. 도대체 어떤 해석들이 아직도 "해석"이라는 표제에 해당하는가. 강한 (전진적) 해석과 약한 (후진적)

---

64) 이것은 역사적 전개에 대한 거리유지가, 해석의 성격을 (강/온으로) 나누는 이전 해석 이후에 비로소 평가될 수 있다는 렝크의 확신에도 유효하다. 이 밖에도 무한한 것이어서는 안 되는 접근에 대해 평가할 수 없다는 비판은 진보사상에 대한 악성 비판이 아니다.

해석은 어느 정도로 날카롭게 구별될 수 있는가. 정의(定義)에 의하면 수많은 다른 해석유형들이 존재하므로, 해석철학자들에 의해 대변되는 유형에는 그 밖의 다른 선택지들과 공유하는 하나의 가설에 대한 타당성만 주어진다. 그러므로 전체 명제의 구성적 다의성은 자기를 부수적으로 만들어 버리는 사실을 포함한다. 또한 이러한 다의성은 계속해서 상정되는 이의제기에서 무한히(ad infinitum) 명료해진다. 이를테면 이어지는 모든 메타규칙은 근본명제의 다의성에 대해 경고하는 것이다("명제가 해석 가능하다는 사실은 다의적이다" 등).

자기상대화의 이런 방식은 언어 맥락주의에 맞서서 초개별언어적 진술과 같은 것으로까지 나아가지는 않는다. 초개별언어적 진술은 모든 언어이론에서 필연적이지만 더 이상 한 특수 언어의 맥락주의에서 규칙적으로 도출될 수 없다. 그러므로 이 진술은 일반적인 보편언어나 심지어 보편언어의 범주에 속하며 이로써 맥락주의적인 설명방식을 원칙적으로 지양한다. 이에 반해 형식적 해석이론 자체는 해석성에 결부되어 있으며 오로지 해석 개념의 차별화를 통해서만 내재적 상대화를 경험한다.

그럼에도 불구하고 해석철학자들이 자기적용의 회의적 결과에 대해 전혀 걱정하지 않거나 불충분하게 생각하는 것은 특징적이다.[65] 콰인은 비트겐슈타인과 연관해서 주관내적(내성적)인 자기관계와 전달가능성의 한계에 이르기까지 의미와 지시의 통일성에 대해 물음을 제기한다. 검증주의의 경험적 잔여는 감각적인 자극의 영향에 의해 멀리까지 나아가지 못한다. 사실 콰인에게는 반실재론적인 진리 개념과 의미 개념이 존재한다. 그는 ─ 전체론적으로 ─ 개별 의미를 그때마다 언어 전체로부터 규정하는 언어공동체에 집중한다. 그렇지만 콰인이 자기 고유의 이론형성

---

65) 매개적인 개연적 해결을 제안한 것에 관해서는 본서 65f. 참조

에 자기 자신을 적용하는 모습은 이미 알려진 딜레마를 인식하게 한다. 언어상대주의는 한편으로 고유의 토대에 결부되어 있으며, 다른 한편으로는 (비교를 통해 — 콰인은 이 비교를 위해 확장된 틀이론[Rahmentheorie]을 상정한다) 강제적으로 이 토대를 넘어선다.[66] 여기서 메타이론적 명제의 규정상태에 대해 물음이 제기된다. 지금까지는 벤델이 — 자기제한(Selbstmarginalisierung)을 우선시하는 것을 포함해서 — 콰인의 딜레마를 가장 상세하게 파헤쳤다.[67] 더 나아가 벤델은 자기예외도 형이상학적 배경을 전제함으로써 — 보편적 요구에 의해 — 자연주의적 명제의 자기지양에 이르게 된다는 사실을 보여 준다. 그럼에도 불구하고 탐구할 수 없는 것이 개별적인 경우마다 참일 수 있으며 그것이 해석적으로 필연적인 것으로 설명될 수 없다는 것은 외재적인 추가 반론이다. 콰인의 경험주의에 맞서서 중요한 문제는 경험할 수 없는 것을 적법하게 추론하면서 인식을 등급별로 차별화하는 일이다.[68] 콰인은 보고자나 발표자의 긍정적, 우연적 만남에 대해 생각하지 못했다. 기획이나 단순한 몰이해에 머물러 있는 것이 그것이다. (이런 경우에는 발표자의 부재가 특별한 역할을 한다.) 이 밖에도 콰인의 경험적 토대(자극의 영향)는 그 사이에 인지과학을 통해 극복되었다. 경험의 통로는 넓으며 이를 통해 결과의 개연성도 더 커진다는 것이다. 사람들은 회의주의자로 남을 수 있지만, 인식관계의 실증적 확인을 하나의 유형으로 숙고해야 한다. 여기서 인식관계를 어떤 범위에서 입증할 수 있는가 하는 문제는 이래도 저래도

---

66) R. Haller(1993, 159-173)는 틀이론을 불가피한 것으로 간주한다. 그럼에도 틀이론을 상대화하는 맥락을 대조시킴으로써 입증되어야 한다.

67) H. J. Wendel, 1990, 69-125.

68) 나무는 파악할 수 없을 정도로 엄청나게 많은 잎들로 구성되어 있다는 B. Bolzano의 사례를 참조할 것(이에 더해서 W. Künne, 1992, 224ff. 참조).

상관없다. 또한 콰인의 틀이론 개념을 차별화하는 것이 필요하다. 모든 연관틀은 등가적이지 않으며 풍부함과 채워짐으로 서로를 평가절하할 수 있고 부분적으로 배제될 수도 있다. 최종적 연관틀이 진리와 동의어를 위해 무슨 요구를 하는가 하는 문제는 우선 열려 있다. 어쨌든 이 요구 자체는 증명의 부담을 안고 있다. 총괄적으로 콰인이 비트겐슈타인과 나누고 있는 논증방향은 도치가능하다. 가설을 개략적인 것을 향한 기획으로 고찰하는 것은 실재적 목표에 접근하는 것보다 신빙성이 없다 ― 여기서 실재적 목표에 도달하는 것은 처음부터 배제되지 않는다.

데이비드슨은 콰인보다 좀 더 실재론적이다. 왜냐하면 그는 어떤 경우이든 실재론에 대한 자기관계를 보존하고 있기 때문이다. 그럼에도 그는 콰인과 동일한 자기적용의 난문에 빠진다. 데이비드슨의 고유한 메타이론은 초개별언어적으로 타당하거나 특수한 언어체계에 묶여 있다. 또한 언어적 보편 개념은 초개별언어적 해법을 선호하며 상대주의를 붕괴시킨다. 반대로 자기관계를 강조하는 것은 유아론을 향한 잠재적 경향을 지시한다.

로티는 대부분의 해석철학자들처럼 새로운 독단론을 조심스럽게 회피하며 자기포함이라는 조그만 사악을 선택한다. 이에 대한 대가는 비구속성에 대한 자기입장의 약화다. 이에 걸맞게도 로티는 회의주의자의 방식에 따르는 제안과 대안을 제시한다. 그러나 일반예방법은 개별적으로 유지되지 못한다. 즉 이것은 정언적인 것에 이르며 명증적 판단 및 증명요구에 도달하는가 하면, 제안의 특징만을 갖지 않는 다른 사람들의 논거와 증명에 호소하기까지 한다. 여기서 긍정적 독단론이 위협하고 있다. 그래서 로티는 독단론과 기획적 자기상대화 사이에서 흔들린다. 또한 콰인 및 데이비드슨과 달리 상호주관성은 더 이상 문제화되지 않는다. 데이비드슨에게도 (일치 대신에 정합과 효율에 병행해서) 합의(Konsens)

가 관계된다. 따라서 합의는 어디까지 진정하게 이루어지며 우리는 이를 어떻게 알 수 있는가라는 물음이 제기된다. 이 밖에도 합의에서는 자기 입장의 다수화를 통해, 예를 들어 다수의 실재론자들을 통해 자기지양이라는 위협이 있게 된다.[69] 어쨌든 로티는 초문화적 (초역사적) 합의를 수미일관하게 부정한다. 그러나 이러한 한계 경우는 애당초 배제될 수 없다. 로티의 사례는 반실재론적 상대주의가 자기포함과 자기예외 및 보편주의와 유아론 사이에서 한쪽이나 다른 쪽으로 떨어지지 않고는 힘든 도정을 갈 수 없다는 사실을 예증적으로 보여 준다.

퍼트남의 "내재적 (매개적) 실재론"은 언어적 사회문화적 체계의 근대 다원론을 통해 칸트 등과 구별되는 인식론적 반실재론이다. 이것은 현재의 독일 해석철학이 선호하는 모델이 되었다. 물론 독일 해석철학은 이를 철저화한다. 전통적인 지시진리, 상응진리, 일치진리의 자리에, 이상적인 수용가능성을 통해 전체 맥락으로부터 높여진 정합관점과 합의관점이 등장한다. 정합관점 및 합의관점은 해석을 평가하고 서열화한다. 그럼에도 세계관점은 유일한 총체적 상으로 전체화될 수 없다.[70] 자기적용의 딜레마에 대해서 퍼트남은 명백한 입장을 취하지 않는다. 아마도 그는 로티와 같이 자기상대화를 택하는 듯하다. 그렇지만 그는 다른 입장들에 앞서서 합리적 수용가능성에 무엇인가를 첨가하는 요구를 하는데, 이것은 개연적 전체입장(Gesamtposition)이다. 물론 경쟁하는 입장들은 결정적으로 반박되고 배제될 수 없다. 이 밖에도 퍼트남은 콰인 및 데이

69) 퍼트남 등의 비판 참조.
70) 비트겐슈타인과 연관되어 있는 퍼트남("화용론적 실재론")의 사고전개에 나타나 있는 새로운 단계; 듀이와 연관되어 있는 "직접적 실재론" 여기서 건너뛸 수 있다. 이에 관해서는 Th. Grundmann, 1996, 64-70 참조. 퍼트남 이래 반복해서 언급되는(해석적 반실재론과 구별되는) 형이상학적 실재론을 위한 "신의 시선" 대해서는 본서 187 각주 5 참조.

비드슨과 달리 비트겐슈타인을 따르면서 언어공동체에서의 상호주관적
상호이해를 더 이상 문제 삼지 않는다. 그렇지만 세계가 X로 축소된다면
낯선 영혼을 단순히 아무런 문제가 없는 것으로 상정할 수는 없다. 더 나
아가 세계조망을 서열화하고 개선하는 것은 세계의 즉자존재를 드러낼
수 있다. 어쨌든 이러한 해석은 배제될 수 없다. 다르게 정식화하면, 퍼
트남의 제한은 증명할 수 없는 것이 된다. 또한 최선의 정합이 갖는 이상
은 상응과 접근 근처에 도달한다. 비판가들은 오랫동안 이것을 비판했
다. 최근에 올스턴은 퍼트남의 입론을 개별적으로 탐구하고 부분적으로
반박했다.[71]

파이어아벤트는 토마스 쿤의 순수한 학문연관적 메타이론과 달리 일반
적인 언어상대주의, 문화상대주의, 이론상대주의를 대변한다. 그는 쿤과
같이 (그렇지만 더 철저하게) 체계들의 비교가능성을 상정하지만 그럼에
도 원칙적인 전환불가능성(통약불가능성 Inkommensurabilität)을 상정
한다. 외재적인 평가척도는 없기 때문에 세계조망들은 등가적이다. 파이
어아벤트는 기회가 있을 때마다 반실재론적 해석학과 월프(Whorf)의 언
어상대주의와 확실한 평행관계를 유지한다. 벤델은 특히 파이어아벤트
의 상대주의를 강하게 비판한다.[72] 파이어아벤트도 대립과 모순을 허용
하기 때문에 이탈하는 입장들은 원칙상 관용적으로 받아들여져야 한다.
따라서 자기제한은 견지될 수 없다. 다른 측면에서 관계는 또한 포함으
로 풀이될 수 있다. 왜냐하면 상대주의는 모든 입장이 그 가운데 머물 만
큼 폭이 넓기 때문이다. 이렇게 고찰한다면 상대주의는 절대적 타당성을
요구할 수 있는, 그리고 일치논제와 더 이상 구별될 수 없는 상위이론으
로 나타난다. 바로 여기에 자기배제를 통한 자기지양의 입론이 놓여 있

---

71) W. Alston, 1996, 132-161.

72) H. J. Wendel, 1990, 126-180.

다. 그러므로 파이어아벤트의 무정부주의는 여타의 해석철학과 동일한 방식으로 이율배반적이다. 그리고 벤델이 덧붙이는 바에 의하면 파이어아벤트의 무정부주의는 전통적인 실재론 못지않게 형이상학적이다.

쿤은 자기적용의 문제를 논의하지 않았다.[73] 쿤의 메타이론은 역사주의를 전제하며 그렇기 때문에 특히 근대적으로(neuzeitlich) 상대화될 수 있다. 그러나 그의 초이론(Supertheorie)이 보편적인 타당성요구를 한다는 것은 보다 그럴듯하다. 왜냐하면 학문은 그 최초의 등장 이래로 이론변화의 동일한 경험을 보여 주며 타당성을 위해 창조로부터 아무것도 취할 수 없기 때문이다. 따라서 쿤의 초이론은 어쨌든 학문적 세계관계와 자기관계를 위해 타당하다. 이것은 최소한 초이론이 개별과학의 패러다임보다 높은 등급에서 이론다원주의로부터 추출된 것이라는 사실을 뜻한다. 총괄적으로 초이론은 퍼트남의 "내재적 실재론"을 사전에 지시하는 세계관계에도 불구하고 일치의 진술에 근접해 있는 것이다.

시몬은 자기적용을 주제화하지만 오로지 통시적-역사적 관점에서만 주제화한다. 시몬이 대변하는 수용진리가 특히 동시성에서 대안에 대해 열려 있는 한에서 이에 대한 비판이 제기된다. 그러므로 자기제한은 불가피하다. 여기서 전통 입장은 근본적으로 논증적으로 단절될 수 없다. 해석적 우주에서 틈새를 지적하고 학문적 객관성의 타당성을 요구하는 (산수, 유사-목적론 등과 같은) 전통적인 고찰방식의 여분이 여기에 추가로 등장한다. 따라서 시몬의 기획은 가설의 특성을 가질 수 있다. 그러므로 개연성과 수용에 대한 시몬의 기준은 자급자족하는 해석학적 우주의 추상을 교정하는 가운데 필요하다면 오류가능주의의 표지에서 비판

---

73) 이것은 P. Hoyningen-Huene의 단행본에서도 수행되지 않았다. P. Hoyningen-Huene, *Die Wissenschaftsphilosophie Thomas S. Kuhns*, mit einem Geleitwort von Thomas S. Kuhn, 1989.

적으로 재정식화될 수 있다.

아벨은 자기포함을 사용하지만 이를 통해 해석의 실제가 변하지 않는다는 사실을 요구한다.[74] 그럼에도 사실상 상이한 해석유형들은 거의 이해될 수 없다. (특히 전통적인, 재생산적인 해석을 함께 연관 짓는 경우) 아벨이 말하는 "4" 차원인 메타이론 자체가 다른 고찰방식들 가운데 하나로 상대화될 수 있을 정도로 이해될 수 없는 것이다. 이것은 아벨이 회의주의를 오로지 "내적인", 즉 해석내적인 결정으로, 즉 쉽게 정초될 수 없는 어려운 결정으로 인정한 사실과 연관된다. 우리가 오로지 전진적-해석적으로 경험하는지 아니면 어떤 해석유형이 그때마다 또는 전반적으로 어떤 범위에서 맞아떨어지는가 하는 물음이 해석주의의 시선에 열려 있어야 한다. 이에 반해 아벨은 더욱더 독단적으로 되었다. 그는 자신의 메타이론 및 1차원의 (가상적) 불가피성을 위하여 비판적인 배후물음에 개방되어야 하는 확실성을 선언한다. 1차원도 후진적인지 아니면 적어도 다의적으로 전진적으로 해석될 수 있는지 하는 문제는 결정될 수 없다. 하나의 관점이나 다수의 관점이 옳을 수 있다. 그러므로 해석의 딜레마는 자기적용의 물음에 대해서도 영향력을 갖는다. 여기서 파생적으로 종속되는 전통(3차원)을 전도(顚倒)시켜 평가하는 선택권은 더욱 근거가 약하게 된다. 해법이 본질적으로 복잡하게 보일 수밖에 없다는 인상이 거부될 수 없는 것이다.[75]

렝크는 해석주의의 자기관계성을 보다 정확하게 추적한다. 그는 먼저 행위이론에서 전개된 보편적, 방법론적, 인식론적, 유사(quasi)-선험적 해석구성주의를 실행한다. 그런데 이 해석구성주의는 존재론적 실재론

---

74) G. Abel, 1996a, 278f.

75) 아벨의 극단적 입장이 일상과 일상언어의 자기이해에서 멀어질수록 이를 위한 증명의 부담은 더 커진다.

(및 생활실천적 실재론)과 양립할 수 있다. 렝크는 최종적으로 정초된 독
단론을 회피하며, 자신의 메타이론에서 대안과 변화를 통해 개방되어 있
는 해석성을 주장한다.[76] 이런 한에서 렝크의 입론에는 비판할 점이 없
다. 왜냐하면 그는 해석주의 자체를 해석I으로 서술하고 이를 내적으로
차별화하기 때문이다.

그러나 렝크는 이러한 해석주의를 독단적으로 대변한다. 즉 자기배제
와 자기포함의 딜레마가 재차 개방되지는 않는다. 여기서 증명의 딜레마
에 대한 탐구가 (강한) 해석에 맞서 회의주의적 비결정성으로 귀결될 수
있다. 그럼에도 그는 강한 해석을 (하이데거적인) 표현인 "무엇을 무엇
으로"로 특징지음으로써 이를 전문용어적으로 충분하게 정의내리지 않
았다. 이것은 또한 강한 해석의 표지, 즉 해석적 요소의 등장을 결여하고
있는 (객관적인) 측면과 관점에도 맞아떨어진다. 이와 같이 해석 개념은
원칙적인 비결정성에 여지를 주지 않으면서도 설명되지 않은 채 남아 있
다.[77] 강한 의미에서 해석되지 않은 것은 아무것도 없다는 사실은 실제로
더 이상 문제시 되지 않는 렝크의 기획이 갖는 전제다. 이 기획은 세계의
지속과 주체-객체-구별을 해석주의로 끌어들이고 있다. 따라서 렝크에
게서 자기포함의 결과는 다소간에 별다른 의미가 없다. 여기에는 제한을
위한 결정적 논거가 제시되어 있지 않다.[78]

---

76) H. Lenk, 1993, 245, 506f.

77) A. Graeser(1996, 260)의 비판 참조.

78) 렝크의 스승 휘브너는 프랑스의 협약주의(Konventionalismus, P. Duhem, H.
Poincaré)를 칸트적 전통의 사고형식으로 옮기는데, 휘브너(K. Hübner, 1978¹, 2002⁴)도
마찬가지로 (온건한) 해석주의로 여겨질 수 있다. 휘브너는 토마스 쿤과 같이 오로지 학문
비판만 주제화하지만 파이어아벤트와 같이 그의 관점을 합리성 비판적으로 거꾸로 신화에
이르기까지 연장한다. 그는 우선 포퍼에 맞서서 해석주의를 위해 경험론을 결정적으로 압
박하며 모든 협약의 등가성을 대변한다. 자기적용에 대한 물음에서 휘브너는 실제로 자기

9. 번역가능성에 대한 물음

번역가능성의 문제는 실재론과 (반실재론적) 해석주의 간의 갈등을 구체화하며 이를 언어학적 차원에서 심화한다. 가다머는 『진리와 방법』의 언어 장(章) 첫 부분에서 '모든 번역은 (강한) 해석(Auslegung)'이라는 논제를 대변한다.[79] 번역자는 외국어의 의미를 자신의 언어로 재창조해야 하며 여기서 이를 "창조적으로" 처리해야 한다. 번역자의 다언어능력(polyglossia)이나 최소한 2개국어능력(Bilinguität)은 어려움을 약화시키지 못한다. 왜냐하면 한 언어를 다른 언어로 배열하는 문제는 일-대-일-대응이 결여되고 그때그때 언어의 전체론을 통해 정립되는 틈새의 연결을 항상 요구하기 때문이다. 그렇기 때문에 원전의 조화는 규칙적으로 재현될 수 없으며, 특정 표현이 과도하게 분명한 것은 항상 이를 [덜 분명한 것으로] 후퇴시키는 부담과 다른 부분의 불명료화로 이어진다.[80] 다른 측면에서 가다머의 온건한 해석학은 어쨌든 번역(불)가능성의 등급이 있으며 접근의 무한한 과제가 있다는 사실을 인정한다.[81] 이를 통해 본래적으로 이미 번역의 객관적 규범화가 시사되지만, 철학적 해석학자에게는 오로지 규범의 도달불가능성을 확인하는 일만 남는다.

더 나아가 번역자의 해석적 수행을 증대시키게 되는 문제인, 덜 분명하게 하는 작업이 더 분명하게 하는 모든 작업에 보충적으로 일치해야

배제로 기울지만, '휘브너는 다른 해석들 가운데 오직 하나의 해석만을 제공한다'는 파악에 근접해 있다. (그의 입론은 라이벌을 고려해야 한다.) 어쨌든 자기포함과 자기배제의 딜레마는 여기서 다시 제기되며 무딘 해결로는 이 문제가 감추어질 뿐이다 — 그러나 휘브너는 (가다머와 같이) 협약들 간의 동질화를 통약불가능성과 결합시키지 않는다.

79) H. -G. Gadamer, W. M., 361-373.
80) 같은 책, 364 참조.
81) H. -G. Gadamer, "Lesen ist wie Übersetzen", 1993, 279, 282.

하는가 하는 의문이 생겨날 수 있다. 확실히 두 종류의 개입이 있지만 이것은 항상 동시적이지 않으며 소위 거울에 비치는 상과 같지 않다. 오히려 그 중간에 공동성의 영역이 있다. 이 영역은 과도한 강조나 잔존이라는 의미 이탈의 경우 최소한 잠정적으로 아무런 역할도 하지 않는다. 여기서는 근사적 일치가 사실에서뿐만 아니라 표현에서도 나타난다. 사람들은 이러한 경우에 (강한) 해석에 대해 거의 언급하지 않으려 한다. 모든 번역과 그 모든 부분의 해석성에 대한 총괄논제는, 이론적으로 고찰되지만 번역에서는 예외적으로만 영향을 미치는 언어 전체론에 호소하지 않을 때 유지될 수 없다.

이렇게 고찰하면 번역에 대한 실재론적 설명과 "해석적" 설명에는 거의 불일치가 없다. 무한한 접근이든 상관없이 접근이 인정되는 곳에서 우리는 다시금 낭만주의 해석학의 토대 위에 서게 되며, 해석에 참여하는 부분은 접근운동에 종속되며 편입된다. 이렇게 되면 일반적으로 전통해석학을 해체하지 않은 채 원전에 대한 번역의 하위규정에 대해 언급할 수 있다. 번역자의 접근은 여기서 잘 근거 지어진 의미를 획득한다. 왜냐하면 원전이 다른 언어에서 실제로 연관점으로 주어지기 때문이며, ― 이 사실은 여러 언어를 사용하는 사람에게 최고로 분명하다 ― 문제가 두 언어 사이에 자리 잡는 것으로 환원되기 때문이다. 모든 번역이 "똑같이 좋은" 것이 아니라는 사실은 사소한 경험이다. 번역의 등가성이 언급되는 데서는 일반적으로 그때마다 원전의 특정한 관점을 정당화하는 상이한 관점과 기능에 따라 [번역을] 차별화할 수 있다. 여기서 상이하게 재현되어야 하는 원전의 표피적 의미와 배경의미가 추가로 구별되어야 한다. 우리가 계속되는 중간단계와 관계한다면, 통제할 수 없는 해석주의에 도달해야 한다는 사실 없이도 번역가능성의 적법한 다원성이 충분히 근거 지어진다. 이 밖에도 언어체계에 이미 주어져 있거나 (역사적으로)

새롭게 등장하는 결핍을 위한 제2, 제3등급의 보조수단(고쳐 쓰기, 의역, 해설), 즉 번역의 인식론적 결핍을 보상할 수 있는 보조수단이 마련된다. 이 보조수단은 번역학에서도 의미심장한 역할을 수행한다. 또한 번역들이 유적으로 특수하게 차별화되는 것에 주목해야 하며 이와 동등한 차이에 대해서도 고려해야 한다.[82]

그럼에도 불구하고 콰인[83]과 같이 ― 그리고 해석철학자 아벨[84]에서처럼 ― 경험적인 하부규정성의 가정을 넘어서는 피지시체의 무규정성과 의미의 탐구불가능성에 대해 말하게 되면 이와 같은 근본적인 실재론적 고찰방식에 대해 맞서 볼 수 있다. 콰인과 그 추종자들은 실재론자들 및

---

82) 지난 25년의 상황은 개별 저자나 번역자의 개인적인 입장을 더욱 압박하는 (자립적) 번역학의 전진적 형성으로 특징지어진다. 여기에는 언어의 다층성과 역동성이 토대를 형성하며 양자는 전반적으로 전문성을 지향한다. 한계, 예외, 보충이 전적으로 고찰되며 이들이 이론으로 산정된다. ("모든 것이 번역가능하다"는) (순수한) 합리주의와 (근본적) 회의는 이를 통해 처음부터 회피되는 것이 일반적이다. 문학적 번역과 특수분야의 번역을 나누는 옛 구별은 오늘날 접근적 번역의 지속으로 해소된다. 우리는 기능적 번역실제가 있으며 최적화된 번역실제에서 새롭게 등장하는 세련된 수단과 방법으로 지속적으로 작업한다는 인상을 획득한다. (예컨대 콰인과 같은) 특정 철학자의 회의는 직접적으로 주제화되지 않는다. 이 회의는 물론 그 자체에서 유래하는 비중을 갖지만 그럼에도 전체적으로 번역이론가의 보다 정확한 결과로 되돌아간다. 콰인의 검증가능한 예방법이 번역이론에서 지양된 것을 알게 되면 우리는 많은 것을 말하지 않게 된다. 지난 20년간 출판된 방향을 지시하는 책은 다음과 같다. W. Koller, 1992[4] (u.a. 2.1: Das Problem der Übersetzbarkeit, 159-188); W. Wilss (Hg.), 1981; M. Snell-Hornby (Hg.), 1986; Hans G. Hönig, Konstruktives Übersetzen, 1997[2]; A. Hirsch, 1997; H. Risku, 1998; R. Jakobson, Grundsätzliche Übersetzbarkeit. Linguistische Aspekte der Übersetzung(1959), 1992[2], 481ff.

83) W. V. Quine, 1980, 제2장: Übersetzung und Bedeutung, 59-147.

84) G. Abel, 1999a, 101-120(아벨은 해석철학자로서 콰인의 불가지론을 긍정적인 것으로 전환시킨다). 추가 논의를 위해서 G. Abel (Hg.), 1999b; Elberfeld/Kreuzer/Minford/Wohlfart, 1999; W. Büttemeyer/H. J. Sandkühler, 2000 참조.

온건한 해석학자들과 달리 인식론적 반실재론이 아니라 존재론적 반실재론을 대변한다. 여기서 [의미] 할당의 문제는 지시의 문제로 강화된다. 콰인의 극단적 번역에서는 더 이상 피지시체가 없으며, 기호론적 삼각은 기호와 의미의 두 가지로 환원되는 것으로 나타난다. 극단적 번역의 사실에 나타나 있는 콰인의 반실재론은 극단적 해석철학자들에 의해 적극적으로 환영받는 불가지론적 결과를 포함한다. 그러나 이 반실재론은 그 어떤 척도에도 종속되지 않는 "창조적" 해석성을 방면한다. 콰인은 적어도 상이한 언어와 문화권역들 간에는 엄격한 동의어가 존재하지 않으며 그렇기 때문에 모든 언어적 재구성에서는 예측할 수 없으며 평가할 수 없는 강한 해석성이 고려되어야 한다는 사실에서 출발한다. 더욱이 투사의 의미에서 자비의 원리, 즉 해석자는 자기 고유의 물음과 척도를 해석되어야 하는 언어재료로 가지고 들어오는 원리가 요구된다. 이로써 해석이 순환성은 더 이상 통용될 수 없다.

많은 논쟁을 불러일으킨[85] 콰인의 논제는 직접적인 수용을 권할 수 없게 만드는 모든 사전전제의 부담을 진다. 콰인에 따르면 지금까지 정초된 증명의 딜레마에서와 같이 [의미가] "다르게" 해석되거나 "이탈적으로" 해석되지 않으며, 하나의 의미가 다른 의미에 대한 관계를 확보하는 일이 없이 전적으로 정립된다. 여기에 기여하는 것은 한편으로 그 사이에 인지심리학을 통해 극복된 행동주의적, 반유심론적 입장이며, 다른 한편으로는 애당초 언어공동체와 문화공동체 간의 동의어를 의심하는 비트겐슈타인의 방식에 입각해서 이들 공동체의 고립을 고수하는 일이다.

그럼에도 불구하고 "동의어들" 간의 구별이 근사치로 파악될 수 있으

---

85) 최근에 논의가 비결정적이라는 확증을 가지고 콰인의 번역 무규정성이론에 대한 판단을 개관한 연구 참조. R. Kirk, *Indeterminacy of Translation*, 2004, 151-180. D. Markis(1979)는 전통적-대륙적 시각에서 콰인과 논쟁한다.

며 이를 통해 (비)동일성이 간접적으로 교정될 수 있다. 이 밖에도 세계
언어 내지 보편언어와 개별언어 사이의 모순을 증명하는 벤델의 콰인비
판은 적절하다.[86] 모순이 명백하게 세계언어나 보편언어로 넘어가는 곳
에서는 — 동일한 방식의 언어경험과 같은 — 인간학적 구조나 문화불변
적 구조가 완결된 개별언어를 대신한다. 더 나아가 비판가들과 추종자들
은 똑같이 콰인이 다른 관점에서 실재론자이며 예컨대 번역이론과 자연
과학 사이에 있는 방법적 간격을 허문 것으로 혼동한다. 그러므로 해석
철학자들이 콰인의 번역이론을 자신들의 포괄적인 해석주의를 위한 모
델로 요구한다면 이것은 위태로운 일이다. 더욱이 콰인의 "원초적 해석"
은 외국어에 대한 일면적 지식만을 전제하는 반면, 복수언어 간의 상호
성도 자주 고려될 수 있다. 끝으로 사람들은 콰인의 고찰방식이 너무 정
체적이고 국면적이며 언어를 가지고 언어를 통해 역동성과 전진적 경험
을 충족시키지 못한다고 정당하게 비판했다. 또한 자비의 원리도 원리 자
체를 적용할 때 발생하는 교정과 개선을 고찰하지 않은 채 그리고 "투사"
가 옳다는 특수한 경우가 타당성을 얻지 못한 채 순수한 투사주의에 귀
속된다. 실제로 무규정성은 아무런 해석성도 정당화하지 못한다. 왜냐하
면 하나의 해석이나 다수의 해석이 객관적으로 옳다는 사실이 배제될 수
없기 때문이다. 또한 어려운 번역의 경우 사람들이 전반적으로 좋은 번
역과 나쁜 번역을 구별하고 동의어의 등급을 다르게 구별할 수 있다면
접근성의 개념은 결코 제거되지 않는다.

총괄한다면, 어쨌든 언어공동체에서는 비록 예외적으로만 등장한다
하더라도 전체 영역의 규범적 방향을 허용하는 동의어가 드러난다. 이
동의어가 오로지 문화상대적이라는 사실은 경험적으로만 결정될 수 있

---

86) 본서 125 각주 67 참조.

는 가설이다. 다른 한편으로 지시의 무규정성에서 표현되는 회의주의는
이것으로 끝내야 할 정도로 너무 체념적이다. 언어를 역동적으로 습득할
때 경험할 수 있는 전진과 접근은 물론 선택가능성을 현저하게 낮춘다.
심지어 특수경우에는 의미의 단수를 확실하게 배제할 수 없다. 콰인이
염두에 둔, 그리고 본의 아니게 해석주의를 도와 준 것으로 보이는 무한
한 다수성은 소수의 사람들만이 동의할 수 있는 다양한 방법적 선택을
통해서만 가능하다.[87]

---

87) E. A. Nida(1975)는 많은 번역이론가들의 파악을 적확하게 재현한다. W. Wilss의
번역본 1981, 123("그러므로 번역불가능성의 가설에 의해 너무 깊은 인상을 받아서는 안
된다"). R. Jakobson(1988, 484f., 490)은 이 사실을 보다 분명하게 보여 준다 ─ J. Freu-
diger(1993, 41-57)는 콰인의 하부결정성 개념을 비판한다.

C

가다머의 대안

1. 획기적 현재

"현재"와 "현재적"이라는 단어는 일상언어적으로 많은 의미를 갖고 있다. 이것은 (예컨대 내가 이 책을 쓰는 순간, 오늘 수요일, 겨울학기, 21세기의 첫 번째 10년, 우리가 사는 시기 등과 같이) 시간의 진행이 아주 상이하게 확장되고, 상이하게 도달하는 것을 표시한다. 이 단어는 그 체험재료가 (상대적으로) 동일한 종류로 남아 있다는 사실을 통해 다른 종류의 과거 및 미래와 구별된다. 이것은 오로지 이렇게만 정의 내려질 수 있다.

"현재"는 그 자체가 상이한 고도에 있는, 그때마다의 과거 및 미래와 구별될 수 있다는 사실을 통해 다의적이며 상이하게 확장되는 데 적용될 수 있다. 그러므로 개별 인간의 삶은 항상, 동종적인 것을 당김음처럼 생략함으로써 지속과 연속성의 특성을 받아들이는 — 서로서로 붙들려 있으며 다소간에 확장된 — 현재지평의 다지적(多肢的) 체계에서 수행된다. 이에 반해 순간적이고 엄밀한 현재의 표상은 이론적인 구성물이다. 이것은 체험의 예외적 가속을 부당하게 일반화하는 데서 나온다. 이러한 예외적 가속에 상응하는 것은 반대극단으로서 "나태한" 시간진행에서 나타나는 특별한 지체의 경우다. 그러나 이 둘을 경험하는 것은 체험된 시간의 "획기적" 구조와 대조해 볼 때만 가능하다. (이와 동일한 것은 현재가 과거 및 미래에 의해 전적으로 먹혀 버리는 아리스토텔레스에서처럼, 현재적 "지금"을 외연 없는 한계점으로 표상하는 것에 처음으로 적용된다.) 보통 현재에서 동일함의 특성이 지배적인 것은, 현상황적-기술(記述)적 계기가 연속적-설화적 계기에 앞서 등장하는 방식으로 이루어진다.

체험된 시간에서는 현재, 과거, 미래의 세 가지 시간차원이 확고하게 고정되지 않는다. 말하자면 엄밀한 "지금"이 현재로 그리고 과거와 미래의 중간으로 고정되지 않는다. 오히려 세 가지 시간차원은 개별적인 삶 가운데 근본적으로 상대적이며 상황과 관점에 따라 서로 바뀔 수 있는 것으로 정식화될 수 있다. 이로써 동시에 역사적인 시기(Epoche) 개념인 "현재"와 연결된다. 이 시기 개념은 (우주론적으로, 지질학적으로, 인간학적으로, 글로벌하게, 세계사적으로, 정치적으로) 다양하게 층층이 쌓여 있는데, 가장 넓게는 인류나 유비적 주체와 관계할 수 있는 지평의 의미에서 완전히 통합될 수 있다. 그래서 초개인적인 우리-관점은 아우구스티누스와 하이데거가 강조한 개인적인 시간조직을 유비적으로 연장한다. 그러므로 이 둘은 언어사용에서 공동의 표현인 "현재", "현재적"이라는 공동의 표현을 다의적으로 (애매하게) 보여 주지만 여기에는 내적인 연관이 없지 않다.

여기에 스케치된 시간경험[1]의 구조는 우선 실체적 현재 개념을 복권시키는 데 적합할 뿐 아니라, 전통주의, 엄격한 결정론, 기회원인론의 우세와 같이 미래주의나 종말론의 우세에 맞서 실체적 현재 개념의 전통적 권리를 되돌려주는 데 적합하다. 현재는 파악할 수 없게 사라져 버리는

---

1)   H. Krämer, 1981, 24-28. E. Minkowski의 집중적인 설명 참조(1971, I, 36ff., 43f.).

차이의 외연이 아니라, 그 위에 설 수 있으며 유지될 수 있는 확고한 기초이자 광대한 영역이고, 계산적으로 총괄적으로 산정할 수 있는 크기다. 이로부터 평가의 방향에서 계속되는 결과가 나온다. 즉, 해석학적, 행위이론적, 실천적-철학적 관점에서 과거와 미래에 대한 현재의 우위라는 결과가 발생하는 것이다. 이 밖에도 여기서 과거와 미래 역시 과거적 미래적 현재지평을 통해 조직되는 것으로 표상될 수 있다는 사실을 주목해야 한다.[2] 따라서 "획기적" 시간경험의 구조는 세 가지의 시간차원에서 작동된다.

역사적 현재경험은 이제 개별체험에서와 같이 미래를 사소하게 다루는 것으로 표시되며 역사진행으로부터 생략적으로 마치 구획과 같이 등장하는 시대적 단절과 중단을 통해 특징지어진다. 그때마다 마지막으로 상정되는 단절도 하나의 "현재"를 정초할 수 있다. (고대의 문화적 자극,[3] 기독교, 르네상스 이래의 근대, 계몽주의, 전후시대 등) 또한 시간역사의 역사적 분과도 여기에 속한다 (이에 대한 전통적 정의는 기록보관소 개방 이전의 시기다). 설정된 시기구분 너머에서 우리 현재의 전(前)-역사가 시작하는데, 이것은 물론 보다 일반적으로 파악된 "현재들"을 통해 포괄될 수 있다. 그러므로 공존할 수 있으며 서로 협동하거나 승부할 수 있는

---

2) 시간차원을 이와 같이 여러 겹으로 끼워 넣는 방식은 여러 차례 서술되었다. N. Luhmann, 1972, 81-115; N. Luhmann, 1975, 103-133; R. Koselleck, 2000(2003), 247-250 참조. 다른 방향으로는 프랑스 아날학파(Annales-Gruppe)의 시간 구분, 즉 생기역사, 중간기한의 역사, 장기간(longue durée)의 역사 구분이 있는데, 이들은 서로 연기될 수 있다 (이에 대해서는 H.-G. Faber, 1978⁴, 227ff. 참조). 이것이 의미하는 진행형식은 어쨌든 "현재"와 상관이 없으며, 더 나아가 개별체험을 도외시하고 세계사에 제한되어 있다.
3) "3천년의 변명" 괴테의 어법, in: West-Östlicher Divan, Buch des Unmuths, Sämtliche Werke Münchner Ausgabe, II.I.2, 1998, 54(W. Schadewaldt[1960, 932]의 해석은 고대로부터 시대[Epoche]의 "진정한 현재성" 지향한다).

현재의 층들이 특징지어진다. 더 나아간 중간단계들은 언제나 가능하다.

이러한 현재관점의 성과는 그때마다 동일하다. 역사의 연관은 이러한 현재들과 그 이행을 통해 산출되는 것이지 개별단계의 임의적 연속을 통해 산출되지 않는다. 가다머의 영향사 개념은 이를 통해 우선 상당부분 수정된다. 가다머가 직선적으로 가정하지만 그렇지 않을 경우 차별화되지 않는 영향사는 개방적 의식에서 역사의 몇몇 단절된 곳으로 환원되며 이렇게 되면 이 영향사는 잠재적인 것, 이따금씩 현실화되는 것으로 내몰린다. 철학적 시간분석에서 "지금"의 고립에 대한 상응이 여기서 명백하다. 영향사적 전개의 직선성에 대한 가정은 역사적 진행의 실제적 배열을 건너뛴다. 왜냐하면 이 직선성은 현재의 개념을 분석하지 않으며 이 개념의 다의성을 고수하지 않기 때문이다. 그러므로 (예컨대 1800년대 무렵의 근대 산업사회와 같이) 전체 전통의 가지들이 묶인 데서 풀려나게 되지만 공적 의식을 중요하게 규정하는 결정적 단절이 생기며, 더 나아가 다르게 지각된, 말하자면 동일한 현재로 경험되는 다소 정체적인 시기들이 비결정적으로 남으며 서로 구별되지 않게 된다. 사람들이 가다머의 언명을 따를 때 이러한 현재에서 전반적으로 영향사가 작동된다는 사실은 추후적인 철학적 반성이다. 즉, 개별적인 삶의 최소적 "지금"이나 무한소적 "지금"에 대한 반성에 상응하지만 영향사에서와 마찬가지로 현상학적으로 일반화할 수 없는 반성이다.

그러므로 가다머가 정초한 영향사의 엄격한 "직선성"은 최소한 아주 부정확하며 아예 나선형 모델로 매개되어야 한다. 따라서 위에서 수행한 이의제기[4]는 역사철학적으로 근거 지어지고 정위될 수 있다. 그러나 앞에서 잠정적으로 전개된 비판들은 이제 모양을 갖추게 된다. 앞에서 "반

---

4) 본서 42-47 참조.

르네상스"로 특징지어진 시기들은 영향사를 부분적으로 중단시키는 반대방향의 시기로 인식될 수 있었다. 따라서 이 시기들의 내용은 이와 연결되어 있는 현재에 전혀 등장할 수 없거나, 지배적 현재에 맞서 전(前)-현재적 과거에 대해 언급할 수 있을 만큼 오로지 변형적으로만 등장할 수 있다.

특히 영향사적으로 매개되지 않은 사실에 대한 관심이 무엇인지, 그리고 관련된 사실영역의 자율성이 무엇인지가 보다 분명해진다.[5] 사실의 유사성은 "현재성"을 통해 설명되며, 어쩌면 일어날 수 있는 영향사적 연속성이 이 현재성 옆에서 물러나며 거의 사라진다. 이것은 이어지는 개별단계의 연속성이 아니라 이러한 "청구"로 초대하는 현재의 전체 파노라마다.

"현재"로 요약된 시기들의 부분-시기들은 원칙적으로 등가적이며, "가까움"과 "멂"은 전반적으로 교환가능하다. 이것은 두 가지를 의미한다. 즉, 시간간격도 원점으로 돌아가며, 시간간격이 가정된 "현재" 너머에서 자연스럽게 주어지는 역할을 하지 않는다는 사실을 의미한다.[6] 차이들은 획기적인 사건에 이후 계속 무차별화된 것으로 나타난다. 영향사적으로 이끌어지지 않은 사실에 대한 직접적 관심은 이러한 획기적 관점을 구체화한다. 이로써 "현재성"은 역사적인 것에 대해 보충적으로 관계한다.

이를 통해 또한 "체계적" 관점과의 일치가 주어진다. 이것은 문화의 관

---

5) 본서 59-61 참조.
6) 이와 같은 현재층의 시기적 특징은 자연스럽게 먼저 해석학적으로 나타난다. 그러나 이로부터 현재층의 강한 해석적 상태를 위해 아무것도 나오지 않는다. 실제로 이 모든 한계설정은 우리가 현재층의 상태에 대해 결국 아무것도 말하거나 부정할 수 없는 증명딜레마의 지배를 받는다. 모든 한계설정은 옳을 수 있으며 그 자체로 입증될 수 있다. 또는 모든 한계설정이 반증되고 보다 나은 것을 통해 대치된다.

점으로 일반화될 수 있으며 또 다른 용어적 맥락으로 밀릴 수 있다. 실제로 문화는 동시성과 통시성이 융합하는 체계적 개념이다. "현재"는 양방향으로 연결될 수 있으며 수용될 수 있다. 왜냐하면 현재는 그 고유한 현재성의 "과거적" 요소와 그 시기의 평행문화들을 포함하게 되기 때문이다. "현재"는 경우에 따라 그때그때의 문화보다 더 포괄적인데, 그 이유는 현재가 확장됨에 따라 "과거"의 문화들과 다수의 동시대 문화들을 결합할 수 있기 때문이다.

그러므로 역사는 철학적 해석학에 의해 직선적으로 선별된 추상적 역사성보다 더 복잡하게 서술된다. 이에 반해 등급화된 현재성을 향하여 독해되는 역사진행은 개별 삶의 현재적 집중과 비슷한 강조점을 인식하게 하는 저항의 계기를 기억으로 불러들인다. "지금"에 대한 철학적 반성(과 경우에 따라 하게 되는 학문적 반성)이 이론적이고 인위적인 반성인 것처럼, 역사에 대한 메타이론가의 최종적인 무한소적 반성도 역사 진행의 개별 단계에 대한 반성이다. 여기서 스스로를 반영하는 무한소적 구조는 무차별적인 것처럼 허구적이며, 시선의 방향을 전도시키는 형태에 대한 교정을 요구한다.

서로를 포괄하는 역사적 현재들은 광범위한 단계가 일반적으로 상위적 보편성의 내용을 갖는다는 것, 즉 "현재"를 층으로 만드는 것이 일반성의 증가 정도에 의해 특징지어진다는 사실을 통해 결합되어 있다. 여기서 우주론에서 인간학을 거쳐 문화이론에 이르는 과정의 전체와 개별은 대략 등급화의 방향을 드러낸다. "현재"는 동시에 간격을 경향적으로 사상(捨象)하는 것인 반면, "현재"에 앞서 확장되는 과거는 그때마다 간격의 추후 계기들을 첨가한다. 가장 멀리 도달하는 현재를 드러나게 하는 마지막 과거는 순수한 간격을 처음으로 표시한다. 이것은 순수한 역사성에 대한 표시다.

그때마다 현재적인 것을 인식하고 이를 획득하는 것은 다시금 직선적 후진의 힘으로 그 영향사의 실마리에서 — 기념물과 텍스트와 같은 — "원천"에 이르기까지 일어나지는 않는다. 동질적인 것은 단순히 동질적으로 수용되며, 여기서는 특히 외적 관찰자에 의해 유비관계가 진단될 수 있다. "현재"가 멀어질수록 공동성은 더욱더 일반적으로 되며 따라서 유비추론도 더 일반적으로 된다. 그러므로 유비도 똑같이 다의적인 역사적 개념이다. 왜냐하면 사실에서의 구별과 무관하게 이 개념이 단계적인 방식으로 "현재성"의 상이한 단계로 적용될 수 있기 때문이다.

여기서 더 많이 드러나는 것은, 과거에 대한 규정도 주어진 순간의, 경향적으로 무한소적인 "현재"를 통해서는 불충분하다는 사실이다. 가다머가 들고 있는 사례는, 가다머 자신이 과거 변경의 기준이 되는 매개적인 장기적 지평들로 되돌아간다는 사실을 인식하게 한다. 이 지평들은 영향사의 지시영역으로서 그때그때의 현재에 속한다. 그리고 가다머의 메타이론에 의하면 이 지평들은 관련된 "과거"를 기획하는 것으로 보인다. 이러한 지평들은 적절하게 확장되며 — 현존의 등장을 그때마다 주변으로 밀어내는 — 실체적 현재에 대한 파악을 승인한다. 또한 의식에 현존하는 가다머의 의미는 마지막으로 획기적인 의미다. 이에 반해 역사의 기저에 놓여 있는 무의식적 작업(가다머는 이것을 영향사적 작업이라고 말한다)은 요청적이며 결국 검증할 수 없는 것이다. 가다머가 바꿔 쓴 집단 무의식[7]은 무조건 형이상학에 속하며, 의식적이고 통제할 수 있는 지시

---

7) 이에 반해 개인적 무의식(프로이트)은 확실한 권리로 변호될 수 있다. 왜냐하면 이것은 의식 가운데서 침강하는 국면과 재상승하는 국면을 통해 어느 정도 충분하게 전개될 수 있기 때문이다. — 가다머가 (집단) 무의식을 생각한다는 사실은 — 이것에 보충적인 — "영향사적 의식" 관한 그의 언명을 드러낸다. 이에 대해서는 J. Hohmann, 1984, 70ff., 170ff. 참조. 여기서는 가다머와 융의 비교가 정당하게 이루어진다. 또한 가다머에 의해 각인된 "의식보다 더 많은 존재" 정식은 이러한 이의제기에 따르게 된다.

와 달리 확정적인 것이 될 수 없다. 이것은 엄격한 의미에서 현상학적으로 보여 줄 수 없는 것이며 따라서 현재의 연관에서는 생략된다.

또한 이를 통해서 오로지-현실적인 것에 선행하는 획기적인 것의 우선성이 분명하게 된다. 이 밖에도 — 역사와 체계이론에 들어 있는 — 상이한 학문적 관점들은 그때마다 다른 숙고를 거쳐 제시되어 있는 도식에 편입된다. 이 두 학문형태는 보통 "시간역사적" 현재나 멀리 떨어진 과거로 들어서기 위하여 획기적인 출발상황에 의존한다. 더 나아가 이 두 형태는 생활세계에 맞서는 반성지식으로 파악되어야 한다. 즉 생활세계와 동일시되어서는 안 된다. 또한 이 두 형태는 생활세계를 위해 결정적인 폭 좁은 현재를 넘어서며 생활세계에 추가적으로 영향을 미치는 새 영역을 개방하는 기관이다. (예를 들어 원역사, 전역사, 초기역사; 거시물리학, 미시물리학 등) 학문의 책임은 현재가 전-역사, 과거, 전-과거로 확장됨으로써 커진다.

미래는 사정이 좀 다르다. 미래는 "과거"와 같이 뒤쪽으로 연장된 현재로 고찰될 수 없으며 (과거와 같이) 탐구를 통해 매개되는 현재가 아니라 추정을 통해 매개되는 현재다. 불확실성의 요소는 가설이나 심지어 유토피아에 머물 정도로 높다. 그러나 가설이나 유토피아는 일반적으로 경험을 통해 입증되거나 교정될 수 있다. 이러한 미래는 개인적 현재의 미래에 비교할 수 있지만 이것보다 상환의 기회가 아주 적다. 그러므로 미래학에 앞서는 역사의 우선성은 정당하며 이런 한에서 가다머의 입론을 확증한다.

현재를 분석하기 위한 강조점의 변경은 어쨌든 역사의 전권을 체계적으로 제약하며 연속성에 대한 보다 큰 척도에 권리를 부여한다. 이로써 가다머에 맞서 역사적 분과와 체계적 분과의 구별을 넘어 "역사의 탈역사화"가 부분적으로 진전된다.[8)]

2. 무엇이 적용인가?

가다머의 적용 개념이 비일관적이라는 사실은 앞에서[9] 지적한 바 있다. 다양한 층들이 서로 겹친다. 즉 개별과학적 적용, (의식적인) 법률적 적용, 신학적 적용, 실천과 예술 영역에서 상이한 방식의 적용, 끝으로 주로 무의식적으로 진행되어야 하는 역사와 문화 영역에 대한 일반적 적용. 이 마지막 의미는 이것과 연결되어 있는 영향사 개념과 함께 가다머의 메타이론의 핵심을 이룬다. 이 이론은 영향사적으로 매개되며 시기와 문화를 포괄하면서 작용하는 해석이론이며, 그렇기 때문에 해석학의 역사에서 완전히 새로운 종류다.[10] 가다머의 메타이론은 단초에서 [자신의 이론과] 똑같이 포괄적이거나 특수적이지 않으며 자유롭게 변형하면서 "적용하는" 특정 개별과학의 지지를 받으려고 한다. 그렇지만 [가다머의 이론과 개별과학의] 구별[11]은 아주 크다. 즉, 어떤 경우이든 중요할 수 있

---

8) 자신의 책이 "10년이나 늦게 나왔다" 가다머의 고백 참조. 이 고백은 19세기의 전통주의 및 초역사화를 가리킨다. 자기특징을 "제2급의 역사주의"로 규정한 것도 이것에 속한다. W. M., 500(제2판 부록).

9) 본서 37f.

10) 클라데니우스는 부당하게도 근대 반실재론의 선구자로 기록된다(예컨대, Gadamer, W. M., 171f.). 그가 라이프니츠에 기원을 두고 있다는 사실에 상응하게도 실제로 그의 책 *Sehepunkt*는 특수하지만 우연적이지 않으며 절대자와의 비교를 벗어나 있다(J. M. Chladenius, 1742(1969), cap. 8 § 308-319, S. 185-196, cap. 9 § 510, S. 375, § 518-523, S. 382-386, cap. 10 § 686). 클라데니우스는 제2주저인 *Allgemeine Geschichtswissenschaft*(1752)에서 처음으로 관점의 범주를 원저자에서 역사학자로 확장한다. 그러나 여기서도 관점의 총체적 이념은 (이해할 수 없는 것의 여분과 함께) 접근적으로 도달가능할 뿐이다. 따라서 클라데니우스에서 부정적 의미를 갖는 것으로 관찰된 관점성은 ― 근대 해석주의의 해석학적 플러스와 달리 ― 사실 자체의 측면들을 인식하게 한다. 사실 자체의 측면들은 서로 보충적으로 관계하며 거짓으로부터 구별될 수 있으며 그렇기 때문에 총체적으로 전통적인 진리일치 개념을 대변한다.

는 것은 피상적인 평행이라는 것이다. (의식적/무의식적 적용, 주어져 있
는 보편자와의 연결/적용 자체를 통한 보편자의 은폐, 체계내적 적용방
식/초월적 적용방식 등) 이러한 구상이 갖는 날카로움과 도발은 이 구상
이 적용을 가까운 텍스트를 넘어 — 이전 시대와 동시대의 — 낯선 문화
로 확대하며 여기서 원본적 패턴을 강하게 변형하려는 데 있다. 이것은
정신과학과 전체 생활세계의 인식론을 위한 결과를 수반한다.

그러나 우선 개별과학적 (그리고 생활세계적) 모델과 더 진전된 상호
문화적 상황설정이 일치하지 않는다는 사실은 가다머의 이론형성에 부
담을 주는, 모든 종류의 적용관계에 대한 불완전한 기술(記述)과 같지 않
다. 먼저 적용이 생활세계의 모든 영역에, 특히 실천적으로나 기술적으로
조정된 모든 분과들에 나타난다는 사실이 강하게 주장될 수 있다.[12] 여기
에는 모든 독단적 과목[13] 및 — 순수이론의 경계에 있는 — 모든 체계 과
목, (좁은 의미의) 모든 기술(技術), 끝으로 직간접적으로 — 확산을 통해
— 적용될 수 있는 그때그때의 경험토대와 함께하는 생활세계 자체가 속
한다. 당연히 예술사와 분리되어야 하는 예술은 특히 무엇보다 현재적으
로 규정되며 적용과 연관된다. 여기서는 피상적인 독서로부터 실행에 이
르기까지 여러 수준의 적용이 낱낱이 구별되어야 한다. 다른 방식으로 이
것은 타당한 예술이론 및 (문학을 포함하는) 예술기술에도 해당한다.

법과 신학은 직접적으로 상위체계에서 도출될 수 없는 의미의 성장과
더불어 특수한 상황에 "적용하면서" 적용되는 도그마적 체계다. 삶의 지
혜(Phronesis)가 엄격하게 수렴될 수 없는 적용과 유사한 적용을 수행하

---

11) D. Böhler(1981, 483ff., 특히 505f.)의 비판 참조.
12) L. Geldsetzer, 1989, 134-137에 나타나 있는 예리한 개관 참조.
13) E. Rothacker, 1954. 그는 독단론 내지 교의학을 (딜타이적) 역사주의에 편입시키며
이렇게 함으로써 독단론이나 교의학의 기능을 충분히 충족시키지 못한다.

는 아리스토텔레스의 실천철학과 윤리학이 여기서 비교될 수 있다. 이제 가다머는 법과 신학과 삶의 실천으로부터 역사를 위한 동일한 구조를 추론한다. 또한 이 구조는 주어진 텍스트에도 "적용"된다. 이것은 외견상 서로 관계되어 있는 교의학적 분과에서 이루어지는 것과 비슷하게 관계하는 적용이다. 그렇지만 여기에는 "다른 유(類)로 넘어가는 도약"이 감추어져 있다. 이 도약은 (실천철학과 삶의 실천을 꼽을 수 있는) 현재규정적인 교의학적 분과와, 시간차원에 연관된 비-교의학적이며 종국적으로 비-규범적인 역사 간의 차이를 넘어선다. 원칙적으로 적용은 오로지 현재에서만 가능하다. 즉, 타당한 "체계" 안에서만 가능한 것이다. 그러나 적용은 과거적 체계로, 전반적으로 과거로 무조건 넘겨져서는 안 된다. 특히 과거에 대한 해석은 단순히 시간상황이 반드시 교의학(Dogmatik)의 상황에 일치해야 하는 다양한 규정성들의 연속이 아니다. 역사적 차원은 물론 체계적-교의학적 차원이 아니다. 역사적 차원은 다양한 관점에서 이러한 차원에 대립한다.

규칙과 명제 또는 예술작품은 그것이 현실성을 상실하는 정도만큼 오로지 역사적으로만 파악될 수 있다. 즉, 이것은 적용 후보의 영역으로부터 배제된다. 여기서 영향이 미치는 범위는 이론의 (추정적) 순위에 따라 차이날 수 있다. 결정적인 것은 적용이 현재 연관적이며 "단순히" 역사적인 것으로부터 구별된다는 사실이다. 이렇게 되면 역사적인 것은 역사가의 반성적 시선으로부터 탐구될 수 있는 이론적 성질을 획득한다. 첨예하게 정식화한다면, 역사가는 과거적 "적용"을 분석한다. 이 과거적 적용 자체는 더 이상 현실적인 적용일 수 없으며 현재규정적인 모든 적용과 구별된다. 그러므로 타당성과 역사적인 것은 상호 보완적으로 관계하며 서로 반대방향으로 진행한다. 이러한 시각으로부터 역사는 어떤 종류의 역사이든 상관없이 그 자체가 더 이상 타당하지 않은 것, 현실성의 문턱에 놓여 있는 것으로 파악되는 한 아무런 적용능력도 갖지 못한다. 더 나아가 역사는 현재 가운데서 아무런 추가적 적용능력도 갖지 못한다.[14] 왜냐하면 현재의 공간은 일상세계에 의해, 오늘날 권위를 지니는 기술에 의해 그리고 이 시대의 교의학(과 체계학)에 의해 지배되기 때문이다. 그러므로 적용은 총체적으로 해석학적 전통에서 교의학과 체계학 또는 이것에 상응하는 일상의 경험세계와 결합된 개념이다.

그렇다면 가다머가 제안하는 역사적 적용 개념은 무엇을 의미할 수 있는가? 어쨌든 이 개념은 규칙적인 적용의 범주와 분리되어야 하며 다른 차원과 관련되어야 한다. 우리가 현재적 적용, 규범적으로 작용하는 적용을 자기적용으로 특징짓고 관련 결정권을 자기적용능력으로 특징지으면, 역사는 이와 같은 자기적용능력을 처리하지 못한다는 사실이 드러난다. 역사적 결과나 자극은 오히려 이러한 자기적용능력과 부가적으로만 매개될 수 있으며 이를 통해 간접적으로 영향을 미친다. 이러한 자기적용의 주체는 물론 현재를 규정하는 심급이다. 이 심급은 형식적으로 세워진 기술(技術)적 학문적 심급이나 철학적 심급 또는 일상세계의 부분으로 간주될 수 있다. 가다머는 이 심급을 (재판, 신학 등과 같은) 개별과학에서는 존중하지만 역사진행 전체에서는 주제로 삼지 않는다. 철학적 해석학에서는 이것이 단순히 영향사적 과정의 최종단계로 서술된다. 그러나 실제로 여기에는 심급의 파노라마가 축약되어 있는데, 이 축약은 가다머 고유의 전제를 통해 수정가능하다.

말하자면 가다머는 자신의 철학적 해석학에게 초역사적인 자격을 부여하고 이로써 이를 영향사적 매개성에서 제외시킴으로써 자신의 해석

---

14) 가다머에 의하면 역사는 전적으로 이해에서만 적용될 뿐이며, 가령 현재 속으로 수용하면서 획득할 때 처음으로 적용되는 것이 아니다.

학에 특별한 지위를 마련했다. 여기에는 칸트에 대한 기억이 한 역할을 감당했을 수 있다. 결과는 다음과 같이 확정될 수 있다. 철학적 해석학은 가다머가 소개하듯이 역사적 과목들을 가로지르며 이들과 동일한 단계에 놓일 수 없는 체계적 분과이다. (그런데 가다머는 다른 관점에서 오로지 역사적 과목들만을 인정한다.) 이 예는 가다머가 비밀리에 두-심급-이론을 인정하고 있다는 사실을 드러낸다. 그러나 우리는 여기서 멈출 수 없으며, 후설 현상학과 하이데거의 실존존재론도 이러한 요구를 하는지, 그리고 이를 통해 역사적인 것과 체계적인 것의 구별을 — 비록 학문을 위해서가 아니라 하더라도 — 최소한 철학을 위해 더 폭넓은 토대 위에서 확인하고 있는지 물어야 한다. 이를 위한 토대가 철학적 해석학의 자기배제를 통해, 그리고 철학적 해석학이 오로지 철학이론의 한 부분만을 반영하고 있다는 숙고를 통해 원칙적으로 주어져 있다. 그러나 체계학이 역사학으로 환원되며 영향사가 단순한 종결로 이해되는 경우 철학에 대한 처리와, 철학과 구조적으로 동일한 종류의 학문을 처리하는 것 간의 부조화를 고려할 수 있을 것이다.[15] 어쨌든 메타이론은 그에게 요구되는 특별한 역할을 수행할 수 없다.

　범역사주의와 최종결정적 현재를 약하게 종합하는 가다머의 시도는 체계적으로 결정적인 심급을 애매하게 유지하고 있는 역사 추상을 통해 가능하다. 역사 및 역사에 부과된 적용양상에 대한 과다노출은 심급과 요소의 결합을 양식화한다. 그 결과 "통상의" 적용은 덜 규정적으로 남으며, 아니면 새롭게 창조된 초시기적 초문화적 "적용"에 대한 지시로만 가치가 나타난다. 그렇지만 이러한 "적용" 형식은 지금까지 알려진 것과 정

---

15) 가다머는 오늘날의 학문에 역사 안의 (상대화된) 자리를 지정하려고 한다. 현재가 역사의 부분에 지나지 않는다는 가다머의 언명은 자신의 철학적 해석학을 예외에 둠으로써 예증적으로 부정된다.

언적으로 상이할 뿐만 아니라, 적용의 주체를 잘못된 자리에 앉힌다. 적용의 주체를 역사 자체에 앉히고, 근본적으로 인정되어야 하는 교의적 분과나 체계적 분과 및 그 생활세계적 유사물에 앉히지 않는 것이다. 게다가 역사는 간접적으로만 기여할 수 있다. 통상적 적용과 특별한 적용 간의 긴장된 관계의 범위는 규칙적 적용형태의 총체적 영역을 조망할 때 비로소 분명해진다. 이렇게 되면 제시가능한 다양한 적용형태의 배후로 방법적으로 물러나게 되는 새로운 적용 개념의 제약성과 애매한 타자성이 드러난다 ― 새로운 적용 개념은 증명할 수 없다.

모든 것을 똑같이 만들어 버리는 가다머의 역사 처리에 대한 사실적 근거는 보다 깊이 놓여 있을 수 있다. 그는 불트만이 말하는 역사에서 형성되는 케리그마(Kerygma, 복음선포)의 연속을 주목한다. 불트만은 이 연속을 신학적 변형으로서 하이데거의 존재역사에 들어 있는 원본적인 실존구조로 되돌리려고 한다.[16] 결국 가다머는 불트만을 넘어가는 도정에서 이제껏 이렇게 분명하게 존재한 적 없었던 하이데거의 입장을 구체화하게 된다. 이것은 무엇보다, 불트만에서 첫 번째 케리그마를 통해 대체된 최초의 진정한 수용단계를 파악할 수 없다는 사실에 적용된다.[17]

"역사적 적용"에서 보이는 것 같은 선결문제오류는 부분적으로는 적어도 철학적 해석학의 특수한 이론전통에서 설명된다. 우리는 역사 자체가 포괄적 교의학이 적용된 경우라는 사실을 보여 주는, 사전에 정돈된 단계로 되돌아가야 한다. 여기서 역사적 고찰방식이 드러내는 양층적(兩層的) 특성이 발생한다. 그러나 이 양층성이 실제로 실존적 보편타당성과

---

16) 여기서 불트만의 [신학적] 정돈은 해석학적 근본관계의 특수한 경우가 된다. W. M., 495f. 참조.
17) 불트만 역시 역사신학에 병행해서 그 어떤 조직신학도 상정하지 않는다는 것이 여기에 추가된다.

이를 넘어서는 범주적 보편타당성을 요구할 수 있는가 하는 물음이 제기된다.

가다머는 인문주의를, 불가피하게 역사를 포함하고 있는 그리스도교 계시종교에 대한 일종의 평행계시로 간주한다. 그러나 이것은 우리의 세계에 강하게 각인되어 왔지만 절대적으로 정립될 수 없는 한 형태의 종교다. 가다머는 하이데거와 불트만으로부터 실존적이고 "본래적인" 수용노트를 넘겨받지만, 이것은 다른 수용과 달리 까다롭지 않은 학습형태를 주장해야 하며 오늘날 다시금 퇴색된 것이다. 특히 — 다른 문화와 달리 — 역사를 관련된 자기 형성과정으로 환원하는 것은 세계화 시대에서 별로 시의적절하지 않다. 기독교적 전통을, 포착할 수 없는 무의식적인 것으로, 그리고 이와 연관된 진리의 다원화로 자의적으로 재해석하는 것은 진정으로 기독교적으로 간주될 수 없다는 사실이 더욱 중요하다. 따라서 가다머의 역사그림에는 불트만에 기초를 두면서 그 철학적 진정성이 더욱 문제로 된 모순과 특수성이 존재한다.

이러한 아주 특수한 전제들을 도외시하면 "역사적 적용"의 기획은 대담한 유비형성을 통해 연역되며 따라서 아주 위험하다. 오로지 역사적 적용과 교의적 적용을 연결하는 형식들만 있다. 그러나 이 형식들은 다른 종류의 역사적 재료를 통해 너무 우세하게 된다. 따라서 법률사와 예술사까지 반실재론적 "적용"으로 재해석하려는 시도는 실패한다.[18] 그 어떤 형식의 역사도 애매하지 않게 반실재론적으로 처리할 수 없으며, 그렇기 때문에 "적용"이라는 용어는 여기서 부적당하다.[19]

---

18) Gadamer, W. M., 308ff., 438, 450f., 452, 463.
19) 제2의 스텝에 대한 역사적 통찰과, 더 이상 역사적이지 않은 지속적 스텝에 대한 역사적 통찰을 체계적으로 평가하는 것은 분리되어야 한다. 이 밖에도 이 스텝은 의식적으로 수행되며, 가다머가 역사를 위해 요청한 "적용"과 비교될 수 없다. 그러므로 역사적으로

　적용 개념을 역사적 과목들로 확장하는 것은 가상적인 유사성들에 의해 촉진된다. 예술에서 그림이나 기념물이 그러한 것처럼 역사에서는 텍스트가 중심에 있다. 사실 자체로 들어가기 위하여 텍스트가 종종 도구적으로 삽입된다는 사실을 가다머는 보지 못하며, 따라서 모든 텍스트는 자기목적으로 설명된다. 이로써 문학적인 문체의 텍스트("탁월한 텍스트")는 예술작품의 측면으로 밀리는 반면, 텍스트의 주목적인 정보는 간과된다. 이와 같이 해석학적 행위는 무차별적으로 존재론적 질로 무장하고 이를 통해 평가절상된 "텍스트를 향하는 존재"[20]로 총체적으로 서술된다. 단어언어에 병행해서 구술언어 및 다른 의사소통수단은 오로지 하위역할만 한다.[21] 더 나아가 사람들은 새로운 해석학이 예전의 문헌학을 세계경험으로 확대하고 이로써 예컨대 지각의 동화도 설명해야 한다는 관심을 침해한다는 사실을 정당하게 비판한다.[22] 말과 사실의 통일성에 대한 기초적 공리는 높은 등급에서 토론할 수 있으며 전통 해석학의 요구에 해로운 것이다.

　더욱이 텍스트는 — 그 어떤 역사의 특수화라 하더라도 — 우선 역사

매개된 경험은 항상 실재론적으로 관찰되어야 하며 이에 걸맞게 현재의 학문들에 의해서도 "획득"(eingeholt)된다. 이 경험은 당연히 교의적 분과들의 기회원인적 "적용"으로부터도 구별되어야 한다.

20) W. M., 530, 538 (Nachwort zur dritten Auflage); WW 2, 335.

21) 사실 철학적 해석학에서 해석I을 통한 해석II의 등장이 정당화되는 것은 우리가 역사에서 추상적이고 다의적으로 현상하는 텍스트를 소외시킴으로써, 그리고 이 텍스트가 — 사실상 무한한 — 해석들을 통해 쉽게 채워질 수 있다는 사실에 의해 가능하다. 그러나 우리가 이 현재의 문화를 비교하고 문화의 개념을 역사의 상위 개념으로 파악한다면 이 관점은 여러 시각에서 부족한 것이 입증된다. 이렇게 되면 문화는 현재에서 여러 매체를 통해 만화경의 방식으로 파악되며 여기서 과거가 추론될 수도 있다. 더 나아가 해석학자들에 따르면 순수한 텍스트가 아니라 이미 수행된 해석들이 계속해서 해석된다.

22) L. Wiesing, 2004, 137-151.

를 위한 정보수단, 즉 스스로를 넘어서 사실 자체를 지시하는 정보수단
이다. 동일한 사실이 특수문화에 바쳐진 학문들 가운데 하나에 적용된
다. 적용이 현재 체계의 충족과 구체화를 지시한다는 정의는 이 모든 분
과들에게 참이 아니다. 이 적용은 늘 다시금 새로운 것에 의해 구체화되
는 것이 아니라, 추가적인 반증과 교정을 통해 인식될 수 있는, 전진적이
고 포괄적인 우회로와 실수를 통해 보충된다. 일련의 텍스트 해석은 영
향사적 관점 및 외부적 관심에 따라 연관될 뿐 아니라, 바로 이러한 이유
로 — 가능한 한 등가적인 — "적용"의 목록으로 이해될 수 없다.

3. 역사와 체계

역사학의 전통적 처리는 — 체계학 및 그 법칙적이고 정확한 지식 이상
의 규정적 형태에 대한 적용에서든, (개성적인 것에 대한 이해와 같은)
그 차이성에 대한 구별적 강조에서든 — 방법에 대한 반성의 통로에서
진행되든지, 아니면 존재론적, 선험적(해석학적) 혹은 의사소통이론적
특성을 띤 전통적 정초사유의 통로에서 진행된다. 두 번째 경우에는 사
람들이 칸트적인 의미에서 (학문과 특수한) 역사가 어떻게 그 조건에 따
라 가능한지 물어왔다. 여기서는 역사가 존재한다는 사실이 항상 전제되
어 있다. 이 두 가지 문제제기는 오늘 우리에게 더 이상 충분한 것이 아
닌 것으로 보인다. 왜냐하면 이것은 원칙적으로 충분히 정식화된 것이
아니기 때문이다. 역사의 사실("무엇을 위해 아직도 역사인가?")[23]은 그
자체가 의문시되어 버렸다. 그러므로 사실의 물음(quaestio facti)과 관계
하며 전통적인 정초차원의 자리에 우선적으로 실용적 기능연관을 조망

---

23) R. Koselleck in: 1971, I ff. (auch in: 1976, 17ff.) 또한 W. Oelmüller, 1977 참조.

하는 폭넓은 반성형식이 필요하다. 이 실용적 기능연관은 역사의 실존과
보존을 상호과학적 문화적 맥락에서 체계적으로 정당화하는 데 적합하
다.[24]

이것은 과거를 아무런 결과도 없이 미결정의 상태로 두는 모든 역사주
의에 대한 부정을 포함하지만, 반대로 어떤 변형이든 상관없이 역사주의
적 객관화와 거리두기를 믿지 않고 역사의 학문적 성격을 회피하고 부인
하려고 하는 역사주의에 대한 부정도 포함한다. 이와 반대로 양쪽 도정
이 오늘날 더 이상 현실적으로 실현될 수 없다는 사실로부터 출발할 수
있다. 무조건 존재했던 것의 조각만을 드러내는 역사주의는 역사주의를
통해 변화할 수 없는 것으로 차단되지만, 역사주의 자체는 역사적 형성
의 이상이 쪼개지면서 점차 현실성을 상실하게 되었다. 오히려 역사를
학문으로 받아들이고 승인하면서도 동시에 과거를 그때그때의 현재로
계획적으로 입수하기 위해 역사를 적극적으로 활용함으로써 역사주의를
실용적으로 극복하는 것이 중요하다. 더 나아가 여기서 역사를 항상 형식
적으로 실천적 토대에 매개된 것으로 생각하려고 하는 제3의 길에 대해
비판적으로 거리를 두는 것이 필요하다. 반면에 역사적 탐구의 구체적인
질료적 내용은 언제나 역사적으로 매개되지 않은 것으로 남아 있다.

이것은 근대적 생활세계의 점증하는 과학화 결과에 놓여 있다. 이 과
학화는 교양 개념의 축소를 통해 더욱더 무관계적으로 된 역사를 체계적
인 학문에 병합하고 역사를 체계적 학문을 통해 줄곧 중재하지만 체계적

---

24) H. Krämer, 1974, 74-93 참조. (추가로 다음의 입장들 참조. L. Oeing-Hanhoff,
Die praktische Relevanz der Philosophiehistorie, in: *Philosophie-Gesellschaft-Planung
für H. Krings*, München 1973, 151 Anm. 39; W. Franzen, Die Geisteswissenschaften
und die Praxis, in: *Man and world 9*, 1976, 113ff.; K.-G. Faber, Zur Instrumentalisie-
rung historischen Wissens in der politischen Diskussion, in: *Objektivität und
Parteilichkeit in der Geschichtswissenschaft*, Beiträge zur Historik I, 1977, 312.

학문의 영향이 더 커지게 한다.[25] 첫째, 역사학의 중재, 즉 체계적인 것의 기관과 연결로(路)로서의 역사학의 대체와 작동은 방법적 관점에서 학문의 개념에서 나온다. 즉, 과학적으로 다루어진 역사의 결과는 그것이 과학적으로 계속 다루어지는 한에서만 최선의 결과에 도달한다(정확한 수행의 유지, 목표를 지향하는 적용, 평가의 완전성, 반대로 범주적 가이드라인과 통제). 둘째, 이로부터 역사학의 중재는 — 체계학의 반대 시각에서 — 질료적으로도 귀결된다. 왜냐하면 학문은 그 개념에 따라 적절한 논제의 총체적 상태로 자리 잡기 때문이다. 그러므로 역사는 경험의 원천으로서 원칙적으로 체계학과 관련되어야 한다.

역사적 경험의 개념은 이로써 새로운 의미를 얻으며 이어지는 분석에서 선도적인 것이 된다. 이 개념은 자격을 갖추지 못한 경험적 경험, 통시적으로 차원화되지 못한 경험뿐만 아니라 존재했던 것에 대한 단순히 역사적이며 전학문적 경험과도 구별되어야 한다. 이에 반해 역사적 경험은 실증적으로 과거로부터 관련 체계학을 끌어낸 경험을 의미하며, 과학적으로, 즉 역사를 통해 해독되고 매개된 경험을 의미한다(따라서 체계학은 역사적 경험의 주체다). 특히 역사적 경험은 — 기념비적으로나 고서점을 통한 것으로나 비판적으로 이해되든 간에 — 역사관계의 모든 전(前)과학적 방식과 하부과학적 방식으로 환원될 수 없는 독특한(sui generis) 새로운 것으로서 이것에 대립하는 것이어야 한다. 여기서 경험은 증명이나 반증의 과정으로 제한되지 않으며 확장된 의미에서, 원본적

---

25) 중재되지 않고 남아 있는 역사의 수행들(직접적 정치컨설팅, 공공성에서 특히 시간 역사에 대한 비판적 계몽작업, 끝으로 역사적 동일성의식과 교육 및 교양에 대한 우연적 영향)은 이러한 근본결정을 통해 영향 받지 않는다(그럼에도 역사는 이러한 경우들에서 근대적 생활세계를 더 많이 규제하는 체계학들과 더불어 정돈되며 협동적으로 관계하게 되어야 한다).

인 이론형성으로 등장하고 이에 대해 상이한 방식으로 문제제기하고 이 이론형성에 의해 비판적으로 처리되는 모든 것에 관련된다. 즉, 역사적으로 앞서 주어져 있는 데이터와 사실들뿐만 아니라 전승된 이론, 가설, 방법이나 전문용어에 관련되는 것이다.

앞으로 전개될 바와 같이 역사적 경험 개념의 분석은 학문이론에서 유래하는 정당화논리, 타당성논리, 증명논리의 독점적 요구에 맞서 발견적 발견의 논리와 탐구논리와 함께 나아간다. 학문이론의 좁은 영역에서도 더 이상 심리학으로 밀리지 않으며 본래적인 "탐구 논리"로 인정받기 시작한 발견술(Feyerabend, Spinner, Sachsse 등)[26]에 대한 재평가의 징후가 증가한다. 이러한 전개는 발견술의 결과가 이미 완전히 도출되었다는 사실 없이 플렉(Fleck)과 쿤(Kuhn)에 의해 시작된 학문역사에 대한 수용준비의 증대와 일치한다.[27] 특히 쿤의 이름과 결합되어 있는 이론역동적인 논의는 메타역사로부터 메타이론을 위한 기초적 통찰을 얻지만, 계속해서 여전히 현실적인 이론형성을 위한 교훈에 접근한다. 메타역사적 반성이 직선적 발전의 순진한 옛 목적론을 깨고 패러다임을 상대화하고 평준화하며 더 나아가 그 결과를 폭로했다면, 과거의 패러다임은 근본적으로 극복된 것으로 간주될 수 없으며 고갈되지 않은 설명가능성의 잠정적 담지자로 계속해서 고려되어야 하며 이론형성을 위해 발견술적으로 처리되어야 한다. 따라서 메타역사의 최근의 전회로부터 "발견술적" 반성 앞에서보다도 더 풍부한 발견술적 잠재력을 방법과 이론과 가설에서 사용할 수 있는, 체계학에 대한 학문역사의 상승된 발견술적 결합가(Valenz)가 나온다. 그러므로 학문역사의 역할은 원칙적인 이론역동적인 명

---

26) H. F. Spinner, 1974, 1506f.; H. Sachsse, 1974, 2, 29ff.; P. K. Feyerabend, 1976, 230ff.

27) Feyerabend, 같은 책, 70ff.; Spinner, 같은 책 참조.

제들을 예시하는 데서 소진되지 않는다. 오히려 이 역할은 메타이론에서 다시 한 번 다른 기능으로, 즉 옛 이론의 복귀를 염두에 두는 발견술의 부분으로 나타나야 한다. 학문역사의 이러한 기능화에 도움이 되는 것은 엄격한 반증주의로부터의 점차적인 전향, 즉 장기간을 목표로 삼는 입증개념에 여지를 주는 전향이며 (Lakatos, Feyerabend, Sneed, Stegmüller, Ströker, Rapp 등), 새로운 것에게 늘 다시금 편입가능성에 대한 검증을 요구하는, 역사와 같은 체계학의 역사성이다.

학문역사, 특히 자연과학적으로 정위된 학문역사의 사례는 오로지 변형적으로만 그리고 추출적으로만(per subtractionem) 설명할 수 있다. 앞으로의 논의는 이에 걸맞게 편입의 상이한 모델들 사이에서 특수화되어야 한다.

이제 여기에는 동일한 시기(와 동일한 문화권)의 상호체계적 동형에 맞서 역사적 동형 및 이와 흡사하게 이질문화적인 동형의 구별적 특징이 있다. 모델체계의 맥락도 오로지 동형적일 뿐 동일하게 규정적이지 않은 것이다. 그럼에도 이러한 추가규정을 통해 시간간격의 특수한 문제가 구조적으로 재(再)정의되며 지속적으로 합리화될 수 있다. 분명히 동형과 유비성은 순수하게 체계적이며 역사적으로 작동하는 발견술을 포괄하고 결합하는 탐구논리의 핵심부분을 형성한다.[28] 이 양자는 형태 유사성 개념에 앞서 다음과 같은 장점을 갖는다. 즉, 양자는 형태-개념을 구조적으로 전개하고 — 이 형태-개념은 지금 동형의 근본색조다 — 이를 통해 직접적으로 체계와 관계할 수 있으며, 또 양자는 더 나아가 발견의 과정을 — 동형적 구조를 띤 결핍된 부분들의 유비적 외삽법을 — 개별적으로

---

28) 폭넓게 파악한 홀츠의 논문 "유비"(Analogie)를 참조할 것. H. Holz, 1973, 특히 56f.(그러나 홀츠는 여기서 대변되는 논제의 의미에서 역사적 발견술을 체계적 발견술에 관련짓지 않고 이 둘을 분리한다).

상세하게 정의하며 분석적으로 투명하게 하는 것이다. 이를 위해 일련의
확대된 관점들이 생겨난다. 두 체계의 동형에 근거하여 개별적인 유비가
추출되며 이로써 더 확대된 부분들이 동화된다. 다른 말로 하자면 모델
체계는 고유의 체계에서 지금까지 밝혀지지 않은 가능성들을 가시화하
며 병렬화를 요구한다. 그렇지만 유비화의 결과 고유한 체계는 자신 자
신의 동형(Isomorphon)으로 변화한다. 출발위치가 모델의 동형으로 철
저하게 생각됨으로써 이 모델은 전유되고 통합되며, 이를 통해 출발상황
은 제3의 모델을 자기 자신에게 상정하고 그리고 이 모델에게 동형적 형
태를 상정한다. 쉽게 인식할 수 있는 바와 같이, 중요한 것은 해석학적
순환의 특수경우다. 이것은 반대로 해석학이 동형, 동위(Isotopie), 상동
(相同, Homologie),[29] 유비성 등의 개념을 통해 논리적으로 정확하게 표
현하는 경험을 약속하는 것과 같다. 논리적으로 정확하게 표현하는 것은
이상적인 경우 산수(算數)화의 경계에까지 도달한다.[30]

　체계적 변형과 역사적-해석학적 처리방식을 구별하는 관심에서 이 논
제를 다음과 같이 간략하게 추적한다. 모든 인식과 이해에는 관계가 정
립되어 있으며 동형이 결정되어 있다(이것은 모든 비이해에 무관계와 무
동형이 정립되어 있는 것과 같다). ― 인식관계 일반,[31] 탁월한 형식 그

---

29) 상동(구조적 유사성)과 유비(기능적 유사성), 동형(구조친화성)과 동위(속성의 부분
적 동일성)의 구별에 대해서는 여기서 더 추적할 수 없다. 여기서는 오히려 유비와 동형에
대해 일반적으로 언급한다.
30) 시행착오방법(trial-and-error-Methode)과 같은 "해석학적 순환" 대한 확실히 정당
한 분석과, "해석학적 순환" 자연과학과 정신과학을 결합하는 탐구논리로 환원하는 데서는
(H. Sachsse, 1971, 259ff.; W. Stegmüller, 1972, 21ff.; K. Hübner, 1975, bes. 115f.) 이
론체계 B에서 통합될 수 있는 요소들이 보통 넓은 의미에서 동형적인 체계 A로부터 대부
분 학문 이전의 방식으로 유비적으로 세분화된다는 진일보한 반성이 설명되지 않는다.
31) 대립은 유비와 동일성을 보다 높은 보편성등급의 차원에서 전제한다. 왜냐하면 비교
가능성은 오로지 이런 방식으로만 보증되기 때문이다.

C. 가다머의 대안 | 161

리고 본래적인 이해과정, 무엇보다 과학주의적 방식 안에 이것들이 정립되어 있는 것이다.

모든 인식과 이해를 규정하는 이러한 구조적, 개념적 지평에서[32] 이제 체계적 학문들의 경우가 보다 정확하게 구분된다. 체계학은 그것이 역사적 경험을 이용하는 한에서 과거적인 것을 오로지 역사와 같이 이해하는 것이 아니라, 과거적인 것을 의식적으로 동시적-현재적인 것으로 변형한다. 재구성하는 역사가와 달리 체계학은 통시적 차원을 전적으로 도외시하는 새로운 구성적 연관으로 과거적인 것을 투입 설정함으로써 이 과거적인 것을 계획적으로 다룬다. 이것은 먼저 체계학이 역사적으로 이해되고 의미된 것하에서 체계적으로 적용할 수 있는 것과 중요한 것의 척도에 따라 좁은 선택을 한다는 사실을 의미한다. 더 나아가 이것은 과거적인 것으로 향하는 역사가도 과학주의적으로 처리하는 인문주의자도 대변할 수 없는 타당성요구와 진리요구를 포함한다. 더욱이 역사가는 이해하며 동형을 정립함으로써 적어도 체계주의자들에게 방향을 제시할 수 있는 유비를 무의식적으로 도출해내게 되며, 이로써 이미 부분적인 변형을 수행한다. 이것은 반대로 체계주의자들에 의해 역사의 동형-정립이 선(先)규정되는 것과 같다.[33] 이런 한에서 또한 역사와 체계학은 우연적인 방식으로 그때마다 다른 부분을 나누며 양자의 기능에서 교차한다. 그럼에도 불구하고 요점은 상이하게 정립된다. 강조해서 표현하자면, 역사는 재구성한다면 체계학은 (비록 재구성된 것의 도움을 받는다 하더라

---

32) 이러한 연관에서 전적으로 도외시되어야 하는 것은 당연히 유비다. 즉, 역사적 대상의 측면에서 미지의 요소들을 추론하는 방법으로서의 유비. 이것은 이 방법이 역사를 수많은 학문들의 탐구실제와 나누는 것과 같다.

33) 더 나아가 역사적 재료를 체계적으로 중요한 것으로 이해하는 체계주의자들은 동형화를 계속 추진한다.

도) 구성한다. 또는 다르게 말하자면, 역사는 동형(Isomorpha)을 넘겨주며 능력 있는 유비작업은 체계학에 귀속된다. 그러므로 체계적으로 유도된 발견술적, 선택적, 변형적 과정은 역사의 단순한 이해과정에서 분리되어야 한다. 모델관계는 오로지 체계학에 의해 충분히 설명되고 인정될 수 있다. 그렇지만 그때마다 찾아지는 유비(Analogon)는 일회적으로 발견되면서 해당 유비존재(Analogatum)를 불필요하게 만드는 경향을 갖는다.

역사가 체계학에 합병됨으로써 이루어지는 역사의 중재 원칙은 앞에서 반복적으로 인식될 수 있었던 바와 같이 특수화되지 않은 일반역사로부터 특수역사를 분리시키는 데서 구체화된다. 법률사, 경제사, 사회사, 종교사, 예술사, 학문의 역사 또는 철학사는 정의상 규정적인 체계학에 의해 고안된다. 범주적으로는 체계학에 의해 함께 규정되며 잠재적으로는 기관으로서 체계학에 귀속된다. 이들 역사는 문제제기를 체계적으로 근거 있게 특수화함으로써 특히 역사적 경험을 적절한 체계학에 매개할 수 있으며. 이를 통해 정말 본래적으로 역사적 경험을 변형과정의 출발 토대로 매개할 수 있다.

특수역사는 역사의 총체적 복합체를 우선 다중방사적인 분석적 일괄 설명에서 철저하게 추론한다. 이러한 설명에서는 — 학제적으로 서로 소통하는 — 항상 분화되는 특수역사의 망이 분화가 많이 진행된 체계학에 일치한다. (예컨대 [그 무엇을 가져오는] 지참자로서의 동전(銅錢)학과 동시에 정치사, 문학사, 예술사 등의 수용자 간의 소통) (중세와 고대의 또는 고대 오리엔탈의 법률사를 통한 법학과 같이) 체계학은 상이한 시기와 문화의 역사적 주자를 통해 대변되기 때문에, 두 번째 단계에서는 특수역사의 영역을 통해 그때마다 특수한 새로운 총괄이 이종적인 것을 분석하는 국면을 향해 나오며, 동질적인 것에 대한 작업의 종합이 적절한 체계학을 통해 상이한 연관영역에서 나온다. 이것에는 제2, 제3 체계

로의 매개가 다음 단계로서 연결된다. 그런데 이러한 연결은 체계들도
서로에게 독립적으로 참여한다는 정황에 걸맞게 이루어진다(예컨대 법
철학이나 문화철학이나 행정학이 법학에 참여한다). 따라서 이렇게 고찰
하면 재료의 동질화 국면, 말하자면 체계학의 차원에서 그리고 완전히
실천적-기술적 적용의 차원에서 새로운 탈동질화로 이행하는 동질화 국
면이 이종화 국면을 향해 뒤따라 나온다.

분류과정과 반대방향으로 특히 체계학의 범주적 선규정이 특수역사에
작용하지만, 무엇보다 역사적 현상의 복잡성을 향한 필연적 후퇴, 즉 체
계학을 위해 조정기능과 교정기능을 갖고 있는 이 후퇴가 작용한다. 특
수화되지 않은 역사와 마찬가지로 특수화된 역사는 체계학에 앞서, 그리
고 역사 내에서 다시금 특수화된 역사에 앞서 특수화되지 않은 역사를
가지며 경험적 구체성과 복잡성에 나타나 있는 장점을 갖는다. 이 장점
은 가능성에 따라 변형되며 그렇기 때문에 반복된 복귀를 통해 재생된
다. 역사는 테스트와 적용에 병행해서 다른 사정이 변함없을 경우(ceteris
paribus) 정식을 해체하는 데 기여하는 체계적 명제의 주변조건을 제공
할 뿐 아니라, 체계적 특수화가 갖는 강제적으로 소외된 추상적 관점을
다양하고 실재적인 혼합과 상호의존의 연관으로 복귀시킬 수 있다.[34] 역
사가 현상에 가까이 있다는 것, 즉 일반자에 맞서는 개별자, 부분관점에
맞서는 전체에 가까이 있다는 사실은 역사가 갖는 상대적으로 저급한 이
론상황의 긍정적인 반대측면이다. 심지어 역사는 더 무형적이지만 "더
전체적이며" 따라서 경험적 요소의 포괄자로서 대치하기가 어려운 것이
다. 역사가 정치적, 경제적, 지리적, 종교적, 문화적, 정신사적 관점을 여

---

34) 이하에서는 렙시우스의 근본적으로 중요한 설명을 다룬다. M. R. Lepsius, 1972,
55ff. 의학과 의학사의 관계에 대한 적용 참조(E. Ackerknecht, 1967, 2).

전히 — 또는 다시금 — 총괄적으로 바라본다는 사실 가운데 진행과 사건을 주제화하는 데서보다 훨씬 더 많은 역사의 특징이 들어 있다. 따라서 역사로의 반복된 소급은 항상 새로운 경험의 성장을 수반한다. 이것은 이미 체계학과 특수화되지 않은 역사 사이의 중간상황을 받아들이는 특수역사에 대한 체계학의 관계에 적용되며, 전체적으로 특수화에 앞서 통합적 현상상태로의 후진에 적용된다. 역사는 두 번에 걸쳐 일차적인 경험의 원천으로뿐만 아니라 체계학의 실험실과 실습의 기능에 깃들여 있는 방법적인 수정수단으로 입증된다.

그러나 역사가 갖는 장점의 특성이 아무런 단절 없이 어디까지 변형될 수 있으며 이것이 어디까지 체계학으로 이행할 수 있는가 하는 물음이 제기된다. 변형과정의 가능성들은 역사가 해소될 수 없다는 사실에서, 그리고 역사가 갖는 긍정적 자격의 부정적 이면에서 서로 부딪치지 않는가? 이 가능성들은 극복할 수 없는 한계와 부딪치지 않는가? 근자의 논의에서는 특히 특수역사들의 매개 없이 차례로 접촉하는 사회학과 보편역사 사이에서 문제가 등장하며, 이 문제는 두 학문분과의 탁월한 판단가들에 의해 정식화되었다.[35] 여기서 가끔 표현된 비판적 저장품은 확실히 올바른 요점[36]을 포함하고 있다. 그러나 이 요점은 역사의 부정성에 대한 서로 보완적인 상이한 방법적 예방책을 통해 긍정적인 것을 획득하고 그 자리를 가깝게 뒤바꿀 수 있게 하며 그것으로 하여금 이론 능력을 갖추게 하는 것을 막을 필요가 없다.

---

35) H.-U. Wehler (Hg.), 1972, 1973 ; P. Chr. Ludz (Hg.), 1972 ; W. Conze (Hg.), 1972 ; R. Vierhaus, 1973 ; S. M. Lipset, 1972⁸, 477ff. 참조. W. Schulz(1974)는 이들 논의를 요약한다.

36) 그러나 지금까지의 논의에서는 반복적으로 정당하게 강조된 (보편)역사와 사회학 간의 불일치의 원인이 부분적으로, 역사가 또 다른 체계적 문제제기에 굴복한다는 사실이 충분히 표현되지 않았다.

체계학의 일반적인 것에 대한 역사적-개별적인 것의 안티테제는 그동안 많이 지시되었는데, 이 안티테제에 관한 한 리케르트 자신은 당시 역사뿐만 아니라 체계학이 개별적인 것과 일반적인 것에 관계하며 차이는 다만 의도에 있을 수 있을 뿐이라는 사실을 인정했다.[37] 이것은 교차가 사실적으로 존재하며 역사와 체계학이 공동으로 그 위에서 작동하는 일련의 보편 고도(高度)가 있다는 사실을 의미한다.[38] 이로써 형태적으로 연관이 있는 것의 변형을 전제가 주어져 있는데, 여기서는 이전 것을 따르는 형태의 친근성이 동형으로서 보다 상세하게 정확히 규정되어야 한다. 여기에 덧붙여지는 것이 있다. 근대의 역사는 낭만주의에 의해 영감을 받은 예컨대 리케르트의 문화과학이론이 요청하는 바와 같이 더 이상 일반자를 개인적인 것을 파악하는 수단으로만 적용하지 않고, 의식적으로 이상형적인 규칙성, 동형성, 유사성에 대한 강조를 그 자체를 위해 실행하는 것이다("헬레니즘 폴리스", "아테네 국가", "혁명의 본질").[39] 특히 이 사실은 다시금 특수역사, 즉 이야기에 더 많이 머물러 있는 특수화되지 않은 역사보다 더 일반적인 수준에서 첨예화된 물음을 자연스럽게 전개할 수 있는 특수역사에 맞아떨어지지만 결코 절대적으로 그런 것은 아니다.

역사적 체계와 연관되어 있지 않으며 이 연관 일반을 통해 비로소 가시화되는 역사적 사실들은 어쨌든 존재하지 않는데, 이것은 반대로 이러한

---

37) H. Rickert, 1929⁵, 29, 304-478, 737ff(Anhang I, II).

38) 리케르트는 법칙학과 표의문자학 간의 구별을 어쨌든 이상형적으로만 — 수많은 미쉬(Misch)의 유형과 함께 — 이해된 것으로 알고 싶어한다. 여기서는 심지어 역사가 잠정적으로 체계학보다 더 보편적인 수준에서 작동한다는 상황이 등장할 수 있다.

39) 이와 반대로 자연과학은 철저하게 법칙론적 목표설정을 향해 결정될 수 없다. 여기서 사람들은 자연과학과 더불어 지리학이나 월리학(月理學)과 같은 기술하는 부문을 생각할 것이다.

사실들을 요약하고 분류하며 문헌화하면서 이를 최초로 "체계"에 연결하는 동시대의 체계학이 존재하지 않는 것과 같다. 이러한 체계 개념은 여기서 전적으로 멀리해야 한다. 역사적으로 발견되는 것을 단순히 요약하는 것은 시간간격과 변형의 문제를 배제하지만, 생산적으로 전진하는 체계적 학문의 표상도 애당초 배제한다. 변형에 대해서는 역사적 결과가 고유한 지식상태, 탐구상태, 관심상태에 선택적으로 적응하고 작업과정을 통해 체화될 때에만, 그리고 이렇게 되는 한에서만 의미 있게 언급될 수 있다.[40] 그러므로 체계학을 의도하는 그때그때 현실적인 체계는 역사적으로 등장한 모든 가능성들을 포함하는 "체계 일반"으로 있는 것이 아니라, 체계 자신의 유한성을 다른 체계들과 나누는 다른 체계들 가운데 있는 규정적이고 역사적인 체계다. 초역사라는 왜곡된 가상은 그때마다의 체계학이 다수의 역사적 유역(流域)과 소통하기 때문에 오로지 이 이유로만 강요된다. 그럼에도 이 관계는 개별과 보편의 수렴관계로 해석될 수 없다. 왜냐하면 현재의 체계는 과거의 체계들(또는 낯선 문화적 체계들)과 오로지 절충적으로만 관계하고 따라서 원칙적으로 중요한 것은 동일한 수준에 있는 다수 체계들의 병립이기 때문이다. 그렇지만 이러한 근본적 해명은 현재의 체계학에 대한 더 많은 지식을 배제하지 않는다.

앞에서 스케치한 바와 같이 역사적 경험이론의 함축에 속하는 것은 보편적 체계이론의 통찰이다(v. Bertalanffy, Rombach, Piaget; Luhmann 등 참조).[41] 구조와 체계의 산출 및 그 역동과 진화는 이들에게 외적인

---

40) 기껏해야 자연과학적 영역에서 예외가 있다. 즉, 당시의 것이 오늘과 같이 유효한 체계연관의 자료가 우연히 늦게 도착한다면, 즉 이것이 과거로부터 유래하는 매체에서 발견되고 역사를 매개로 하여 이용되는 경우에는 예외가 적용된다(천문학의 사례). 이러한 경우에는 변형과정이 자료에 대한 문헌학적 해명에 제한된다.

41) L. v. Bertalanffy, 1968, 139 ff.; H. Rombach, 1971, 제2부와 제3부; J. Piaget, 1973; N. Luhmann, 1975, 2, 103 ff., 150ff. 이 밖에도 W. L. Bühl(1975)의 논문모음집 참조.

것이 아니라 본질적으로 내재해 있는 것이다. 그러나 체계의 역사성에
뿌리를 두는 체계의 변화는 체계와 역사 간의 밀접한 친화성을 산출한다.
스스로를 점점 더 (과거 체계들의) 체계이론으로 이해하는 역사는 수많
은 기회를 통해, 지속적으로 변화하는 동시대의 체계학으로 포함된다.
왜냐하면 사용된 가능성을 배제하고 새로운 가능성을 체계학에 동화시
키는 영원한 교환은 오래된 계기 및 잠정적으로 중단된 계기들의 유비적
재현실화와 재기능화를 포함하기 때문이다. 여기서 우리는 체계의 변화
가 순수하게 직선적으로 진행된다는, 추상에 기인하는 사상으로부터 해
방되어야 한다. 역사적 변화의 구조는 정확한 학문을 위한 메타역사적
반성 자체를 보여 주었는데, 이 구조는 현실에서 더욱 복잡하다. 이 구조
는 잠재적인 반대굴절, 나선운동, 역행적 회전과정을 포함하는데, 이것
들은 한 번 거부당한 요소들의 탈역사화와 새로운 통합에 이를 수 있다.
여기에 역사와 체계학이 서로 생산적으로 소통하고 서로에게 참여할 수
있는 가능성의 근거가 놓여 있다.

　역사가 과거의 체계 및 그 변화에 대한 이론으로 파악되는 만큼 역사
의 특징과 한계는 그 상태와 함께 더 이상 이야기의 지속성(단토)[42]이 과
정적으로 일어나는 사건형식과 진행형식(테가트, 브로델 등[43])을 따르는
코젤렉과 멜빌[44])에 대한 반성학문(그륀더)[45]으로 정의될 수 없다. 이로

---

42) A. C. Danto, 1974, bes. VII-IX, XI장(H. M. Baumgartner, 1972, bes. 249ff.의 정
확한 규정 참조).
43) H. Teggart, 1918, 124ff.; F. Braudel, 1972, 189ff.(Original 1958, 725ff.); M.
Wüstemeyer, 1967, bes. 27ff.; D. Groh, 1971, bes. 302ff.; V. Rittner, 1974/I, bes.
67ff., 153ff. 참조.
44) R. Koselleck, 1973a, 211ff. 코젤렉은 두 번째 논문에서(560ff.) 기술적 구조역사에
더 많은 공간을 할애하지만 이 구조역사를 장기간이나 중기간의 진행에 대한 관계를 통해
다시금 상대화한다. 이 밖에도 *Poetik und Hermeneutik* 제5권에 들어 있는 W. D. Stem-

써 역사는 낮게 규정된다. 왜냐하면 역사는 사건의 학만이 아니라 이와 마찬가지로 특수역사의 형성과 더불어 더욱더 구조학과 체계학이기 때문이다.[46] 이 체계이론은 종단으로(통시적으로) 이야기하는 것이 아니라 횡단으로(상대적-동시적으로) 기술하며 설명하는 방식이다("로마 종교", "이탈리아 르네상스 문화", "공룡의 유(類)"). 그렇기 때문에 이와 반대로 과정성은 이미 역사적 발전의 고유함(proprium)일 수 없다. 왜냐하면 과정성도 기능적 진행과정에서 체계내적으로, 심지어 체계초월적으로, 그렇기 때문에 역사적으로, 그렇지만 — 마치 확실한 시간간격과 확실한 유의미성의 최소한계치 너머에서 — (예컨대 유기체의 진화론적 과정에서와 같이) 아직도 역사적으로 조우하지 않기 때문이다. 그러므로 역사성과 과정성은 서로 겹칠 뿐이다. 그러나 무엇보다 우리는 역사의 영역에서 전개된 과정범주를 소외시키지 말아야 하며 이를 구조의 일반적 역동성과 체계의 변화에 관련지어야 하고 이를 자신의 종류로 통합하여야 한다. 이렇게 되면 역사적 생기형식, 진행형식, 상태형식의 범주적 유형학은 체계변화의 보편이론으로 들어가게 된다. 이것은 역사적 개별탐구에 의해 논의된 개별적 진행과 사건이 해당 체계학의 경향탐구나 유형화하는 이론형성으로 들어가는 것과 같다. 더 나아가 체계와 체계변화가 이들 학문의 책임이라면 시간적 진행과 구조 간의 개념적 통약불가능성(Groh)[47]도 적어도 과정을 구조적인 요소로 변형하게 하는 실용적인

---

pel(325ff., 586ff.), P. Szondi(540ff.), H. Lübbe(542ff.), H. R. Jauss(554ff.)의 논문 및 G. Melville(1975, 188ff., bes. 203ff.)의 논의 참조.

45) K. Gründer, 1971, 101ff., bes. 108ff.

46) 이에 반해 의식의 흐름이 후기현상학적으로 샵이 말하는 "역사들"로의 해소로 되돌아가려고 한다면 역사의 특수성을 아주 지나쳐 버리게 될 것이다(이렇게 되면 모든 것이 "역사들" 해소된다) W. Schapp, 1953, 1976²; 1959.

47) D. Groh, 1973, 88f.; K.-G. Faber, 1974, 238ff.(Nachwort zur dritten Auflage).

일치규칙을 통해 극복될 수 있다.[48]

변형가능한 것과 수용가능한 것의 척도에 대해서는 그때마다 결정권이 있는 체계학이 결정한다. 그러나 역사는 그 측면에서 그때그때 체계학의 관심중점에 적응하는 데서는 일어날 수 없다. 오히려 역사는 그 옆에서 미래의 사용가능성의 여지를 준비해야 한다. 말하자면 장기적으로 재현실화의 가능한 기회를 위한 예방적인 사전작업을 수행해야 하는 것이다. 더 나아가 역사적 학문의 메타이론이 그 개념적 수단을 통해서 역사와 체계학의 협동 조건을 더 많이 해명함으로써 이 협동을 촉진하는 과제는 이러한 메타이론에 주어지지 않는다.

4. 유비를 통한 역사적 경험

일반적으로 현재적 미래적 체계학을 위해 과거체계의 모델기능으로부터 출발해야 한다. 여기서 우리는 이론적 설명모델, 재현모델, 환상모델을 도외시하면서 우리 스스로를 순수한 발견술적 모델 개념에 제한해야 한다.[49] 모델 개념은 논리적으로 보다 보편적인 것으로부터 보다 특수한 것으로 전진하는 지속적인 의존계열로 편입되어야 한다. 동일성/다양성→관계성→유비→동형→모델→역사적 모델.

이것에 걸맞게 우리는 모델을 발견술적으로 적용된 두 체계들의 동형-관계로 이해하며, 동형을 두 체계들[50] 간의 유비 체계로 이해한다(이것은

---

48) 물론 제한적으로만 적절한 하나의 모델은 여기서 시학을 제공한다. (근대적 "역사"-개념의 발생에 나타나 있는 시학의 모범에 대해서는 R. Koselleck, 1967, 204f. 참조. 우화와 사례와 같은 이야기의 조그마한 형식은 유형적 진행에 의해 격언이나 준칙으로 정식화되고 습득되며 전수될 수 있는 "도덕" 전개한다(K. Stierle, 1973, 347ff., bes. 354ff.).

49) 모델 개념의 유형학에 대해서는 P. Achinstein, 1968, bes. 212ff., 222ff., 248f.; M. B. Hesse, 1963; W. K. Essler, 1971, II 39f.; H. Stachowiak, 1973, bes. 128ff.

동형이 그 요소인 유비들로부터 건축되는 방식이다). 이러한 이해는 원
칙적으로 일-대-일 대응 및 수많은 연관점에 이르기까지의 다수의 대응
과 함께 이루어진다. 유비는 "관계동등성", 즉 두 개의 상이한 체계들 안
에서 이루어지는 분지(分枝)들의 관계의 일치다(a:b＝c:d, 여기서 a와 b
는 체계 I에 속하며, c와 d는 체계 II에 속한다). 유비는 관계논리의 관할
에 주어지며 끝으로 동일성과 다양성의 지평에 있다 ― 발견술적 변형과
정을 재구성하기 위해서는 동형과 유비의 구별이 필수적이다. 심지어 네
가지 분지로 이루어져 있는 유비는 결여되어 있는 네 번째 분지에 대한
추론적인 귀납추리를 허용한다(a:b＝c:x). 그럼에도 일반적으로 전체조
직의 동형적 일치, 다수의 개별유비들로 구성된, 두 관계체계의 근본-일
치가 있다. 이 관계체계는 발견술적으로 생산적인 본래적 모델관계를 형
성하며, 이 관계체계를 근거로 하여 알려지지 않은 특정한 개별 분지가
추가로 추론되는가 하면, 이것이 새롭게 구성되어야 하는 체계의 가설형
성으로 받아들여지며 입증되는 경우에는 이론형성으로 받아들여진다.
그러므로 전체의 동형은 유비의 추출을 상세하게 제약한다.[51] 이 밖에도
동형과 유비 간의 차별화가 상대적이라는 사실이 그 자체로 이해된다.
즉, 동형은 그때그때 상위에 정위된 전체연관이지만 이 연관은 다른 관
점에서 오로지 유비적으로만 현상할 수 있다. 이것은 이와 반대로 단순
한 유비가 하부유비들을 바라보면서 스스로 동형적으로 등장할 수 있는
것과 같다.

동일한 모델은 동형의 단계적 구별을 보여 줄 수 있다. 강한 동형의 요

<hr/>

50) 여기서 체계는 일반적인 체계이론의 의미에서 특수학문적 체계 개념에 대한 설명으
로 이해되며 이에 따라 폭넓게 파악되어야 한다.
51) 여기서 총괄적으로 유비관계로 해석될 수 있는 것은 전체(즉, 여타 모든 관계의 총
체)가 문제로 떠오른 분자에 대해 맺는 관계다(A : b＝C : d).

점을 위해 동형의 애매한 형식들이 단순히 잠재적인 유비성과 함께 분류될 수 있다. 결국 유비성은 비동형, 즉 이종형(異種形, Heteromorphe) 일반으로 이행할 수 있는데, 여기서는 어쨌든 출현유비(Emersenzanalogien)가 기대될 수 있다. 더 나아가 일정한 등급에 이르기까지 동형에 속하는 것은 영역이며 양자[즉, 동형과 영역]의 전체 배치관계를 서로서로 모사할 수 있는 체계다.

역사와 체계 간의 변형조건에 대한 정확한 규정은 이론-관계와 이론-환원에 대한 근자의 학문이론적 논의와 잘 연결된다.[52] 그러나 여기서는 부분적인 접촉만 일어난다. 학문역사의 제한된 영역을 벗어나기 위해서는 이론-관계로부터 체계-관계로 일반화되어야 한다. 다른 측면에서 이론-환원의 세 가지 주요유형 가운데 다음의 두 유형은 너무 폭 좁고 너무 폭넓은 것으로서 고찰대상에서 제외되어야 한다. 즉, 엄격한 논리적 등가(동종성, 포함) 및 역사적-체계적 변형과정을 분석하기 위한 순수 실용적 영향비교의 포괄적 등가. 이에 반해 ─ 내적으로 심하게 변할 수 있는 ─ 접근적 모사성과 제약적 번역가능성의 중간 유형은, 모델관계도 함께 고려될 수 있는 일치규칙의 도움으로 유용한 내용을 지시해 준다.

그러므로 체계내적인 연관을 위해 선(先)규정된 일치규칙 개념을 통시적 차원으로 옮기고 역사와 체계학의 변형규칙인 이 개념에서 정확한 의미를 획득하는 일이 중요하다. 여기서 양 측면으로 경계가 설정되어야 한다. 이 규칙은 해석학적, 변형적 개별 행위를 방향 잡아 주고 "규제"해

---

52) Bunge는 상호이론적 관계 유형에 대한 가장 상세한 조망을 제공한다. M. Bunge, 1970, 285ff. 환원의 엄격한 개념에 대해서는 특히 E. Nagel, 1961, Kap. II, 336ff.; K. F. Schaffner, 1967, 137ff.; L. Sklar, 1967/8, 109ff.; F. v. Kutschera, 1972, II. 382ff.; W. Stegmüller, 1973, 139ff., 247ff., 282ff.; Stegmüller, in: 1974, bes. 198ff.; Stegmüller, 1975, II, 528ff.; L. Krüger, in: 1974, bes. 240ff.(추가 문헌 포함); Krüger, 1974b, bes. 14ff.; E. Ströker, 1974, bes. 61ff.

야 하므로, 높은 보편성의 단계 너머에 자리 잡아야 한다. 다른 측면에서 항상 타당하지만 경험적으로 공허할 수 있으며 그렇기 때문에 현실적 이론형성보다 아예 메타이론의 관할로 떨어질 수 있는 선험적인 편입도식과 일반규칙은 중요한 문제일 수 없다. 이에 반해 통시적으로 차이나는 동형적 체계들 사이에서 아주 잘 확정될 수 있는 근본관계가 규칙으로 정식화될 수 있다. 여기서 이 근본관계는 한시적으로만 타당할 수 있지만 실천적 탐구작업의 방향설정과 역사가 및 체계가의 협동을 위해 충분하다. 허구적인 사례를 들어 보자. 세기 전환의 경제체계에서 모든 요소들은 현재에 맞추어 측정해 볼 때 반 토막 난 척도로 나타날 수 있다(반쪽 보수율, 반쪽 가격). 여기서 1:2의 전체관계가 발생하는데, 이 관계는 모든 개별 요소들에 균등하게 적용되어야 한다. 이와 같은 양적인 일치규칙은 두 체계의 동형관계를 구체적으로 정식화한다. 양적 일치규칙은 정위수단으로서 필수적이다. 왜냐하면 이것은 개별 요소들의 평가를 전체 배치관계에 따라 통제하기 때문이다. (반쪽 보수율/전체 가격과 같이 잘못된 평가에 대해 소외된 채 비교되는 요소들) 이것은 계속해서 유비를 생산적으로 도출하기 위해 방법적으로 특히 중요하다. 왜냐하면 오로지 이런 방식으로만 올바른 나눔과 양의 안배가 이루어질 수 있다. 그러나 이미 자료해독과 자료번역은 이와 같은 방식의 변형규칙에 의존하고 있다.

그러므로 동형들 간의 차이는 부분적으로 규칙으로 정식화될 수 있는 근본차이의 척도에 따라 산정될 수 있다. 체계들 간에는 특수한 조건관계가 그로부터 도출될 수 있는 일반적인 조건-관계(Wenn-Dann-Relationen)가 있다(여기서는 개별 경우와 규칙 간의 "해석학적 순환"이 방해할 필요가 없다). 더 나아가 이러한 규칙들은 — 눈에 띄는 — 양적 관계에 제한되지 않으며 따라서 필연적으로 신경제사적(kliometrisch)

전제에 결부되지 않는다. 이러한 규칙들은 예컨대 문화의 근본특성을 고려함으로써 질적인 방식일 수도 있다. 그러므로 이 규칙들은 더 나아가 특수역사의 영역에 속할 뿐 아니라 보다 일반적으로 전체 문화체계를 위해 정식화될 수 있다.

이와 같은 방식의 변형규칙은 비록 결정적인 기여가 역사가의 손에 놓여 있다 하더라도 역사가와 체계가의 협동에서만 작동될 수 있다. 정확하게 고찰하면 이러한 변형규칙은 이전에 전개된 동형관계를 설명하고 이를 정확히 규정하며 또한 이에 걸맞게 메타이론의 범주적 틀로 편입될 수 있다.

동형과 유비는 관계로서 동일성과 다양성 간의 긴장의 마당에 존재한다. 두 체계 간에 형성되는 발견술적인 생산적 관계는 동일한 것과 차이나는 것 간의 확실한 균형을 요구한다. 구별이 더 무거우면 동형은 항상 애매한 모양을 받아들이며 결국 더 이상 실체적인 적용을 허용하지 않는 비동형(Anisomorphe)으로 이행한다. 반대로 모델의 발견술적 생산성은 상대적인 차이성에, 즉 알려진 것의 범위를 넓히고 혁신을 자극하는 동일성 안에서의 차이에 기인한다.

체계학과 그 발견술 사이에서, 그리고 체계학과 역사 사이에서 형성될 수 있는 생산적 유사성의 영역도 위에서 말한 균형에 의해 제약된다. 그럼에도 비판적 유사성이나 최적의 유사성등급에 관해서는 이러한 총괄규정을 넘어서 그 어떤 일반적인 진술도 이루어질 수 없다. 여기서 가치들은 개별 부문들의 고유한 방식에 따라 — 특수체계학과 이것에 귀속되는 특수역사라는 이러한 경우에는 — 넓은 경계선 안에서 아주 크게 차이난다. 예컨대 전(前)역사적인 정착흔적으로부터 인간학자나 문화유형학자에까지 멀리 미치는 추론이 이루어진다. 이런 전역사적 정착흔적은 어쨌든 몇 세기를 되돌아갈 수 있는 도시건축가에게는 전적으로 중요하지 않다. 우리는 특수부문 내에서 개별적인 문제제기와 주제영역에 따라 스스로를 세분화해야 한다.

그럼에도 여기서 역사와 체계학의 상관관계는 다음의 초안을 통해 일반적으로 특징지어질 수 있다. 해석학적으로 생산적인 유사성의 영역은 체계학 내에서 항상 연구의 현실적인 중점에 연관되며 이를 통해 정의된다. 정체되거나 시대에 맞지 않는 체계학의 영역은 아무런 특수발견술을 전개시키지 못하며 그래서 그 어떤 역사의 결과도 수용하지 못한다. 따라서 강조된 관점 및 탐구강도의 방향이 미뤄지면서 역사의 발견술적 원자가(Valenz)의 중점도 변경된다. 그래서 예를 들면 정신물리적으로 정위된 의학은 세포병리학 시대의 의학과는 다른 의학사적 조종영역을 산출하게 된다. 발견술적으로 전염성이 있는 역사의 잠재력은 그때마다 일차적으로 체계학의 탐구중점에 대한 짝이지만, 이런 이유로 우연적인 방식이 아닌 한 체계학의 실천적 적용이나 기술적 적용의 중점에 대한 짝도 아니다. 체계적 탐구의 관심처와 실천이나 기술적 산출의 관심처가 일치하는 한에서만 역사의 발견술적 수행도 — 간접적으로, 이차적으로 — 실천이나 산출의 현실적 중심과 관계할 수 있다.

역사적-개인적인 것의 자리와 이것의 전치(轉置) 기회는 이로써 명백하다. 개별자와 개인은 먼저 역사가가 일반화하는 수행과 상호관계하며 형성되어야 하는 역사적 이상형을 확충하는 도정에서 — 정적인 누적을 통해서든 개별 자료의 중요기능을 통해서든 — 불가피하게 함께 영향을 미치게 된다. 그러나 이렇게 되면 개별자와 개인은 체계의 동형을 통해, 즉 상위에 있는 유형("Ison")을 통해 지지되어 있는, 현재적 체계와 과거적 체계 간의 유형론적 유사성에 의해 간접적으로 변형과정에 진입할 수 있게 된다.[53] 여기서 체계학은 목표로 삼은 상환청구에서 역사적 주변조건들을 개선하고 이를 체계적 이론을 위해 사용함으로써 필요한 경우에 역사적 경험토대를 추가로 확장할 수 있다. 그 어떤 유형화도 따르지 않는 절대적으로 유일한 것의 한계 경우는 오직 — 잠정적으로 — 비전치적이기도 하며 과학주의적으로 더 이상 영향을 미칠 수 없다. 그런데 이러한 경우를 위해 체계내적인 평행이 또한 존재한다는 사실을 도외시하고 역사와 체계학 간의 이와 같은 변형적인 결핍을 고려하여, 역사 자체가 이미 비교할 수 없을 정도로 많은 엄청난 복잡성 가운데서 선택적으로 축소되면서 작용한다는 사실에 대해 주의해야 한다.

상이한 역사적 수행형식을 다양화하는 데서[54] 체계적 학문의 역사적 경험이 그 다양한 조직 가운데 반영된다. 개별 유형들을 상세하게 추적하고 이를 기술하며 — 이를 체계적인 특정 문제제기에 따라 나누어 — 분석하는 것은 미래적 학문이론의 과제가 된다. 여기서 수행된 협동형식들이 오로지 일관성 있는 병합과 역사의 다변적 소진이라는 틀과 전제하에서만 — 특수역사들을 통해 적절한 체계학을 향해 — 완전하게 전개될 수 있다는 사실이 확정된다. 반대로 이 체계학에는 범주적 시선의 첨예화, 역사에 대한 이론적 강조 그리고 역사적 복잡성에 대한 역사적 경험의 계획적인 후속조치까지 상응한다.

5. 더 많은 지식과 해석학적 순환

앞에서 스케치한 역사적 경험이론 (C3, 4)은 늘 현실에 대한 실재론적 파

---

53) 시기적(으로 및 문화적)으로 제약적인 중간범위의 유형과, 동형과 유비를 도입하고 이를 통해 현재를 서로 매개하는 지속적인 유형의 구별에 대해서는 저자의 책(1974, 87) 참조.

54) 반증, 입증, 경감, 애로 극복, 확대, 경향탐구, 전문용어적 또는 방법적 도움, 현재의 체계를 전(前)역사로부터 상대화함 또는 과거의 체계를 그 영역으로부터 상대화함, 지금까지 등장한 가능성들에 대한 총체적 전망 등.

악을 전제하고 있다. 이를 위한 논거는 이미 서론적으로 (A1) 전개되었으며 연이어 논의가 펼쳐졌다(증명딜레마, 충족딜레마, 등급화 논거, 자기적용, 이것의 특수형식인 형식딜레마와 논증딜레마).

실재론에 맞서서 사람들은 특히 실재론과 반실재론의 선택지에서 벗어나는 탐구에 대한 도구주의적 해석을 주장했다. 이 해석은 진리가를 요구하지 않은 채 시행착오 테스트만을 허용한다. 반증된 이론의 상태에 대한 추론이 이 이론들과 결부되지 않은 채 실용적인 근거에서 이 이론만 포기되어야 한다. 이미 설명한 해석주의자들[55])도 당연히 이러한 요구의 완화에 동의하지 않는다. 왜냐하면 그 자체가 실용주의적 평가에 의해 전혀 무너지지 않는 이론들이 있기 때문이다. 해석주의는 항상 도구주의적으로 설명됨으로써 일반적으로 보존되는 것이 아니다. 여기서 주의해야 할 것이 있다. 해석주의는 제일 먼저 자연과학을 위해 제안되었다. 이에 반해 정신과학과 특히 역사과학은 그 대상이 갖는 문화적 구조 및 인간에서 유래하는 구조에 근거하여 아주 제한적으로만 도구주의에 접근할 수 있다. 이 경우 고찰자에게는 대상이 흡사 그 실존과 비실존에 대한 도구주의적 처리방식에서 발견될 수 있는 것이다.[56])

실재론에 대한 다른 방식의 대안은 모든 확장된 존재론적, 인식론적 설명들을 포함하고 있는, 더 나은 이해의 심리학화(J. Simon)다. 여기에는 진보가 오로지 "견해"로만 주어진다 하더라도 진보라는 표상이 늘 결부되어 있다. 우리는 증명딜레마를 지시함으로써 이러한 환원주의와 조우할 수 있지만 그럼에도 [환원주의라는] 용어는 '더 많은 지식'이라는 좀 더 중립적인 개념을 재파악할 때 객관화될 수 있다. '더 많은 지식'은

---

55) H. Putnam, 1982, 237ff., 245f.

56) 본서 122 각주 62, 비코에 대한 설명 참조.

더 나은 지식과 같이 (상대적) 관계규정이라는 장점을 제공해 주지만 접근과 같은 목표를 제공하지는 않는다. 이 밖에도 '더 많은 지식'은 더 나은 지식보다 요구하는 것은 없지만 이보다 더 규정적이며, 더 적은 지식과의 비교를 배제하지 않는다. 그러나 이러한 더 적은 지식은 더 많은 지식과 다른 차원에 놓여 있다. 왜냐하면 그것은 일반적으로 단편적이거나 축약적인 보고에 근거하여 나중에 등장하는 사람들에게는 닫혀 있는 과거 시기의 세부물음에 관계하기 때문이다. 그러나 나중에 등장하는 사람은 '더'라는 시간간격에 근거하여 추후작용과 결과를 알게 되며 이로부터 전체적인 진행과정을 동시대인보다 더 많은 권한을 가지고 이해하며 판단할 수 있다. 또한 주변영역에 대한 그의 지식은 저자나 그의 (첫 번째) 독자가 개관할 수 있었던 것보다 더 먼 곳에 도달할 것이다(맥락, 환경, 평행 등).

이 밖에도 더 많은 지식은 현재상태(status quo)와 이전상태(status ante)의 차이에 관계한다. 그럼에도 여기에는 거리가 맥락으로부터 채색되거나 심지어 규정된다는 사실은 없다. 다르게 표현하자면, 어쨌든 초맥락적인 것은 맥락 의존적일 수 있지만 맥락 의존적이지 않아야 한다. 해석주의에는 증명딜레마와 등급화 논증에 근거하여 더 이상의 것이 허용될 수 없다. 그러므로 더 많은 지식은 원칙적으로 해석된 것이 아니라 실재적인 것이다. 이것은 과거가 현재로 나타날 수 있는 상이한 관점과 측면을 배제하지 않는다. 그러나 결정적인 것은 이것들이 통일적인 더 많은 지식 및 오로지 잠정적으로만 모순적인 더 많은 지식에 결합된다는 사실이다. 더 많은 지식은 과거를 — 또는 동시적 평행체계를 — 본질적으로 포함한다. 그러나 과거의 대상이나 동시대의 대상을 분명히 하며 이를 그 결과에서 개관할 수 있게 하는 플러스(+)를 거리를 유지하면서 덧붙인다. 이 플러스와 비교할 때 더 많은 지식은 유일하게 합리화할 수 있는 계기다. 나머지 맥락은 이것 옆에서 모호하며 무규정적이다. 특히 이를 통해서, 변화되어야 하는 것이 아니라 분리되어야 하는 독단적 맥락주의의 토대가 흔들린다. 포함관계는 그 어떤 대립도 근거 지을 수 없다.

그러나 역사맥락 및 세계맥락의 전체는 파악할 수 없으며 그렇기 때문에 절대적 척도는 파악될 수 없다. 그러나 이로부터 단순한 특수성 대신 연관의 해석성을 도출하는 것은 궤변이다. 이로써 근사치의 설명은 생략되고 총체적 해석성이라는 선결문제오류에 빠지게 된다. 더 나아가 전체의 발견이 — 회상에서도 — 해결양식으로서 결정적으로 배제될 수 있는 이 자리는 증명의 필요가 해당하는 곳이다. 그러므로 증명딜레마의 회의적 화법은 이러한 연관에서 불가피하다.

해석주의의 방어논증은, 역사적 진행에 관계되며 더 이상 다른 시기들 이전에 그 어떤 것도 갖지 않는 현재의 유한성이며 역사성이다. 따라서 현재의 유한성과 역사성은 역사주의가 가정했던 것처럼 필연적이고 절대적인 척도를 넘겨주지 않는다. 그럼에도 불구하고 유한성을 통해서는 해석성이 확보되지 않으며 접근성과 같은 경쟁[을 통한]해결도 결정적으로 반박되고 배제될 수 없다. 그러므로 현재의 특수성으로부터 그 어떤 초과적 추론도 도출될 수 없다. 특히 다음과 같은 결정이 고수되어야 한다.[57] 현재는 사람들이 회상할 때 역사의 부분으로 서술되지만, 그 현실 작용성에서는 오히려 초역사적이며 역사 외적인 것으로 서술된다. 이러한 이중적 관점은 거의 현재에 대한 정의로 들어가야 한다. 확실히 현재적 시기는 가능한 미래로부터 다시 한 번 상대화될 수 있지만, 결정적으로 남겨져 있고 탐구할 수 있는 과거로부터 나오는 것과 같은 척도로 상대화될 수 있는 것은 아니다. 다른 말로 하자면 현재의 자기확실성에 대

---

57) Th. S. Seebohm, 본서 30 각주 13 참조.

해 묻기 위해 미래는 심지어 그 실존에 있어서 너무 모호하다. 이것은 미래에 더 많은 접근이 기대된다는 사실에 대해서도 적용된다. 어쨌든 현재에 대한 이런 "종말론적" 시각은 과거로 변화된 현재로부터 정언적으로 분리되어야 한다.

여기서 하이데거와 가다머의 해석학적 순환, 즉 헤겔로부터 유래하는 이에 대한 첨예화된 파악으로 들어가는 것이 또한 적절하다(객체-객체-관계를 대신하는 또는 이것에 병립하는 주체-객체-관계=부분-전체). 하이데거에서는 이 순환이 고유한 입장의 유한성, 상대성, 해석성을 전제한다. 헤겔에서는 주체-객체-변증법이 여전히 절대자에서 시작된 반면 하이데거와 가다머에서는 이 변증법이 유한화되며 모든 객관화에서 해방된 것으로 보인다. 특히 주체는 객체(와 그 내재적 객체-객체-순환)에 작용할 뿐 아니라 객체도 주체에 역작용하며 주체를 적어도 객체의 자기이해에서 변형시킨다.

그러나 이러한 상호성에 대한 가정은 의문투성이다. 대상이 인식 가능한 방식으로 주체의 상황으로 역작용하지 않으며 그렇기 때문에 아무런 입장변화를 야기하지 않는 수많은 경우들이 있다. 주체와 객체 간에 아무런 동등성이 없는 것이다. 사람들이 과거와 현재 간의 "변증법"을 ─ 그리고 상이한 현재형식들에 걸맞게 ─ 은유적으로 이해하지 않으려 하면 과거에 맞서서 현재를 선취하는 더 많은 지식은 재차 해석주의적으로 상대화될 수 없다. 오히려 더 많은 지식은 최선으로 확인된 상호시기적 상호문화적 관계라는 사태, 즉 다른 속성들과 결과들, 이를테면 순환관계들이 이 관계로부터 도출될 수 있는 사태다. 그러므로 더 많은 지식에 불리하게 관계로 회귀하고 이 더 많은 지식을 덜 안정적인 다른 가정들에 의존하게 하는 것은 별다른 의미를 갖지 못한다.

더 많은 지식을 넘어 반실재론으로 들어가는, 주체와 객체 간의 추가 순환은 우선 증명할 수 없는 것이다. 기회 있을 때마다 순환으로 이해되는 것은 — 반실재론적으로 성장되지 않는 — 시행착오의 처리방식에 따르는 점진적 진행이다. 이 순환은 교정되면서 계속 구축되어가는 더 많은 지식 안에서 이루어진다. 따라서 특히 학문적 처리에 대한 이러한 기술은 접근의 사상에 귀속한다. (이에 반해 철학적 해석학자들이 생각하는 순환의 무한성은 접근적이지 않으며 무한자를 향해 개방되어 있는 것으로 표상된다.)

또한 해석학자들이 끌어들이는 시간간격도 더 많은 지식을 통해 이미 충분히 자리 잡았으며 반실재론적 전망을 필요로 하지 않는다. 더 많은 지식은 역사의 지속적인 과정을 충분히 이해함으로써 시간간격을 구체적으로 내용적으로 채운다. 이를 통해 더 많은 지식은 종종 이전상태와는 다른 결과에 도달하지만, 이를 선험적으로 그려진 다른 해석을 통해서가 아니라 옛 고찰방식과 새 고찰방식 간의 유사-감수(減數)적 비교를 통해 도달한다.

더 많은 지식의 개념은 그것이 지속적인 인용과 참조를 강조하는 한에서 전이해의 소외와 맥락주의에 반대하며 결과적으로 해석주의와 반실재론에 반대한다. 더 많은 지식 자체는 확실히 진보한다. 그러나 사실의 자기설명은 인지적으로 중요한 의미에서 필연적으로 주체규정적이지 않으며 자리와 상황에 묶여 있다. 그러므로 우리는 해석자가 기호체계의 진리에 이르는 특권적 통로를 소유할 수 있는 경우들을, 비록 우리가 이를 확실하게 알 수 없다 하더라도 고려해야 한다. 모든 이해가 자기이해로 역작용한다는 사실은 필연적으로 주어져 있지 않다. 해석자의 주체는, 다수의 경쟁하는 파악들 가운데 하나가 두드러지지 않고 이들이 서로 종합될 가능성 없이 등장할 때만 인식가능하며 인지적으로 중요하게 된다. 경쟁하는 파악들이 종합되는 경우에만 해석자의 관점은 순환적-일어남을 함께 규정할 것이다. 이에 반해 경쟁하는 파악들 가운데 하나가 두드러지는 경우에는 해석자가 기호의미에 이르는 적절한 통로를 소유했다고 믿는 것만큼 자기를 도외시할 수 있으며 다른 사람이 해석자를 도외시할 수 있다.[58] 이로써 시간간격 또는 낯선 문화체계의 거리에 대한 반실재론적 해석은 다시금 증명가능성을 결여하며 오로지 여러 가능성들[59] 가운데 하나의 가능성으로서 숙고될 수 있는 가능성사변으로 입증된다.[60]

더 많은 지식은 역사적 관점에서 뿐만 아니라 체계적 관점에서도 서술된다. 제1선에는 과거적인 것을 현재의 관점으로부터 상세하게 새롭게 완전하게 설명하고 이를 더 넓은 조망으로 밀어내는 역사가의 더 많은 지식이 있다. 더 많은 지식이 내적 수정에 굴복하지 않거나 탈락을 통해 빼앗기지 않는 한 과거의 지식은 현재의 더 많은 지식 가운데 지양되어 포함되어 있다. 따라서 이전상태와 현재상태를 대립적으로 사용하거나 서로를 소외시키는 것은 정당하지 않다. 이 두 선택을 근거 짓는 일은 충분하지 않다. 그러므로 이 둘은 선택지를 벗어나 있다.

다른 측면에서 체계적 관점은 이미 그 정의에 걸맞게 현재를 대변한다. 역사나 낯선 문화에 반해 적절한 모습의 더 많은 지식은 역사가나 문화탐구자의 더 많은 지식보다 세부적으로 눈에 띄는 경우가 적으며 발견된 것과 이따금씩 독자적으로 접촉함으로써 종종 비판적인 수정을 요구한다. 여기에는 다시금 해석주의에 대한 인정이 없다. 왜냐하면 이러한

---

58) 본서 55 참조.

59) 본서 75-77 참조.

60) 그롱뎅은 『진리와 방법』 제5판의 내용 변화에 주의를 환기시킨다. 시간 간격은 늘 있지 않으며 오로지 "종종" 해석학에 영향을 미친다. 더 나아가 그는 순환에 대한 하이데거와 가다머 사이의 화법을 적절하게 구별한다(J. Grondin, 2002, 46-50).

관여는 의도에 따라 의식적으로 일어나며 근본적으로 수정가능성에 대
한 일치가 존재하기 때문이다.

D

문화와 역사에서의 해석

1. 중간결산

지금까지 받아들인 입장을 다시 한 번 총괄적으로 반복할 수 있다.

해석은 실재론적으로나 반실재론적으로 일어난다. 즉, 인식하는 사람 가운데서 발생하는 내용과 판단 성질의 변이 및 지연과 더불어 일어나는 것이다. 두 번째 반실재론적 관계는 의식적이거나 무의식적일 수 있다. 이 관계는 보통 무의식적인데, 그 이유는 인식 주체가 대상이 실재적인 것으로 관계를 파악하기 때문이다. 따라서 그는 가상-실재론에 감추어져 있는 반실재론에 대해 반성하지 않는다. 이것은 관계의 두 번째 단계에서 생활세계적으로 인식하는 사람에 대해 배후물음을 제기하고 그에게 무의식적으로 반실재론을 덮어씌우는 (메타-)이론가에 의해 처음으로 수행된다. (메타-)이론가는 이를 통해 당연히 실재론자가 된다. 왜냐하면 그는 인식 주체가 첫 번째 단계에서 변경한 해석의 내용을 알 뿐 아니라 해석을 어떻게 변경했는지 알기 때문이다. 즉, 그는 해석 이전의 원본적인 사태를 안다. 강조해서 정식화하자면, 우리는 우리가 해석한 내용을(was) 알거나, 우리는 우리가 해석한 사실을(dass) 전혀 알지 못한다. 이것은 우리 자신의 입장뿐만 아니라 우리가 이미 해석된 것으로 조

망하는 임의의 이질적이거나 과거적인 입장에도 맞아떨어진다.[1]

그러나 이론가는 이러한 사태에 대한 통찰에 연결되어야 할 뿐 아니라 이 사태를 결과를 향해 전진적으로 더 해석할 수 있다. 이것은 물론 무의식적 반실재론이 아니라 완전히 의식적인 반실재론이다. 이것은 제1의 실재론이 제2의 반실재론으로 확대 사유된다는 것을 의미한다. 인식론적으로 이것은 사소한 문제다. 왜냐하면 이를 통해 다른 종류의 존재영역과 인식영역으로 나아가는 경계를 넘어서지 못하는, 내적으로 구별되는 인식의 과정만이 기술되기 때문이다. 따라서 이 입론은 인식론의 문제에 대해 공전한다. 우리는 이것을 다음과 같이 정식화할 수 있다. (메타-)이론가는 생활세계적으로나 학문적으로 인식하는 사람과 같이 결국 "실재론자"이며 또한 이에 걸맞게 "실재론적" 지평에서 그 자신에 의해 제안된 탈선과 파생을 보는 것이다.[2]

그럼에도 불구하고 우리는 경우에 따라서 생활세계적(학문적)으로 인식하는 사람과 완전히 철학적으로 인식하는 사람에게, 가정된 실재론은 잠정적인 것에 지나지 않을 수 있다는 생각을 돌릴 수 있다. 그러나 이러한 추측은 결코 지식이나 증명가능성에 이르지 못한다. 이것을 위해 추

---

1) 실재론은 반실재론을 정의(定義)상 고정시키는 ― 가정된 ― 무한한 해석연쇄를 통해서 오로지 가상적으로만 전적으로 배제될 수 있다. (선결문제오류인) 이러한 가정은 보편화할 수 없는 특정한 영역을 도외시하고서는 통제할 수 없으며 결국 회의에 떨어진다. 해석의 이종성(異種性)을 설명함으로써, 이와 더불어 해석II의 동일성과 동등성으로 되돌아가려고 함으로써 해석주의를 스스로 지양하는 것과, 이와 같은 방식으로 논의된 것 자체는 실재적인 것이 아니라 앞선 해석과정에 대한 해석I이라는 막 언급한 좀 더 진전된 가능성, 이 둘은 항상 좀 더 정확하게 구별되어야 한다.

2) 이것은 해석II가 해석을 통해 보다 상세하게 규정되어야 할 때 적용된다. 해석II가 무규정적이라는 사실은 이미 딜레마적 증명구조에 떨어지며 그래서 조망성이나 오류가능성이 대안으로 고려되어야 한다. 그러므로 결과는 회의적으로 남거나 실재론적 근본입장을 넘어서지 못한다.

측된 (그리고 비실재론적으로 파악된) 대상에 대한 필연적인 앎은 말하자면 실재론으로 되돌아 갈 것이며 따라서 이것은 정의에 따라 배제되어야 한다. 그렇기 때문에 결국 반실재론의 단초를 위해 제공되는 것은, 다시금 인식론적으로 약하게 남으며 문제의 중심으로 들어가지 못하는 회의적인 비결정성이다. 이것은 사람들이 오로지 다른 입장들의 (사실적) 제약성을 — 그리고 유비적으로 자기 입장의 (사실적) 제약성을 떼어내고 이로써 엄격한 증명딜레마를 회피하는, 그다음의 경우에도 맞아떨어진다. 이로써 사람들은 증명에서처럼 실재론으로 되돌아가지만 그럼에도 불구하고 근본적으로 증명딜레마의 회의적 뿔과 구별되지 않는 회의적 해결에 머문다. 이를테면 제약성과 전제성은 인식과 진리를 방해하는 것처럼 인식과 진리를 촉진하는 것으로 또는 중립적으로 보일 수 있지만, 이들은 결국 양가적(이거나 3가적)이다. 이러한 다의성은 다른 입장에 대해 비결정적이며 그렇기 때문에 간접적으로 자신의 입장에 대해서도 비결정적이다. 그래서 우리는 지금까지 기술한 경우유형에서와 마찬가지로 이러한 도정에서도 판단중지를 넘어서지 못한다. 이에 걸맞게 인식의 맥락제약성도 상대화되어야 한다.

이렇게 해석주의를 위해 그려진 대안은 숙명적이다. 반실재론의 입장은 어쨌든 문제적 형식에서 견지되는 반면 — 비반성적이거나 반성적 — 실재론은 단언적으로 완전히 값을 올리게 된다. 이것은 반실재론적인 철학적 해석학에 관계하는 것과 마찬가지로 해석철학의 상이한 어법에 관계한다. 특히 전통적인 실재 개념과 진리 개념은 그 자체로 문제적인 반실재론 개념을 통해 대치될 수 없으며 최선의 경우 비판적인 조명을 받을 수 있다. 인식론을 근본에서부터 개혁하라는 요구는 이를 통해 너무 높게 파악된 것으로 입증된다. 개별적으로 무의식적 해석의 구성적 역할을 포기하는 것은, 이를 통해 저지되는 인식의 등급화와 전진이 더 이상

배제될 수 없다는 사실을 의미한다.

이 밖에도 이러한 해명으로부터 직접적 의도(intentione recta)로 수행되는 해석이 관계될 뿐 아니라 오로지 비뚤어진 의도(intentione obliqua)로만 접근할 수 있는, 지평과 전이해의 틀규정이 관계된다. 예컨대 후설[3]에서처럼 양자는 인식할 수 있는 것과 인식할 수 없는 것의 선언(選言)에 종속되며 이에 걸맞게 막 전개된 유형적 구별로 정위될 수 있다.[4] 따라서 반실재론을 실재론으로 되돌릴 수 없다는 가정은 결정적인 요점들에서 근거 지어지지 않았다.

근대적 인식론은 중간매개(medial) 인식론으로 이해된다. 여기서는 매체가 의식의 (정신적 주관성의) 자리에 들어선다. 그러나 사람들은 매개가 매체를 통해 약화될 뿐 아니라 강화될 수 있다는 사실을 종종 간과했다. 경험적 사례들은 이것을 유비에 따라 추론하는 데 적합하다(망원경, 현미경, 안경 등). 그러나 매체가 그 작용에서 일반적으로 양가적이면 우리는 이 매체를 매개되는 것과 연관하여 전부 중립적으로 파악해야 한다. 매체는 [대상을] 한편으로 동일하지 않게 반영할 수 있지만 다른 한편으로는 — 적어도 한계 경우에는 — 적절하게 반영할 수 있다. 매개체계에 대해서는 개별적으로 더 이상 아무것도 언급될 수 없거나 증명될 수 없지만 그럼에도 우리는 이러한 유형학을 고수한다. 여기서는 결합관

---

3) Husserl, *Analysen zur Passiven Synthesis* 72("의식적으로"), *Krisis*, 146, 152, 167 ("의식적으로", "동반의식적으로") 참조. 아주 세련된 공허표상도 구체적으로 점유되어 있다(Cart. Meditationen 83). 더 나아가 지평들은 지속적인 이행들 가운데 등급화되어 있다. 그렇기 때문에 (비)지식은 비율적으로 늘어나거나 줄어들 수 있다(본서 83 각주 7 참조). 따라서 지평연속에서 정확하게 규정하는 후퇴는 해석학자가 아닌 후설에서는 후진일 뿐 전진이 아니다.

4) 이에 대해서는 F. Fellmann, 1998, 32 참조. 이러한 구별의 교정가능성은 다시금 일련의 논거(등급화딜레마, 증명딜레마)를 통해 반실재론적 해석에 대해 보호되어 있다.

계나 교체관계도 당연히 고려되어야 한다.

그러나 매체를 요구하는 주관성의 유형에도 유사한 사실이 맞아떨어진다. 주관성이 미치는 범위에 대해 아무것도 미리 결정될 수 없다. 가령 가설적인 신적 지성(intellectus divinas)[5]에 대비하여 주관성의 제약성과 유한성에 대해, 또는 현실에 대한 관점의 (비)보충가능성에 대해, 또는 주관성의 내적인 서열구별의 한계에 대하여 아무것도 미리 결정될 수 없는 것이다. 그럼에도 이와 상응하는 것이 매체에서 파악할 수 있거나 매체를 넘어서는 세계에 동일한 방식으로 적용된다. 어쨌든 대상적인 것, 초객관적인 것, 초지성적인 것 (아직까지 또는 전적으로 인식할 수 없는 것)[6]이 유형학적으로 구별되어야 한다. 비대상적인 것이 "있는가" 또는 이것은 심지어 증명가능한가라는 물음은 동일하다. 매체 자체의 중간적 성격에 대해서는 가령 그것이 세계와 구별되며 어느 정도로 구별되는지 또는 그렇지 않은지 확실한 진술이 불가능하다. 이 모든 물음에서 먼저 비결정성의 진단이 내려진다. 앞으로의 진행에서 사람들이 어떻게 내적 개연성으로 기울게 되는지 하는 물음도 마찬가지다. 어쨌든 인식론의 물음은 오늘날 관점성과 중간성의 확립 이후에 비로소 시작하지만, 가능한

---

5) 퍼트남 이래 (Wittgenstein, *Philosophische Untersuchungen* § 426 참조) 종종 반복된 "신의 눈에서 봄"에 대한 방어, 즉 이와 반대로 인간적으로 보는 방식을 강등시켜야 하는 이 방어는 초기 근대를 위해서는 확실히 유용했다. 오늘에는 철학에서는 이러한 가설적 대안이 거의 고려되지 않는다. 그 사이에 학자(와 평균인간)의 근본입장은 사람들이 도달하는 범위를 명시하는 세계내적인 집중적 파악확대가 되었다. (절대성은 오로지 2차적 관점의 역할만 한다.) — 데비트는 퍼트남이 말하는 '신의 눈' 그림을 정당하게 거부한다. M. Devitt, 1991², 233, 300. (우리는 그때마다 데카르트의 '신의 지성'을 가정하지 않고 물리적 세계에 재차 접근할 수 있는가?) Devitt, 1991, 129, M. J. Murray, 2002, bes. 92ff. 참조. — 더밋은 현재 신의 논리적 3가성이라는 반대테제를 주장한다. M. Dummet, 2005, 110ff.

6) N. Hartmann, *Metaphysik der Erkenntnis*, 1965⁴ 참조.

대안들의 전체 스펙트럼도 측정해야 한다.

현재의 연관에서는 가능한 중립성이나 심지어 매체의 적절성과 거리를 유지해야 한다. (여기서는 의식적인 참고 또는 무의식적인 참고는 마찬가지다. 또한 근대 매체이론의 특징, 즉 인식능력과 인식수단이 기호로 산정된다는 것은 여기서 무시될 수 있다.) 특히 매체 영역에서 나타나는 관점이 사실 자체에서도 그려지는지, 그리고 이것이 어디까지 가능한지 하는 비판적인 물음이 실재론적 시선에서 제기될 수 있다. 더 나아가 일반적으로 필요하다면 올바른 배열이 고려되어야 하는 입장도 정리될 수 있다. 수많은 가능적 구분이 존재한다는, 부분과 전체의 관계에 대한(mereologisch) 논거는 확실하지 않다. 왜냐하면 구분의 가능한 관점들은 교정될 수 있거나 중시될 수 있기 때문이다(등급화 논거). 구분이 오로지 해석적이라는 것은 증명딜레마의 반대에 굴복한다.

어떤 부분이 우리의 규정에 맞아떨어지며 다른 측면에서 세계(M. 젤)[7]를 통한 규정됨에 맞아떨어지는지 우리가 알지 못하기 때문에 구별은 의문으로 남거나 전면이 놓이게 된다.

철학적 해석학은 지난 40년간 극단화되었거나[8] 특히 F. 펠만을 통해

---

7) 젤(M. Seel, 2002)은 우리가 관점에 결부된 존재로서 세계(와 우리 자신)의 무규정자를 규정했다는 자신의 정식을 가지고 (명시적으로 칸트(165)에 기대면서) 총괄적인 탐구상태(status quaestionis)에 대해 생각한다. 그러나 우리의 파악에 따르면 이러한 시선은 너무 칸트적-관념론적으로 기울며, 실재론과 중도(moderato) 구성주의를 직접적으로 종합하기 위하여 대안의 가능 유형학을 기껏해야 불완전하게 재구성한다. 더 나아가 관점다원주의 및 이와 더불어 선택에 대한 영혼적 관점은 잘 알려진 바와 같이 다의적이다(이것은 예컨대 관점이나 해석에 관계할 수 있다). 이 밖에도 젤의 출발은 전적으로 자연과학의 모델을 지향하는 반면 우리에게 내용적으로 가깝게 있는, 그리고 해석을 위해 조그마한 여지를 남겨 두고 있는 (비코-공리) 정신과학과 역사과학은 충분하게 주목을 받지 못하고 제거되었다.

8) 여기에는 비트겐슈타인, 콰인, 퍼트남, 더밋의 추가적 영향이 있었다.

사실연관적 확장을 경험했다. 펠만은 무엇보다 가다머에서 인문주의적 실존주의적 포장을 빼뜨리고 관할영역을 기술(技術)적 해석학의 권한에 상응하는 역사와 현재의 모든 텍스트와 기념물로 확장할 것을 요구한다. 사실 가다머가 철학적 해석학을 "탁월한" 텍스트의 전승에 고정하려고 한다는 사실은 인문주의적 전통으로부터 오로지 역사적으로만 설명될 수 있다. 이에 반해 모든 표현을 해석학적 메타해석학적 처리의 대상으로 삼는다는 것은 아무것도 말하지 않는다. 후기 가다머는 슐라이어마허와 딜타이를 따르면서 스스로 발화된 말도 자신의 고찰로 끌어들였다. 그럼에도 펠만은 한걸음 더 나아가 경계를 설정한다. 모든 텍스트를 동일하게 다룬다는 표지에서 그는 해석을 위해 필수적인 사전정보와 기본지식을 준비하는 컴퓨터 프로그램의 완성을 요구한다.[9] 해석학의 이러한 전환은 기술(技術)적으로 합리적으로 사소하게 들리지만, 해석학의 조작화를 위해 우리가 실제로 제1선에서 할 수 있는 것을 제공한다.

그러므로 근본물음에서 기술적 적용으로의 이행이 조금 비매개적으로 일어난다 하더라도 펠만이 근본적으로 옳을 수 있다. 딜타이를 계승하는 펠만이 지지하는 학문적 객관성의 이상은 우선 가다머와의 직접적 논쟁에서 변호되고 정당화되어야 한다. 또한 정보학과 인공두뇌학(Kyberne-tik)의 문제제기에 대해 이론적 토대를 얻기 위하여 지식전달자의 구조와 상호관계의 기본문제들이 대략 스케치되어야 한다.

---

9) F. Fellmann, 1999/5, 110-119; F. Fellmann, 1998, 15-37 참조. 또한 펠만의 1991년 저작과 2002 저작, 97-116 참조. 그러나 철학적 해석학과 기술적(technisch) 해석학 간의 경계선이 늘 다시금 새롭게 명료화되어야 한다.

2. 실재론적 입장의 전개

A) 최근에 관찰되는 해석학의 프래그머티즘적 전환은 해석학이 질료적인 토대에서 표현된 것에서 드러난다. 이 전환은 결과적으로 잠정적인 탈규범화에 이르렀으며 목적에서 해방되었다. 이것은 가다머가 이 전환을 말없이 인문주의적으로, 심미적으로 또는 실존주의적으로 전제한 것과 같다. 이것은 전적으로 목적으로부터의 자유나 심지어 의미로부터의 자유만을 뜻하지는 않으며, 경우에 따라서는 서로 갈등을 불러일으키는 다양한 목적과 목표설정을 위한 형식적 처분가능성을 뜻한다. 따라서 해석적 학문들에서 해석학적 내용은 특정한 목적에서 풀려나게 되었으며, 가능한 한 "목적 없는 것"으로 취급되었다. 이로써 해석학적 내용의 다기능적 적용이 가능하게 되었다. 따라서 수단과 목적의 교환도 가능하게 되었는데, 이것은 수단이 목적으로 상승하고 목적도 수단으로 하강하게 되는 것을 뜻하며 해석I의 목적다원주의도 함께 의미한다. 특히 대부분의 파악대상은 그 자체가 (자기)목적성과의 연관을 요구함이 없이 무엇보다 먼저 정보로 평가될 수 있다.

이 밖에도 해석학적 내용들의 다양한 변수와 연결가능성은 미래적인 적용의 예측불가능성과 일치한다. 여기서는 항상 결합이 가능하며 의식적인 변경이나 지속적인 형성이 전개될 수 있다. 특히 동일한 결과가 동시에 서로 다른 차원과 유동적인 맥락에서 유효할 수 있다. 해석학적인 것을 이렇게 일반적으로 정식화하는 방식은 말하자면 내부를 지향하는 현재의 철학적 해석학의 반실재론을 외부로 향하게 한다. 그 어떤 의미변화도 무의식적으로 일어나지 않는다. 그것은 오히려 역사와 낯선 문화에서 도출된 결과와 의식적으로 관계하며 책임 있게 관계한다. 역사와 낯선 문화는 비밀리에 아무런 통제를 받지 않으면서 적응하는 것이 아니다. 이 둘에 대한 평가와 수용의 기초는 성공적인 목표를 지향하는 가운데 대안과 무관하게 가능성을 향해 합리적으로 마련된다.[10]

진지하게 받아들여져야 하는 이러한 고찰방식의 한계는 우리의 해석을 뒤에서 각인하고 이러한 연유로 해석의 초기 단계에서 "선택받지" 못할 수 있는 프레임표상이 작동하는 곳에서만 드러나는 것으로 보인다. 이에 반해 증명의 상황이 재차 주장될 수 있다. 말하자면 이와 같은 전합리적 방식의 지평은 우리에게 열려 있거나 우리를 벗어나 있다. 우리를 벗어나 있거나 벗어나 있을 수 있는 것을 굳이 산정할 필요는 없다. 왜냐하면 이것은 미지의 형이상학 그 어디에서도 그 자체가 상실되지 않기 때문이다. 그러나 구체적인 지평은 정의상 우리나 타자가 접근할 수 있는 것이 아니며 (또 아니었고) 따라서 우리가 이를 철저하게 추체험할 수 없다. 다른 모든 해석대상들처럼 이 구체적인 지평은 반실재론적인 혐의 앞에서 적어도 증명의 딜레마를 통해 보호되고 있는 것이다. (이것은 개별적인 오류와 수정을 배제하지 않는다.)

B) 여기서 전개된 관점이 과학주의적 평가와 변형 작업을 더 중요한 것으로(a potiori) 포함한다는 사실은 앞에서 지적된 바 있다.[11] 그럼에도 질적으로 단계적으로 구별되는 수용을 동시에 가능하게 하는 해석학적인 것의 다층성과 다양한 변수는 이것과 교차하는 제2의 고찰방식에 의해 보완되고 확장되어야 한다. 이를테면 심층적 차원에서는 사실연관의

---

10) 따라서 해석학적 경험은 확실히 학문성의 등급을 근거로 하여 독해된다. 모든 경험유형, 생활세계적 방식이나 이데올로기적 방식은 이 학문성의 등급에 일치할 수 없다. 그렇지만 여기서 해석학적 관계를 아주 명확한 형식으로 정당화하고 이로써 모범적으로 영향을 미칠 수 있는 해석학적 경험의 부분은 강조된다.

11) 본서 68 참조.

형식화와 더불어 해석학적 내용을 간접적으로 매개하고 등급화하는 수용이 등장한다. 문화와 역사에서는 다양한 분과들이 서로 협력하거나 단계적으로 연결될 수 있다. 이렇게 되면 해석학적 경험은 일련의 문화과학이나 역사과학의 심급이나 단계를 넘어서까지 영향을 미치게 되는데, 이것의 사례는 앞 장(章)에 제시되어 있다.[12] 여기서 우리는 전(前)학문적 경험과의 결합도 당연히 고려해야 한다. 그럼에도 불구하고 여기서는 예컨대 특수역사와 보편역사 그리고 체계학의 상이한 심급들 간의 의존관계가 드러난다. 이러한 의존관계는 반실재론적-구성적인 것이 아니며 예외 없이 객관적으로 파악가능한 것이다. 따라서 평가와 변형의 다면성은 물음의 대상이 아니며, 이는 오히려 조정가능하고 개관가능한 것으로 보존된다. 형식적 교환가능성과 애매성이 나타나는 처음 차원에서와 마찬가지로 이러한 심층적 차원에서도 교차결합이 가능하며 해석학적 원(原)경험으로의 후퇴가 가능하다. 따라서 사람들은 복합방계(傍系)적 소진의 이상에 대해 언급할 수 있다. 이것이 뜻하는 것은 각 학문분과가 각각의 가능한 보조성과를 산출하며 이와 반대로 각 학문분과가 전달자의 역할을 수행한다는 것을 받아들여야 한다는 사실이다. 또한 실재론적 근본전제하에서는 이것이 오로지 접근적인 것으로만 유효할 수 있다. 왜냐하면 역사적 정세의 변화는 늘 다시금 새로운 시도를 요구하기 때문이다. 그러나 문화적 역사적 경험은 불가피하게 점진적인 특수화와 매개되며, 이러한 매개는 아마도 더 증가할 것이다.

C) 해석학적 경험의 제3차원은 개별 해석항의 심층층위를 통해 개방된다. 이를 위한 키워드로 먼저 떠오르는 것은 (경험사회과학에서 말하는)

---

12) 본서 162ff.

변화된 관점으로 자료를 새롭게 평가하는 2차 분석 개념이다. 2차 분석의 이런 기본형식은 학문의 진보에서 보이는 증가된 지식 가운데 이미 나타나 있다. 왜냐하면 이 증가된 지식은 [전승을] 특별한 표현으로 변경하지 않고도 면면히 이어져 오는 전승내용을 요구하는 새로운 관점과 처리방식을 드러내기 때문이다. 만약 자명한(prima-facie) 의미의 배후에 대해서 묻지 않고 저자가 의도하지 않은 해석학적 내용이 밝혀지지 않는다면 이러한 사실은 "2차 분석"이라는 용어의 확장된 의미에 완전히 부합한다. 다른 종류의 과거관계나 이질적인 문화관계에 대한 이러한 현재적 문제제기는, 특수역사이든, 이질적인 문화를 염두에 두는 특수화된 탐구방향이든 상관없이 수많은 특수 분과들의 처리방식이기도 하다. 저자의 의미를 넘어서는 이러한 주제들은 (분절적으로 구체화되지 않았지만) 의식적인 저자의 조건과 무의식적인 조건에 해당하며, 역사적 전제와 문화적 환경 및 가능한 수신자와 수용자에 해당하고, 마지막으로 순수시학에 나타나는 바와 같이 내용적인 의미를 놓치게 하는 언어구조, 기호구조 및 질료적이거나 형식적인 지시구조에 해당한다. 이들은 저자의 의도와 아무런 관계가 없는 해석학적 노력의 대상들이다. 그렇지만 이들이 반실재론적으로 파악되어서는 안 된다. 오히려 이들은 퇴행적 해석학이든 재생적 해석학이든 하나같이 이미 전제된 것에 관계하는 모든 경우의 토대가 된다. 여기서 이 전제된 것이 여기서 지금 처음으로 의식에 등장하든지 아니면 (가능한 경우에 단계적으로 구별되면서) 제3자에 의해 이미 형성되었든지 아무런 상관이 없다. 그렇지만 이러한 해석I은 대부분 언제 어디에서도 해석학적 경험의 대상이 아니었다. 해석I은 해석학적인 해석작업을 통해 그 자체의 모습이 드러나면서 비로소 경험으로 형성된다. 이를 통해 해석학의 대상으로서 "인식된 것의 인식"을 말하는 뵈크의 정식이나, 텍스트가 질문에 대한 대답이 되는 바로 그 질문을 이해할 때 우리가 비로소 텍스트를 이해한다는 콜링우드의 "질문과 대답의 논리"라는 정식이 미치는 범위도 축소된다. 이러한 규정들은 저자의 의도에서 본다면 올바르고 유용하지만, 이를 통해 해석학적인 것의 영향 범위가 결코 소진되지 않는다. 그럼에도 불구하고 반대의 극단으로 빠져들거나 해석학적인 것의 범위를 해석학적 고찰방식의 실재론에서 삭제하는 것은 본말이 전도된 일이 될 것이다. 여기서 말하고자 하는 것은 해석학적 범위가 (명백한) 저자의 의도를 넘어선다는 사실이다.

2차 분석은 애초에 해석학적 학문의 수단으로 나타나지만 체계적인 (교의적인) 분과에서도 확인된다. 자명한 의미를 변경하여 해석하고 심화시켜 해석하는 것과 더불어, 2차 분석을 통해 개방되면서 더 멀리 영향을 미치는 의미형식이 존재한다. 이러한 의미형식은 현재의 학문을 수집하여 수용하겠다는 도전장을 던진다.

3. 역사적-문화논리적 관점과 체계적 관점

오로지 반실재론적인 다른 해석 이론을 통해서만 설명할 수 있는 것으로 보이는 문화와 역사의 지속적인 영향을 객관적으로 통찰하기 위하여 복잡성과 기능적 다가(多價, Plurivalenz), 해석학적 심급의 다양한 망작업, 2차 분석 및 3차 분석을 통해 추론된 해석대상(Interpretanda)의 다층성으로 충분하다. 공동적인 것과 차이 나는 것 사이를 임의적으로 매개하는 유비관계와 동형관계가 추가로 등장한다. 이들은 후진적으로 (해석학) 그리고 전진적으로 (체계학) 요구된다.

앞의 여러 장에서 해석학적 학문과 체계학 간의 구별이 반복적으로 적용되었지만 이제 이 구별이 보다 정확하게 조명되어야 한다. 지금까지의 논의는 역사에 대한 학문적 수용이 비학문적 수용과 범주적으로 다르다는 사실을 충분히 진지하게 다루지 않았다는 점에서 전반적으로 문제를 잘못 파악한 것으로 보인다. 예술에 대한 학문, 문학에 대한 학문은 예술이나 문학 자체와 동일한 방식으로 성취될 수 없다. 여기서 우리는 단순히 전(前)학문적 수용으로 되돌아가고 다시금 굴절되지 않은 만남으로 바뀔 수 없는 통제된 분석적 수용이라는 반성적 차원에 도달한다. 이것이 시도되는 곳에서 학문적으로 작업된 대부분의 차별화가 사라지며, 특별하게 과학주의적으로 정확성을 이루려는 수행이 아무런 결과 없이 재차 사라진다. 오히려 학문의 결과는 달성된 반성적 차원에서 가능한 한 오래 견지될 수 있으며 학문 내재적으로 더욱더 이해될 수 있다. 학문적 결과에 대한 이러한 과학내적이며 학제적인 순작용은 앞으로, 공공의 대중에 대한 모든 방식의 직접적 비매개적 역작용과 달리 매개하는 순작용으로 불린다. 매개는 학문체계의 상호의존에서 개별 학문의 기능화를 전제한다. 매개는 결국 특별히 학문적 특성을 정당화하는 내용을 정확하게 수행한다. 이것은 곧 세부의 본질 그리고 목표로 설정된 본질이다. 과학주의적 평가연관 바깥에서는 이러한 본질과 중요성이 예외 경우에 최고의 효력을 갖는다. 역사과학이 지금까지 주로 관계 맺어 온 통상적인 형성(Bildung) 개념을 살펴보자. 여기서는 학문적 방법이 기본적으로 아무런 영향력이 없다. 왜냐하면 결과는 오로지 구별들이 계속 희미해지는 순간적인 백지(alfresco)스타일에서만 수용될 수 있기 때문이다. 따라서 세부 탐구는 전혀 공적인 의식으로까지 파고들지 못한다. 그러나 이것은 이러한 형태로 아무런 매개 없이 작용하려는 학문이 본질적인 항목에서 자신의 개념을 지양한다는 사실을 의미한다. — 마찬가지로 유효한 것은 두 번째 결핍이다. 가능하고 유효한 배열이 거의 이루어지지 않은 특정한 수용자와 특정한 내용을 전적으로 우연적으로 배열하면서 이루어지는 우연적인 확산, 임의의 수용자에 대한 자의적이고 임의적인 매개가 그것이다. 추가로 교육학에서 세 번째 결핍이 등장한다. 매개되는 사람과 매개가능한 존재에 대한 규준이 애당초 제약되어 있는 것이다. 따라서 대부분의 역사적 내용은 질료적으로 이미 역사 범위 바깥에 있다. 상황은 훔볼트 이래 독일 대학에서 이상으로 표상된 바와 같은 학문적 방법을 통한 형식적 형성보다 낮지 않다. 학문적 방법은 대상을 형식적 훈련의 도구로 강등시키면서 대상과 학문 자체의 결과를 부정한다. 결과적으로 모든 학문을, 이러한 목적을 최선으로 충족시키는 유일한 학문으로 환원하는 일만 남을 것이다.

학문적 결과를 매개하는 것은 근대적 생활세계의 점증하는 학문화에, 전승된 형성 개념의 보충적 축소가 상응하는 것보다 더 필수적이다. 이에 걸맞게 해석학적 학문은 형성 개념에 연루된 것에서 풀려나야 하며 학문연관으로부터 새롭게 동기가 부여되어야 한다. 이렇게 되면 해석학적 학문은 우연적이며 공적으로 형성된 지식의 죽은 바다에서 더 이상 맹목적으로 끝나지 않고 다음과 같이 그 결과가 아주 훌륭하게 작용하는 상태에 도달한다.

1. 평가는 이념에 따라 체계적이고 완전하게 일어난다.
2. 평가는 상세하게, 즉 학문적인 정확한 규정이 지속적으로 수행되는 가운데 일어난다.
3. 평가는 목표 지향적으로 일어난다. 즉, 결과가 학제적 연관의 올바른 자리에서 관철되고 유의미하게 되는 방식으로 일어난다.
4. 평가는 지식의 전체를 고려하여 일어난다. 즉, 경험의 합의 총체성을 통해 매개된 통제하에서 그리고 관계성의 원칙에 입각하여 일어난다.

해석학의 결과가 학문의 수준 위에 매개되어 있다는 이러한 전제하에서 비로소 현재의 학문체계를 위한, 그리고 이 체계를 매개로 하여 현재의 생활세계를 형성하기 위한 해석학의 구체적인 수행과 성과의 전체 숫자가 의미심장하게 파악될 수 있다 — 여기서 해석학의 결과에 대한 이해와 매개를 받아들이는 체계적 학문에 결정적인 역할이 주어진다. 여기서 학문의 체계가 그려지는데, 이것은 인식의 매개와 관심에 따라 조직되지 않고 실용적으로 기능과 영역에 따라 조직된다.

최고의 이원론으로 체계적 학문과 해석학적 학문을 양분하는 일이 권장된다. 체계적 학문은 현상 영역과 관련하여 그때마다 통용되는 지식상태를 대변한다. 체계적 학문은 현상 영역의 구조연관과 기능연관을 탐구함으로써 동시적 처리방법을 사용한다. 예를 들어 의학은 인간의 생명체와 이에 바쳐진 학술기획에 대한 현재적 지식의 총체로 정의된다. 이에 반해 해석학적 학문 가운데 역사적 학문은 역사를 종(縱)으로 잘라내거나 상대적-동시적으로 역사를 횡(橫)으로 잘라내면서, 예컨대 총체적인 의학사나 특히 히포크라테스학의 탐구를 통해 통시적 처리방법을 사용한다. 이 밖에도 역사는 인간사에 제한된다. 천지창조론, 지구형성론, 역사적 지리학, 고생물학, 계통발생학에 이르기까지 여러 형태로 나타나는 자연 "사"도 인간사에 속한다. 왜냐하면 자연사는 더 이상 현재하지 않는 세계상태를 기술하기 때문이다. 따라서 체계적인 정신과학이 있을 뿐 아니라 역사적인 자연과학도 있다.

체계학은 다음과 같은 방식으로 더 구분될 수 있다.

제1그룹: 기술(기술과학)을 포함하는 자연과학, 역사적 자연과학은 여기에 포함되지 않는다.

제2그룹: 사회과학(사회학, 정치학, 법학, 경제학, 재정학, 행정학).

제3그룹: 매체학(언어학, 해석학, 의사소통학, 수사학-이론 등).

제4그룹: 그 밖의 인문학(인종학을 포함하는 경험적 인간학, 심리학, 교육학, 시학, 음악학 등과 같은 체계적 예술학과 더불어 문화인간학, 종교학).

제5그룹: 초학문, 즉 보편적 학문이론으로서의 철학. 과학철학이든 철
학적 해석학이든 상관없다. 또한 여기에는 존재론, 논리학,
수학이 속한다. 더 나아가 실천철학과 더불어 철학적 인간
학, 윤리학, 마지막으로 미학이 있다.

이 모든 것은 체계학이지 역사학이 아니다. 따라서 이들은 사회과학에
평행해서 또는 사회과학 바깥에 얼마나 많은 체계적 정신과학이 있는지
보여 주기 위해 제시된 것이다. 여기서 사회과학은 부분적으로 최근에
역사의 상응하는 분과들로부터 형성되었거나 이 분과의 내용을 다루는
학으로 막 형성된 것이다. 예컨대 해석학은 체계적 학문이다. 다른 학문
들은 논리학에 참여하는 것처럼 바로 이 체계학에 참여한다.

정신과학의 영역에서 구조주의를 통해 근본적인 지원을 받아 형성된
체계적 학문의 의미는 명백히 역사적 학문을 위한 것이다. 체계학은 그때
그때 현재의 현실적인 현상과 문제에서 작업한다. 체계학은 그때그때의
실천과 기술의 전선에서 작동하며 거기서 규제하면서 안정시키면서 영향
을 미치고 통제를 가한다. 그러므로 체계학은 역사의 결과를 수용하는
한에서[13] 역사를 실천과 기술에 매개하며 이를 앞서 스케치한 최선의 효
과라는 형태로 매개한다. 이 매개는 목표지향적인 조정, 세부적인 정확
성 규정, 전체적인 통제, 관계성의 원리를 따른다. 특히 관계성의 원리는
사회 전체와 마찬가지로 학문 전체로부터 고찰된 것이다. 이러한 매개는
매개과정의 결정적인 최종단계다. 과학사와 공학사가 자연과학 및 공학
과 맺는 관계에 대해서 이 최종단계는 자명하다. 또한 매개를 함께 수행

---

13) "역사적-해석학적 학문"이라는 타이틀에서는 학문의 양 가지가 교차할 뿐이라는 사
실이 주목되어야 한다. 역사적이지 않은 해석학적 학문이 있는가 하면 원래 해석학적인 처
리방식을 쓰지 않는 역사적 학문 ― 자연"사"의 분과가 있다.

하기 위해 사회과학의 영향은 지금 이미 지대하다. 체계적 매체과학과 체계적 인문학은 그 구성이 진전되는 만큼 성장하게 된다. 이론의 구성과 변화는 적어도 길게 바라볼 때 — 이론제약적이거나 이론과 일치하는 — 모범적인 행동의 변화도 야기하며 근대적 생활세계의 과학화가 더 많이 더 빨리 이루어질수록 이러한 변화를 더 많이 야기하는데, 이러한 사실은 체계적 매체과학과 체계적 인문학에도 적용된다.[14]

이에 걸맞게 체계적 학문과 해석학적 학문의 배열은 개별적으로나 전체적으로 해석학적 학문이 체계적 학문에 첨가되고 편입되는 방식을 통해서 규정된다. 주제적으로, 이론적으로, 정언적으로, 그리고 마지막으로 실천적, 기술적 작용에서 이끄는 쪽은 체계학이다. 그러나 해석학적 학문이 체계적 학문으로부터 추가적으로 형성된 의학과 의학사에서와 같이 관계가 분명한 경우는 드물다. 대부분은 역사의 조직원리(Ordnungs-prinzip)가 체계학의 조직원리를 가로지른다. 즉, 유일한 역사적 학문이 동시에 다수의 체계학을 위한 아주 상이한 운반자기능을 충족시키는 것이다. 전통적인 민족정신-모델로 정위된 대부분의 문화과학과 문헌학은 자연과학, 사회과학, 매체과학, 인문과학의 역사뿐만 아니라 철학사를 담당할 능력이 있다. 민족정신-모델은 오로지 노동기술적이며 발견술적인 근거에서만, 즉 자기목적으로서가 아니라 수단으로서라 하더라도 미래에 여전히 보존될 수 있다. — 중요한 것은 더 이상 "그리스"나 "독일 민족성격"이 아니다! 그럼에도 평가를 위해 이러한 학문들의 결과가 세분화되어야 하고 체계적 관점에 입각해서 새롭게 묶여져야 한다. 오로지

---

14) 수많은 체계학이 실천과 기술의 전선에 서 있지 않다는 사실은 다만 이들 체계학도 매개화(Mediatisierung)에 복종한다는 것만을 의미한다. 매개화의 범주는 가령 체계학에 대한 역사학 및 해석학의 관계에만 연관되는 것이 아니라 보다 포괄적으로 체계학들 상호간의 관계에도 연관된다.

규정적인 관점하에서만, 즉 문화형태학하에서만 문화 전체가 그 자체로 주제화된다. 이것은 개별 문화과학이 해석학적 기여를 할 수 있는 체계적 부문이다.

유비는 문헌학과 마찬가지로 좁은 의미에서 역사과학에 맞아떨어진다. 역사과학은 사회과학을 담당할 능력이 있으며 특히 제도론[15]을 담당할 수 있다. 더 나아가 역사과학은 동기(動機)의 학문으로서 심리학을 담당하며 이를 통해 간접적으로 인간학을 담당할 수 있다. — 이 이상의 사례는 다음과 같다. 좁은 의미의 문학사는 시학과 미학, 심리학과 인간학을 담당할 수 있으며 더 나아가 언어학 및 총체적으로 체계적 학문들을 담당할 수 있다! (옛 시학을 체계적인 문학고찰로 확장하는 단초는 구조주의적 형식에만 있는 것이 아니라 비교문학에도 있다.)

19세기와 달리 오늘에는 통시적 차원이 더 이상 고유한 가치를 요구할 수 없다. 통시적 차원의 자리가(價)는 상대적으로 그때그때의 평가연관으로, 즉 통시적 차원의 내용이 최종심급에서 동시성의 차원으로 투사될 수 있으며 체계적인 것으로 재수용될 수 있다. 이로써 말로(Malraux)가 말하는 "상상 전시관"의 부분을 비로소 중단하게 된다.

인식론적 반실재론와 더불어 이것과 규범연속성의 결합도 해소된다. 역사적 학문은 원본적인 문화전개와 달리 과거의 거리와 이종성을 드러내므로, 역사적 학문은 심지어 규범연속성을 중단시킨다. 그다음 역사적 학문은 목표를 스스로 매개하지 않고 "동화하는(aneignend)" 의미도 만들어 내지 않으면서, 과거의 규범체계와 가치체계에 대한 정보만 넘겨준다. 역사적 학문에 들어 있는 가치연관과 유의미성은 현재에 규범을 제시하지 못하면서 역사 내적으로 머문다. 이것은 배제되기도 하는데, 그

---

15) 이에 대해서는 W. Mommsen, 1972² 참조.

이유는 현재를 위한 규범은 그때그때 현재에 귀속되는 학문이 담당하기 때문이다. 진리물음과 타당성물음은 자연스럽게 이를 담당하는 체계적 부문들에 의해서만 생각될 수 있다. 체계적 부문들은 현실적인 탐구의 전선에서 활동하면서 이로부터 그 사실관장능력을 얻어낸다. 이 사실은 특수역사가 그것이 속하는 체계부문과 맺는 관계에서 전형적으로 드러난다 — 예컨대 오늘날 갈렌(Galen)의 지시규정에 따라 치료하고 가르치고 하며 [본서가 출간되는 시점인] 2007년의 연구상황에 따르지 않는 의사는 아무도 없을 것이다. 그럼에도 보편사는 (시대의 부분을 도외시할 때) 주제넘게 사회과학의 관할을 자기 것이라 할 수 없으며 이를 무시할 수도 없다.[16] 또한 과거 시대의 정보가 현재에 현실화되고 이전의 모델이 재활성화될 수 있다면 이에 대해서는 역사가 아니라 현재연구에 참여하고 있는 관할 체계적 전문부문이 결정한다. 그러므로 불시의 점취(占取)는 역사의 일이 아니며 체계적 사실탐구의 일이다. 역사는 현재에서 오로지 예외적으로만 직접적일 수 있지만, 그렇지 않을 경우 이미 확정된 체계적 부문을 넘어 다만 매개적으로만 영향을 미칠 수 있다. 적어도 역사는 현재의 지배적인 연구상황에 관계하면서 보존된다. 여기서는 현재의 연구상황을 무시하면서 과거의 인식, 통찰, 이론, 가치, 규범을 현재를 위해 — 개인과 공공성을 위해 — 선전하는 일은 없다. 이와 같은 방식의 배열과 협력은, 역사가 현재의 체계학이 갖는 아주 상이한 관심상태에 대해 똑같이 효과적으로 사전 작업하고 추가 작업할 수 있기 위하여 가능한 한 객관적이고 실재론적으로 처리한다는 사실을 전제한다. 오로지 이와 같은 방식으로 역사적 통찰이 다가(多價)적으로 처분될 수 있으며,

---

16) 특히 철학에 대한 철학사의 관계에 대해서는 저자가 쓴 다음의 책 참조. Krämer, *Funktions- und Reflexionsmöglichkeiten der Philosophiehistorie. Vorschläge zu ihrer wissenschaftstheoretischen Ortsbestimmung*, 1985, 67-95.

그때그때 적절한 자리에서 생각되고, 애당초 순환적인 자기확인에 빠지지 않으면서 진정한 인식의 성장을 약속한다는 사실이 보증된다.[17] 가다머는 — 다시금 인문주의적 모델과 19세기에서 역사 우위를 염두에 두면서 — 역사적 심급에 병행해서 체계적 심급에 대한 정당화를 소홀히 했고 이로써 역사에 여러 방식으로 부담을 주었다. 그 결과 양쪽의 과제가 나누어지고 그 학제적 상호작용이 비분석적으로 남게 되었다.[18] 역사의 사실은 역사적 옳음에 대한 탐구이며, 체계적 부문의 사실은 이론적 사실진리에 대한 탐구 및 규범적 실천적 타당성에 대한 탐구이다.

물론 체계학 자체는 역사성에 종속되며 지속적인 변화 가운데서 파악된다. 이것은 반대로 모든 변화가 객관적-체계적 틀과 체계적 기저에서 이루어지는 것과 같다. 오늘의 체계학은 역사적 진행에서 역사적 체계이론의 대상으로 강등된다. 이것은 그때그때의 체계학이 그때그때 귀속되는 역사적 탐구에 대한 연관점일 수 있다는 사실을 방해하지 않는다. 그러므로 다수의 역사적 장소와 해석은 체계학을 위해 서술하며 역사에 대한 체계학의 관계는 극복할 수 없는 문제를 서술하지 않는다.

구체적인 탐구실행에서는 역사와 체계학 사이에, 변증법적으로 충분

---

17) 이에 대한 보다 상세한 논의는 저자의 책 참조. Krämer, "Zur Ortsbestimmung der historischen Wissenschaften", 1974, bes. 80ff., 89; Krämer, "Thesen zur philosophischen Hermeneutik", 1993/1, 181. — 이와 반대로 체계적 학문의 방향정위는 객관적 요구와 역사적 경험의 수용가능성 및 그 최선의 가능성을 넘어 고유한 방법적 능력에 해당할 뿐 아니라, 일반적인 관점에서는 발견술적으로 숙고된 학문이론에 해당한다.

18) 이에 대한 보다 상세한 논의는 저자의 같은 책, 1993/1, 180ff.; Krämer, "Grundsätzliches zur Kooperation zwischen historischen und systematischen Wissenschaften", 1978, 321-344. 심급들의 혼합을 위해 징후적인 것은 가다머가 슐라이어마허의 "재구성"에 맞서 헤겔의 역사의 "통합"을 선호한다는 사실이다(W. M., 2. Aufl., 158ff.). 여기서 가다머는 헤겔이 역사를 당연히 역사가로서가 아니라 체계가로서 통합한다는 사실에 대해 별로 숙고하지 않는다.

히 생각될 수 없는 상호교환이라는 복잡한 관계는 없다. 확실히 현재의 체계학은 역사에게 물음과 개념과 범주를 내준다. 그러나 역사적 자료는 특히 고유한 용어로 표현된 과거의 교의학에서 역사 고유의 중점을 갖고 있다. 이를 통해 역사는 — 역사적 자료와 함께 수용되면서 — 결국 변형된 형태로 체계학의 개념성에 역작용할 수 있는 자기 고유의 개념형성에 도달한다. 더 나아가 체계학은 역사의 개념과 방법이 시대에 뒤쳐질 때 역사를 비판할 수 있다. 반대로 역사는 잘못된 역사적 전제의 근거에서 체계학을 비판할 수 있다. 그러나 오로지 체계학 자체의 차원에서 토론되고 결정될 수 있는 원래 체계적인 물음에서는 체계학을 비판할 수 없다. 체계학이 여전히 결여된 곳에서는 해당 역사적 부문들이 체계적 기능들을 잠정적으로 함께 수용할 수 있다. 이와 반대로 인공두뇌학과 같은 새로운 공학은 우선 그 자신의 역사를 함께 이끌어갈 수 있다.

토론에서 가끔 등장하는 반론, 즉 해석학적 부문과 체계적 부문의 구별은 양 학문그룹이 서로 충분히 일치하지 않기 때문에 입증될 수 없다는 주장은 부문적 실체를 시선과 관점으로 형식화함으로써 실제로 물리칠 수 있다. 예를 들어 문화과학에서는 체계적 측면이, 자연과학에서는 해석학적 측면이 제도적으로 덜 반영될 수 있다면, 진리, 타당성, 규범성의 물음은 오로지 체계적 담당능력에서만 결정될 수 있는 체계적 물음일 뿐 해석학적 물음이 아니라는 사실이 고수될 수 있다. 또한 해석학적-역사적 물음은 체계적인 문제상황과 혼동되어서는 안 된다. 왜냐하면 해석학적-역사적 물음이 반영하는 논제들은 체계적인 물음의 타당성요구와 해결능력에 도달할 수 없기 때문이다. 그러므로 체계적인(교의적인/독단적인) 물음방향은 그 자체로 역사적 담당능력을 포함하지 않으며 역사적(해석학적) 물음방향은 그 자체로 체계적 담당능력을 포함하지 않는다. 사람과 제도는 이 두 능력을 결합할 수 있지만 이로부터 양자가 동등하다거나 무모순적이라는 사실이 나올 수 없다. 옳음(Richtigkeit)에 대한 물음은 진리물음이 아니며 진리물음은 옳음에 대한 물음이 아니다. 실재를 대변하는 심급의 추종자가 때때로 두 방향에 투표하는 것으로 보이고 여기서 필연적인 구별이 사라져 버린다 하더라도 이러한 구별에서는 그 어떤 것의 값도 깎을 수 없다. 이 두 관점이 서로 교차할 수 있음에도 불구하고 중점은 아주 다르다. 즉, 전망하기 어려운 유일한 관점으로 이 관점들을 융합하는 것은 잘못된 것이다. 따라서 이 두 관점을 이와 같이 고정시키는 것도 해석학과 현재 학문 간의 균형을 완전히 맞출 수 없을 때 또는 해당 부문에 대한 후보자가 잠정적으로 거론될 수 없을 때 확정될 수 있다.

이러한 구별을 통해서 해석학은 먼저 무엇이 참이며 무엇이 우리에게 중요한지, 그리고 이것이 어떠한 등급에서 그러한지를 결정하는 과제에서 해방된다. 이와 반대로 해석학은 중립적이고 후진적이지만 다면적으로 처리할 수 있는 이해를 통해 정보를 상이한 체계 부문과 그 상이한 학파와 상이한 전개국면으로 매개할 수 있게 된다. 체계학은 이로부터 여러 가지로 유용성을 도출한다. 체계적 분과를 통해 이루어지는 새로운 해석의 유형과 해석학적 경험 평가의 유형들은 예를 들어 다음과 같다. 해석학적 경험을 새로운 맥락으로 밀어 넣기. 즉 때로는 의미의 과다로 때로는 이해의 과다(더 많은 지식으)로 [해석학적 경험을] 가능하게 하는 시간간격을 통해서만 종종 등장하는 것. 또는 해석학적 해석(hermeneutische Interpretation)의 결과가 서로 비교되고 동시대의 연구결과와 비교될 때 귀납의 방식을 통해 등장하는 것. 또 다른 가능성은 해석학적으로 추론된 현상을 유비적 구상이나 동형적 구상을 위한 발견술적 모델로 사용함으로써 유비를 추론하는 데 있다. 이 밖에도 대립, 부정 또는 단순한 부재통고도 중요하다.

체계적 학문은 원칙적으로 해석학보다 덜 실재론적으로 처리하는 것은 아니지만, 해석학적 자료를 선광(選鑛)하고 평가하고 가공하는 데서는 해석학에서 금지된 것이 종종 제공된다. 즉, 인식주도적 기능과 발견술적 기능보다 더 많은 기능에서 자기 고유의 관점과 관심을 혼합한다. 체계주의자는 여러 가지의 학제적으로 결정된 자신의 연구상황과 관심상황을 지향하여 선택하고 구별하고 축약하고 요약해야 한다. 그는 자료를 전혀 다른 종류의 문제영역으로 옮겨 놓음으로써 이 자료의 새로운 차원을 획득해야 한다. 체계주의자는 현재의 중요성을 아무런 왜곡 없이 분절화하지 않을 수 없으며 역사와 문화를 전유(專有)하면서 새롭게 해석하고 전진적으로 계속 해석하지 않을 수 없다. 여기서 종종 해석학을 향한 등급적 구별만이 사실적으로 중요할 수 있다면, 가령 역사가 일반적으로 역사 자체에 대한 체계학의 자연스런 개입을 수정해 온 방식은 체계주의자가 지속적으로 과거와 자유롭게 해석주의적으로 관계하는 것을 전제한다.

그러나 체계학은 고유의 방식으로 자료에 개입할 수 있게 하고 이를 확인하는 보조적인 운반자기능과 제시기능을 해석학에 허락할 수 있을 뿐 아니라, 경우에 따라 해석학의 해석을 비판적으로 통제해야 한다. 여기서는 크게 더 많이 이해하는 것과, (해석학이 매개할 수 있는) 작게 똑같이 이해하는 것 사이의 비판적 종합이 더 중요하다.[19]

해석학은 그 기본적인 수행을 도외시할 때 오로지 제한적으로만 영향

19) 과거 및 낯선 문화와 연관해서 더 많은 지식은 해석학자와 체계주의자 양자에게 귀속된다. 해석학자에게 더 많은 지식이 귀속되는 것은 그가 보다 큰 연관에 편입됨으로써, 그리고 회상할 때 많은 것이 보다 분명하게 되는 (그러나 현재의 관심과 혼동되어서 안 되는) 과정에 편입됨으로써 이루어진다. 체계주의자에게 더 많은 지식이 귀속되는 것은 이전의 가정과 처리방식을 낡은 것으로 만드는 새로운 사실진리를 통해 이루어진다.

을 미칠 수 있다. 그러나 해석학의 반박은 특정한 한계가(價)가 접촉되거나 심지어 이를 넘어설 때 결정적인 것이 된다. 물론 해석학적 학문의 결과는 편입정도(Größenordnung)에 따라 그리고 — 넓은 경계 안에서 유동적인 — 중요도에 따라 무시될 수 있지만, 이것의 가치는 결국 길게 볼 때 체계주의자의 관심을 한 번도 끌지 못하는 자기긍정의 분별할 수 없는 순환성에 들어 있다. 따라서 해석학의 진정성과 정확한 규정은 경향적으로, 현재에 뿌리박고 있으며 체계들이 함께 만들어 내는 경험에 유효한 것과 같이 체계적 단초에 효력이 있다. 체계적 단초는 종종 무시될 수 있지만 자주 시금석과 기준이 되며 경우에 따라서는 심지어 이론형성을 부정한다. 현재에 뿌리박고 있는 경험의 역할은 변화되고 변경될 수 있지만 이 모든 경험은 항상 사실적으로 고려되어야 한다.

4. 관점들의 협력

이 표제를 가지고 기술되는 양 관점의 분리는 여러 가지로 조정된다. 역사과학과 낯선 문화과학은 자격을 갖추지 못한 수행이라는 과도한 부담에서 놓여난다. 즉, 체계적 관점의 평가연관으로 옮겨진 부담에서 놓여난다. 표면상 동시대적인 것은 같아지며 연속관계와 단계관계로 넘겨진다.

관점혼융을 지양하고 기능들의 얽임을 푸는 것은 효율적인 역할분담과 협력을 위한 여지를 개방할 뿐 아니라, 스스로를 완성하고 초월하는 역사주의의 방향으로 이끄는 길도 보여 준다. 역사과학과 문화과학은 비록 무비판적인 것은 아니라 하더라도, 애당초 과학주의적인 정확화 작업의 공전이 만들어 내는 절망적 관점으로 휘말려 들어가는 것보다 더 나은 양심을 가지고, 즉자적 대상에 대한 양자의 원래 의도에 굴복한다. 다른 측면에서는 현재가 체계적인 시선의 천재적 접근방식을 통해 결속되어 있다는 사실이 전체적인 범위에서 고려된다.

　다원주의적 관점 모델에서는 해석학적 고찰방식 자체에서 이종적인 과제들이 누적되면서 강제적으로 주어져 있었던 방법의 갈등이 약화된다. 체계적인 관점은 현재의 중요성을 왜곡 없이 분명하게 설명할 수 있는 반면, 해석학은 최종심급적인 습득과 가공의 요구에서 해방되면서, 탈체계화된 객관성의 본질적이고 자율적인 자유공간을 측정할 수 있으며 이를 사실에 적합한 방법론으로 상세하게 전개할 수 있다.

　이 밖에도 앞에서 제시한 바 있는 객관적 해석학의 다층적 변형가능성(A–B–C)은 체계적 관점의 종결과 연계해서 아무런 구속 없이 동요하는 해석학적 심급에 거의 필적하는 다양성을 산출할 수 있다.

　물론 해석학적 관점과 체계적 관점을 확실한 경계까지만 구분할 수 있게 하는 것은 충분한 것이 아니다. 왜냐하면 이것은 해석학을 계속 상대화시킬 것이기 때문이다.[20] 그럼에도 추측되는 무의식적인 전제들을 사실상 지시할 수 없으며, 이미 드러난 과거의 동화로부터 현재를 향해 도출되는 유비추론을 통해 간접적으로 지시할 수도 없다. 말하자면 이러한 동화도 — 지연된 물음에서 — 실재적인 해석II와 비교할 때만 해석I으로 확인될 수 있다. 동화는 현재를 추론할 때 똑같이 실재에 도달하거나 회의적인 불투명성의 그늘에 머문다. 증명 대신에 과거적 해석과 현재적 해석의 (약한) 조건을 주장하면 더 적은 것이 획득된다. 상세한 자격을 갖추지 못한 이러한 제약성과 조건성은 설명한 바와 같이[21] 양가적이다. 왜냐하면 이것은 인식을 촉진하거나 방해하거나 중립적일 수 있기 때문이다. 그러므로 엄격하게 증명하는 방법과 단순히 검증하는 방법은 해석

20) 가다머가 과제를 개별과학적 (기술적) 해석학과, 학문에 확실한 활동공간을 보증하는 ("평가적인") 철학적 해석학으로 구분하는 것은 바로 이러한 방향을 지시한다.
21) 본서 184f. 참조.

학적 상대주의를 지지하는 데 아무런 쓸모가 없다. 이들 방법은 상대주의에 이르거나 회의주의에 빠진다.

이에 반해 여기서 문화와 역사에 대한 (해석학적) 적응 또는 양자의 무차별이라는 통상적 대립 대신에 폭넓게 파악하고 다양하게 매개되는 수용을 가능하게 하는 정신과학의 비판이론이 그려진다. 문화탐구와 역사탐구는 경향적으로 객관적으로 진행할 경우 이롭다. 그리고 객관성에는 감추어진 반역사주의가 결코 들어 있지 않다는 사실이 드러난다. 19세기와 20세기 초반의 역사중립성이 당시를 지배하던 역사주의를 그림자와 같이 동반할 수 있었다면, 이것은 역사주의 자체를 위해, 즉 역사와 문화의 개방성을 위해 특징적인 것이 아니다. 이데올로기화의 반대급부로 변화하는 것, 즉 심미적-실존적으로 독해되는 인문주의로의 변화는 "탁월한" 기호체계를 위해 전통의 큰 부분을 간과하며 따라서 효과 만점의 치료로 고찰될 수 없다. 정신과학의 배제나 선택적인 고도양식화(Emporstilisierung)에 맞서서 양자 사이에 놓여 있는 해법, 즉 원칙적으로 모든 것을 조정된 분석으로 매개하고, 혁신적인 관점으로, 그러나 객관적으로 제어되고 교정되는 피드백으로 현재와 고유의 문화에 매개하는 해법이 파악되어야 한다. 그러므로 중요한 것은 종교적 믿음의 대치나 상대역이 아니며 전통의 해소, 즉 단순한 "긍정"이나 "부정"이 아니다. 오히려 다층적 전승을 조심스럽게 여러 심급들을 두루 거치며 사용하는 것이 중요하다. 전승이 내적으로 받아들여진 것이 아니며 "비실존적"이라는 주장은 조정된 수용, 깨진 수용에 대한 진지한 반박이 될 수 없다. 이러한 수용형식은 아주 다양하게 일어날 수 있는 수용과 가공의 엄청난 스펙트럼에서 보이는 한계 경우일 뿐이다.

그렇지만 역사와 문화에 대한 이러한 관계가 합리적으로 지성주의적으로 부담을 지며 양자를 강제로 도구화할 것이라는 또 다른 반론은, 과학주의적 관계가 가장 분명하고 탁월한 것이라는 사실에 대해 잘못 알고 있으며, 필요와 요구가 있지 않는 한 이러한 기준 배후로 물러날 수 없다는 사실을 오인하고 있다.

이미 생활세계적 해석이 갖는 가장 근본주의적이며 인간학적 형식인 상호주관적 소통을 통해 우리는 수용과 평가를 구별할 수 있다. 이 구별은 그때마다 관계의 등급화를 전제하는 이해, 비이해, 보다 나은 이해 간의 단계와 양극성의 경향성을 드러낸다. (여기에는 최소한 참여자의 부분적 일치를 포함하는 합의도 속한다.) 물론 개체성은 문제 경우를 표현한다. 그렇지만 이 문제 경우는 무엇인가를 지시해야 한다는 엄격한 강제하에 있거나 — 일상의 규범성 및 규칙성에서와 같이 — 애당초 불확실성과 회의(懷疑)의 여명에 머문다. (예리한 척도에서는 이와 동일한 것이 자기해석에도 적용된다.) 우리가 다른 사람을 우리로부터 해석하고 우리 자신을 다른 사람으로부터 해석하는지, 아니면 이 두 가지가 동시에 일어나는지 상관없이, 양극이 구별될 수 있으며 우리는 더 높은 의식성을 가지고 이것과 다르게 관계한다는 사실은 확고하다.

해석적 경험이나 (규칙의 지배를 받는) 해석학적 경험은 역사와 문화로부터 배울 수 있다는 사실을 전제한다. 이러한 전통으로부터의 학습은 아주 넓은 의미로 파악될 수 있다. 이 학습은, 예부터 역사와 문화에 전가되어 왔지만 체계적 관점의 이탈과 더불어 역사와 문화로 되돌아온 규범적 함축의 자리에 들어선다. 이러한 전제하에서는 잘 알려져 있는 삶의 스승(magistra vitae)으로서의 역사라는 정식이 머물 공간이 더 이상 존재하지 않는다.[22] 역사과학과 문화과학이 이렇게 작용하는 것으로 보인다는 사실은, 선택하는 행위의 배후로 되돌아갈 수 없는 현재 체계학

---

22) R. Koselleck, 1967, 196-219; 다른 측면에서는 H. U. Wehler, 1988, 11-18, E. Keßler, 1981, 11-33 참조.

의 선택에 대한 반사다. 모델관계는 현재에 대한 이런 더 많은 지식 없이 세워질 수 없으며, 고전성, 규범성, 구속성과 같이 좁은 의미에서 모범적인 것도 오로지 현재의 우월로부터만 설명될 수 있거나 이를 통해 본질적으로 함께 규정된다.

해석적 경험과 해석학적 경험은 체계적 관점으로부터 도출되며 더 형성될 수 있다. 이러한 연속은 잠재적으로 무한히 진행될 수 있으며, 여기서 늦게 등장하는 국면도 해석학적 경험으로 분류될 수 있다. 가다머의 영향사와 달리 이러한 전진적 영향(Fortwirkung)은 의식적 특성을 갖는다. 전진적 영향은 역사과학과 문화과학의 결과를 되돌아보거나, 체계학의 이전 수용국면과 막 앞서가는 수용국면을 되돌아본다. 그때그때의 체계적 심급은 전승된 경험을 고유의 관점과 목적의 빛에서 선광하고 평가함으로써 이 경험을 새롭게 해석한다. 해석학적 경험은 후진적 방향이나 전진적 방향에서 전개되는 한에서, 전진적 방향의 경우에는 규칙적으로 동시대적 경험과 — 일등급, 이등급, n-등급으로 — 조화를 이루며 전개되는 한에서 다의적이다.

문화론적-역사적 경험은 항상 실재론적으로 의도되는 반면, 동시대적인 변형작업은 먼저 반실재론의 정의를 충족시키는 것으로 보이며 문화론적-역사적 경험과 "다르게" 해석하는 것으로 보인다. 그런데 이것은 이미 시간간격을 통해 산출된 더 많은 지식의 경우유형에, 그리고 역사적 문화론적 탐구의 결과를 서로 대결시키고 이를 고유한 입장과 대결시키는 귀납적 비교에 실제로 맞아떨어지지 않는다. 그러나 자료의 혁신적 변화는 다소간에 현재적인 것으로 아직 남아 있는 전통에 의식적으로 맞서는 결정을 하는 한에서 무의식적 반실재론의 정의를 회피한다. 예컨대 이것은 해석학적으로 개시된 현상이 유비적이거나 동형적인 구상을 위한 모델로 사용되는 유비에 적용된다. 더 나아가 해석학적 경험을 비판적이고 혁신적으로 사용하는 것은 (대립과 부정을 포함하거나 단순한 부정적 보고를 포함하는) 특정한 유비적 틀을 전제한다. 전승된 것을 사실의 관점하에서 그때까지 주목되지 않은 특징을 향해 철저하게 해석하는 이차분석적 접근은 전적으로 설명해 내어야 하는 검전기적(檢電機的) 실재론보다 반실재론을 덜 가리킨다.

우리는 역사와 문화가 먼저 원본적 형식으로 유지되며 자격을 갖춘 동시대인에 의해 이해되는 것과 같이 우리에 의해 이해된다는 사실을 상정할 수 있다. 여기에는 오류가능성이 담보되어 있다. 이것은 ― 저자의 의미에서든 수용자의 의미에서든 ― 이해의 주관화를 의미하는 것이 아니다. 오히려 이것은 다른 시대나 문화의 의미내용에 대해 우리의 현재에서 접근의 방식으로 적절하게 이해하는 우리의 파악을 의미한다. 우리는 고유한 것과 낯선 것의 간격이 우리에게 부여해 준 더 많은 지식을 역사적-문화론적 파악의 국면에서 추가했다. 이것은 주변환경과 연결고리, 그리고 여기에 속하는 현재 상황에 대한 탐구에서 귀결되는 추가 내용에 관계한다.

그러나 당시의 저자와 독자가 파악하는 것과 이에 상응하는 의미를 넘어서 역사적-문화적 전체의미에 이르는 이러한 추가적 의미내용은, 체계적 관점에서 나오는 의식적 재해석과 어떤 방식으로도 동일시될 수 없다. 의식적 재해석은 역사적-문화론적 자료를 종종 제한적으로만 다루며, 이렇게 제한적으로 다루지 않는다면 전적으로 고유하게 처리한다. 의식적 재해석은 역사적-문화론적 탐구가능성을 명백히 앞지른다. 의식적 재해석은 이러한 탐구가능성과 결합되어 있다 해도 (예컨대 근대적 공학에서처럼) 가끔씩 아주 느슨하게 결합되어 있다. 체계적 관점이 역사적-문화론적 관점 위에 세워질 수 있다 하더라도, 그리고 이 관점 위에 세워질 수 있는 한에서 양 관점은 철저하게 서로를 가로지른다. 특히 현재는 단순히 역사의 연속과 부록으로 다루어질 수 없는 고유한 비중을 소유하고 있다. 이러한 19세기의 시선은 동시대적[즉, 19세기] 경험세계의 자동적 상태에 근거해 볼 때 더 이상 우리 시대에 부합하지 않는다.

두 관점이 상호 적응하고 종합되는 것은 양 측면에서 이 두 고찰방식 각각의 의도에 역행하게 된다. 즉, 자기확인의 순환성은 타자에 대한 무제한적 인정과 이와 함께 일어나는 잠재적 경험을 왜곡한다. 그리고 현재의 관점을 상대화하는 것은 지금까지 현재의 관점과 결합되어 온 진보 사유에게서 주관적 확실성을 부정한다. 그러나 철학적 해석학의 단초가 우선적으로 역사중립성과 표피적 역사주의에 대한 추정적 극복에 의해 작동되어 왔다는 사실을 생각해 본다면, 이에 맞서 제출된 가설들은 아주 연약한 새로운 정위수단임이 틀림없다.

5. 해석의 우선성에 대한 물음은 결정할 수 없는 것인가?

해석철학은 철학적 해석학의 도정에서 더 전진했으며 상이한 관점들의 구별을 완전히 넘어섰다. 해석학이 정신과학을 위해 선전해 온 구조는 여기서 — 자연과학의 현실을 포함하여 — 현실로 명백히 넘겨졌으며, 이로써 지금 전적으로 다르게 동기가 부여된 실재 상실을 감수하면서 얻어 낸 결과에 도달했다. 이러한 이론형성에 대한 딜레마적 반박을 여기서 반복할 필요가 없다.[23] 모든 실재론에 맹세했던 해석주의는 그 자체의 마당이 없어지기 시작한다. 왜냐하면 해석주의의 토대경험은 반실재론의 우세에 의해 압박되고 소모되기 때문이다.

해석주의는 약화된 세미-관념론이다. 해석주의 자체는 인식론에서 순

---

23) 본서 80-85, 90f., 115f. 참조.

수 관념론보다 어려운 상태를 갖는다. 순수 관념론은 아예 문제를 제기하지 않거나 제한된 문제를 제기하는 반면, 내부론(Internismus)은 실재론과 반실재론 사이를 매개하려고 한다. 이것은 해결에서 매끄러운 조정이 거의 불가능한 어려운 과제다. 그 대신에 우리는 상부질서와 하부질서의 경우들 사이에서 선택해야 한다. 가다머는 결론부의 언어장(章)에서 이미 반실재론의 우선성에 접근했다면, 해석철학자들은 이에 대한 강조를 명백히 했다. 가장 분명한 것은 G. 아벨의 경우인데, 그는 해석진리에서 일치진리를 도출하고 설명할 수 있다고 주장한다.

그렇지만 적어도 전통에 비추어 보면 증명 부담의 물음은 해소되지 않는다. 엄격하게 보면 해석철학과 같은 복잡한 이론에 대해서는 애당초 명백한 해결이 있을 수 없다. 부정적으로 묻는다면 오로지 용인가능성의 등급만 존재한다. 그-자체로-이전의-것과 우리에게서의-이전의-것에 대한 전통적인 구별을 작동시킨다면, 해석철학이 그-자체로-이전의-것에 도달하는 수행에 대해 더 이상 신뢰하지 않는다는 사실이 드러난다. 전반적으로 구별한다면 여기서 명시적으로나 함축적으로 전통의 다른 대립과 양극이 지양된 것으로 나타나는 것처럼 즉자(An-sich)는 우리에게서(Für-uns)로 회수된다.

실제로 회의적 입장에 대한 이러한 근본물음에서 아무도 빠져나올 수 없다. 그러므로 적절한 회의주의는 해석주의 아래에 편입될 수 없다. 그것은 오히려 모든 경우에 정의상 해석주의를 지배한다.

E

해석주의는 어느 정도로 "비판" 철학인가?

1. 선험적 논거?

스트로슨은 그의 첫 번째 두 권의 저서를 통해서 "선험적 논증"에 대한
논의를 자극했다.[1] (재동일화를 포함하는) 동일성, 통일성, 원인, 상호성
은 칸트에서처럼 자기모순이 없이는 포기될 수 없는 필연적인 인식조건
이어야 한다. 스토로슨의 이러한 선험적 논증은 원래 후진적이며 칸트에
서처럼 전진적으로 구성하는 것으로 이해되지 않는다. 이로써 이러한 선
험적 논증은 ― 인식범주가 동시에 현실범주라는 ― 칸트의 요구 배후에
머문다. 특히 스트라우드(Stroud)의 회의적 반박은 입론의 범위를 더욱
더 축소시켰고 스트로슨 자신도 ― 먼저 객관적으로 의도되었던 ― 요구
의 지속적인 철회를 필요로 했다(1985).[2]

　현재의 논의상황은, 사람들이 이러한 논거의 "선험성", 즉 경험의 정
초와 관련된 이 논거의 선천적 상태를 더 이상 정당화할 수 없다는 것에
대해 생각하고 있다는 사실을 통해 특징지어진다. 이로써 "선험적"이라
는 표제는 엄격하게 볼 때 과잉적인 것이 되었으며, 그 타당성에서 임의

---

1)　P. F. Strawson, 1972 ; P. F. Strawson, 1981.

2)　P. F. Strawson, 1985.

적으로 멀리까지 미치며 따라서 보다 중립적으로 보다 낫게 (인식의) "범주적 조건"(kategoriale Vorgabe)으로 불릴 수 있는 논거만 남는다. 이 논거는 오로지 주관적인 범위만을 갖는다(여기서는 칸트가 주체와 객체를 매개하는 목표에 도달했느냐 하는 문제가 미결정의 상태로 남을 수밖에 없다).[3]

해석철학은 이러한 상태를 전제하며 이 상태를 계속 확대한다. 물론 이러한 조건들은 해석자를 위해서도 필연적이다. 아벨에서 이 조건들은 예컨대 단계설정의 제1차원(칸트의 입론과 일치하는 차원)과 제2차원에서 더 확장된 공간을 받아들인다. 그럼에도 불구하고 이 조건들은 칸트가 보여 주는 모범의 선험성에 결코 도달하지 못한다. 해석적이라는 것은 "다르게도 있을 수 있는 것"을 의미한다.[4] 그러므로 대안 부재는 더 이상 이러한 범주의 특징에 속하지 않는다. 오히려 임의성과 교환가능성은 이러한 조건을 위해 구성적이다. 더 나아가 이러한 관점들은 가령 "주관적 견해"의 규정적 "체계"일 뿐 아니라 원칙적으로 항상 변화가능하거나 서로 결합가능하며 종합할 수 있거나 분화할 수 있다. 다른 말로 하면 오로지 잠정적이고 제한적이며 조망할 수 없는 관점의 가변성만 지배한다. 여기서는 통일성을 지지하는 "논거들"로부터 규칙 자체가 다시금 해석적으로 풀이되어야 하는 개방적 토픽이 생겨난다. 이러한 토픽은 세계관계, 낯선 관계, 자기관계에 동등하게 맞아떨어지며 여기에 예외는 없다. 이런 한에서 우리는 이 논거들을 형식적 의미에서 계속 "선험적"이라고 부를 수 있지만 그럼에도 이를 통해 칸트와 달리 논거들이 갖는 정당

---

3) 칸트-논의가 갖는 난문적 상황에 대해서는 Th. Grundmann, 1933, 225-237 참조; Th. Grundman, 004, 44-75 참조. 이와 흡사한 것으로 R. Bittner, 1974, 1524ff., bes. 1537f. 참조.

4) G. Abel, 1992, 504; G. Abel, 1999a, 65f.

성의 양과 질에 대해서는 아무것도 언급되지 않았다. 언급된 것은 설명한 바와 같이 확실히 종결되고 고정될 수 없는 이러한 주관적 범주들 자체의 다양한 기능성뿐이다.

우리는 그 어떤 해석적 종결도 불가능하게 하는 무한소적 차이를 [해석을] 근절하는 기준으로 채택함으로써 무한한 해석성을 제한하려고 할 수 있다. 그러나 이러한 기준도 확정될 수 없다. 그래서 우리는 인간의 해석학적 능력하에 있는 모든 것을 이론적으로 배제하기 위하여 (메타-)해석학적 동물로서의 인간으로 되돌아가야 할 것이다. 심지어 우리는 범주적 전제가 무엇보다 이러한 무한소적 관계를 배제하는 기능을 갖는다는 정식화로까지 나아갈 수 있을 것이다. 그럼에도 불구하고 범주적 전제 자체와 같은 종류의 한계설정은 주관적으로 남으며 — 항상적 성질을 지닌 것과 같은 — 객관적 대상성에 이르지 못할 것이다. 맥락에 따라 다르게 표현될 수 있으며 칸트적 전통의 통일성과 동일성을 해소해야 하는 타자성이 선험적 일반 범주로 남는 것이다.

해석철학은 칸트에서와 같이 무의식적 해석에 비중을 둔다. 시몬과 렝크, 특히 가다머가 현상을 이와 같이 전(前)의식적으로 풀이하는 것은 분명하다. 아벨[5]에서도 해석자의 조직적 능력(분해, 종합, 분류, 수렴, 추상, 축약, 확대 등)은, 객체와 사건(칸트)을 "정위하기", 전의식적으로 이루어지는 이들의 개별화와 동일화(스트로슨), 그리고 공간과 시간의 자리를 우선적으로 지정하기에 비해 이차적인 것에 지나지 않는다.

해석철학이 주제화하지 않았거나 이전에는 금기시되었던 물음, 즉 어떤 법적 근거로 "해석"에 대해 언급할 수 있는가라는 물음이 여기서 해석 II의 대상(Was)과 사실(Daß)에 대한 논의 없이 제기된다. 이러한 물음은

---

5)   G. Abel, 1999a, 212.

허용될 수 없으며 이에 대해 답변할 수 없다는 안내는 해석주의와 관념
론의 구별을 은닉하고 해석주의를 결정적인 차원으로 축약한다. 살펴본
바와 같이 메타이론가는 최소한 이러한 물음을 계속 던지며 더 나아가
— 대답이 긍정적(실재론적)인지 또는 회의적인지 그 결과에 따라 — 자
신의 해석주의이론을 계속 정식화하려고 한다. 해석주의자는 자신이 수
행한 해석에 앞서는 수많은 사전-단계들의 실존과 반실재론적 해석성 너
머로 나아가야 한다는 요구를 하는데, 그는 이러한 사전-단계들을 아무
런 제한 없이 제시할 줄 안다는 사실을 통해 스스로 극복을 시인한다.
(굿맨 이후의 아벨, 시몬, 렝크. 사실에서는 가다머도 이에 포함됨) 해석I
에 대한 배후물음은 이러한 논증과정에서 명백하게 나타난다.[6]

여기서는 두 가지 방향의 해석에서 출발할 수 있다. 첫째, 언어공동체
에서, 합의상태에서 또는 우리와 학문적(kolloquial) 대화로 결합되어 있
으며 우리 자신과 동일한 수준에 놓여 있는 다른 해석자들에 맞서는 해
석이 있다. 여기서는 해석주의적으로 이미 자기관계에서와 같이 이해와
해석의 타자성이 고려되어야 한다. 둘째, 이미 가다머가 진단한 이러한
경우유형[7]은 지금 해석자와 해석II 간의 관계가 보여 주는, 상응하는 "수
직적" 사실유형을 통해 보충되어야 한다. 또한 여기서 해석주의자는 상
호주관적 관계를 전적으로 유추하여, 사념된 사실을 다르게 나타나게 하
는 간접적이며 반실재론적인 관계를 상정하게 된다. 해석주의에서 해석
이 뜻하는 것은, 기억할 수 있는 것과 같이, 사실을 다르게 전환시키고
이로써 (다수성과 통일성의 추가적 대립과 함께)[8] 후진적이며 재생적인

---

6) 여기서는 "…로서" 해석과 "…에 대한" 해석의 구별이 간과될 수 있다.

7) H.-G. Gadamer, Schriften zur Hermeneutik II, 1993/1994, die Beiträge II bis 16,
146-215.

8) 본서 81f. 참조.

해석에 대립하는, 강하고 전진적이며 생산적인 풀이(Deutung)다. 추정되는 동일성은 주체들 간의 동일성 및 주체와 사실 간의 동일성과 같이 전진적으로 변화할 수 있으며 동시에 "(실재론적으로) 설명할 수 없다."[9)]

그러나 사실에 대한 인식론적 접근이 해석성을 포함한다는 것은 궤변이다. 인식론적 매개는 명백한 관계가능성에 대한 그 어떤 포기도 의미하지 않는다. 이것은 하나의 해석이 맞아떨어질 수 있음을 의미하며, 더 나아가 예컨대 다수의 해석들도 사실의 상이한 측면에서 관계할 수 있음을 의미한다. 그러므로 강한 해석은 선험적인 것으로 통찰될 수 없다. 왜냐하면 강한 해석은 이 두 가지 경우유형의 배제를 용인하지 않기 때문이다.

이러한 증명딜레마적이며 충족딜레마적인 숙고는 등급화 논거에 따라 더욱 상세하게 다루어질 수 있다. 다수의 해법이 사실에 맞아떨어지지 않을 수 있지만, 상이한 등급에서 사실에 근접할 수 있다. 이로 인해 해석의 등가성의 원칙도 문제시될 수 있다. 이것은 예컨대 "부분-전체-관계론"(Mereologie)에 영향을 미친다. 즉, 그 어떤 것도 나머지 것보다 우수할 수 없는 기저들을 임의적으로 분리하고 구분하는 것에 영향을 미친다. 그럼에도 이것이 이러한 상태로 있으며 미래에도 이러할 것이라는 물음은 회의적인 신중함을 가지고 대처해야 하는 개방적 물음이다. 또한 지금 가상적으로 등가적이며 비결정적인 대안은 상세한 개선과 맥락적 개선의 영향을 받지 않는다. 따라서 해석의 등가성을 미래에 겹쳐 쓰고 순위관계에 대한 추후적 해명을 고려하지 않는 것은 전적으로 몰(沒)근거적이다. 어쨌든 계기의 수용이 독단화되서는 안 되며 최후결정성의 특징을 따어서도 안 된다.

---

9) 본서 227 각주 23 참조.

사람들이 실용적인 차원에서 잠정적으로 다양한 실험과 증명에 내맡겨져 있는 실재론적 해법으로 결단하지 않는다면 이론가들에게는 극복할 수 없는 회의가 남게 된다. 어쨌든 경우에 따라서 확립될 수 있는 등가(Äquivalenz)는 원칙적으로 해석철학적, 해석학적 등가성을 위한 지시로 요구되어서는 안 되며 이로써 부당하게 일반화되어도 안 된다.

2. "실재"의 도출과 또 다른 패러독스

이 밖에도 해석등급이 증명딜레마적으로 복권된 것은 해석철학자들이 주장하는 반실재론과 실재론 간의 전통적 우선성의 전도를 의심스럽게 한다. 해석철학자들의 이러한 주장 가운데 들어 있는 몇몇 현상들, 즉 상위에 있는 특정 범주적 요구(Vorgabe)가 해석적 유래를 갖는 현상들은 "실재론적으로" 간주되어야 한다. 해석성 뒤로 되돌아가는 것은 배제된다. 오로지 열려 있는 도정은 도출된 실재를 향해 전진적으로 나아가는 것이다. 그럼에도 증명딜레마나 충족딜레마는 이러한 구성을 파괴한다. 특정의 배치관계하에서는 만약 (도출의 방식으로) 실재론적으로 요구된 것이 — 여전히 논의 중에 있는 현실관계의 — 어떤 범주적 요구를 충족시킨다면, 이것은 사실 실재론적일 수 있다. 이러한 요구들과 같이 이 요구들에 포함되어 있는 개별 경우들도 실재의 측면을 반영할 수 있다. 더나아가 이러한 개별 경우들에는 많음과 적음에 따르는 특수화된 등급화 계기가 등장한다. 이를 위한 결정적 사례는 문화와 언어다. 이 문화와 언어의 상태가 해석으로 납득될 수 있는 것과 같이 이에 대한 해석도 관점으로 납득될 수 있다. 또한 문화와 언어 서로 간에는 대부분 등급이 추가로 매겨진다.

개별 경우에서 동일성, 통일성 또는 전체성이 전통적인 방식으로 옳거나 적절한 접근으로 이해될 수 있는 것처럼, 재-동일화도 독단적이지 않게 해석적으로 허구적으로 형용될 수 있다. 연속성을 보증하기 위해서는 이미 부분적 동일성으로 충분하다. (여기서 우리는 만프레드 프랑크가 데리다를 적절하게 수정한 사실을 기억할 수 있다.)[10] 전반적으로 이탈 여부에 대한 물음에 의혹을 던지는 증명딜레마적 분석은 보다 심원한 파악이다.[11]

아직 가다머는 (언어장[章]에서 이미 수행한 바 있는) 철저한 해석성뿐만 아니라 해석성의 반성성(자기적용)을 요청하는 해석철학자들의 극단적인 결론을 내리지 않는다. 이러한 반성은 무한히 해석적인데, 이를 통해 관계를 개관하지 못하게 하는 성층(成層)현상이 나타난다. 바로 이러한 이유로 렝크는 개별과학을 해석성에서 "잠정적으로" 제외시킨다. 이에 반해 아벨은 해석철학의 자기적용을 철저하게 긍정하지만 똑같은 근거에서 자기적용의 무한한 수행에서 이탈한다.[12] 그러나 아벨이 반대논거로 제시하는 해석의 실제도 마찬가지로 다층적일 수 있으며 이론가의 필연적 후진을 완전히 배제하지 못한다.

지금까지 여러 번 강조되었지만[13] 이제 원칙적으로 다루어져야 하는 서술딜레마와 논증딜레마가 이러한 연관에 속한다. 시몬[14]이 간접적으로

10) M. Frank, 1989, 471-490.

11) 이와 같은 사실은 동일하게 머무는 지평의 확립에 적용될 뿐 아니라 다수의 지평들을 포괄하고 요약할 수 있는 초-지평에도 적용된다(본서 183 각주 3 참조). 여기서 우리는 증명딜레마적으로 약화된 논증토대에 근거하여, 전체성을 해석적으로 파악하는 타자성을 전반적으로 의심해 보라고 권하지 않는다. (똑같은 사실은 반대방향으로 통합되어서는 안 되는 차이에도 해당한다.)

12) G. Abel, 1996a, 275ff.

13) 본서 80 각주 3, 115f., 254f. 참조.

14) J. Simon: 본서 104 각주 32 참조.

지시한 것 외에 해석철학자들이 명백하게 언급한 것은 아무것도 없다. 모든 것이 오로지 삐뚤어진 의도(intentione obliqua)로만 파악가능하다면, 무엇 때문에 해석주의자들은 자신의 논거와 서술을 모든 차원에서 직접적 의도(intentione recta)로 전개시키는가? 다르게 생각하는 사람들에게 자신들의 논제가 옳다는 것을 납득시키기 위한 것은 확실히 아니다. 왜냐하면 이를 위해서는 "예전의" 고찰방식에서 "새로운" 고찰방식으로 이행하는 것을 이해시키고 이를 용이하게 하는 확실한 연결원칙이 필요할 것이기 때문이다. 실제로 문제는 주목을 끌지 못하는 것으로 나타나며, 서론적 방식이라 하더라도 이 문제가 고려된 것은 더더욱 아니다. 이러한 수행은 전적으로 수수께끼로 남는다.

동시에 이를 통해 해석주의의 한계, 즉 비-해석적인 것의 대안을 파악할 수 있게 하고 이를 신빙성 있는 것으로 나타나게 하는 한계가 그려진다. 해석주의가 감수하는 저당권은 결국 철학의 극단적 전환이 가져오는 이익보다 더 크다. 모든-해석의 절망적 상황이 가장 먼저 드러나는 곳은, 철저하게 전통적인 모범을 따르고 해석적인 것을 거의 항상 밖에서부터 묘사하면서 자기적용의 결과를 분명히 하지 않는, 서술의 인위적 순진성이다. 불합리한 프리젠테이션에 등장하는 것은 논증의 결핍이며 (응용) 논리의 결핍이다. 즉, 변화된 상태를 고려하지 않는, 그리고 처리방식에 대한 근본적인 개선을 통해서나 사례를 통해서도 해석주의를 위해 유예된 상황을 인식하지 못하게 하는 논증과 논리의 결핍이다. 결과는 해석적 관계를 외부로부터(ab externo) 기술하는 것, 그리고 진리 개념에 대한 변화의 요구를 수행적으로 부정하는 거리를 유지하면서 이 해석적 관계를 기술하는 것이다.

여기서 생각되는 논증딜레마는 이미 선택적 사용에서 그리고 일반적으로 서술과 논증의 형식에서도 의미 있게 중단된 자기적용의 특수 형식이다. 여기서 최소한 반실재론의 우위가 지금까지 실제로 관철되지 않았으며 이에 상응하는 요구가 이행되지 않고 있다는 것이 시사된다. ― 아벨의 기획이 갖는 확실한 장점은 그가 제3의 차원을 자신의 기획을 조작할 수 있는 토대로 스케치하고 있다는 것이다.[15] 우리가 그의 서술형식과 논증형식을 이 자리에 둔다하더라도 아마도 오류는 제거될 수 있을 것이다. 그럼에도 아벨은 이러한 연관을 분명히 하지 않았으며, 이 연관을 추후적으로(ex post) 받아들이는 것은 항상 실패한다.

3. 해석주의는 비판철학인가?

해석철학은 점점 더 칸트에 접근하려고 했다. (퍼트남, 렝크, 아벨) 그러나 가다머의 철학적 해석학 구상은 이미 사실에서 딜타이와 초기 하이데거에 의해 매개되면서 전반적으로 칸트의 선험적 전환[16]에 연결되려고 한다. 물론 부분적으로 이러한 방향을 지향하는 카시러[17]의 문화철학의 토대는 신칸트적이며, 그 체계적 전제들은 이러한 하강을 포함하고 있다. 그렇지만 이를 통해 유명한 [사유]모델의 요구가 최소한 문제적인 것이 되었다. 칸트는 여전히 "형이상학의 형이상학"[18]을 염두에 두었다면,

15) G. Abel, 1996a, 279ff.
16) 『진리와 방법』, 제2판, 서문에서 명시적으로. W. M., XXII.
17) 본서 20 각주 3 참조. 카시러의 신칸트적 입론은 실재론-물음에 관한 한, 대부분의 동시대 해석학자들보다 더 철저하다. 왜냐하면 그에게는 세계가 근원적으로 "정립되어" 있기 때문이다. 바로 이러한 이유로 카시러를 역사적 설명을 위해 거론하지만 체계적으로 해석철학자를 지시하는 인물로 다루지 않는 것이 권장되기도 한다(W. Flach, 1990, 298 참조. "카시러는 체계적으로보다는 역사적으로 관심을 가지면서 이러한 [체계적인] 확대의 결과에 대해 별다른 사유를 하지 않았다").
18) 1781년 5월 11일 이후 M. Herz에게 보내는 칸트의 편지, in: I. Kant, *Briefwechsel*, 1986³, 195.

해석주의자들은 비교할 수 없을 정도로 극단적인 척도에서 형이상학과 대조를 이룬다. 그래서 칸트를 끌어들이는 것이 과연 정당화될 수 있으며 어떻게 정당화될 수 있는지 하는 물음이 먼저 평가되어야 한다. 칸트에서는 주체측면과 객체측면의 구별이 여전히 불확실하게 남아 있다. 우리는 주체부분과 객체부분을 결정적으로 분리할 수 없다. 왜냐하면 범주와 직관형식은 객관측면에서도 다소 등장할 수 있기 때문이다. 모든 "주관적" 형식도 "실재적으로" 가능하다(객관적 공간 등).

이후에 나오는 해석학적 다원론에서는 초개별과학적 조건의 지대가 다음과 같이 정식화된다. 오로지 "제약성 일반"만이 남거나, 긍정적으로 표현해서, (동일성과 구별해서) 타자성만이 남는다. 여기서도 주관규정적인 해석학과 실재 사이의 경계를 확정적으로 설정할 수 없다. 규정적인 "선택"은 오로지 발견술적 기능만 가지며 이에 따라 교정될 수 있다는 사실이 배제될 수 없다. 이로써 해석철학과 같이 철학적 해석학은 회의를 향해 도전하는 가능성의 고려를 다시금 받아들인다. 이것은 먼저 임의의 개별 경우에 적용되며 그다음에는 "철학적" 차원 전체에도 적용된다. 이로써 주관적 형식의 명제가 나누어질 수 없는 칸트의 경우와 구별된다.

렝크와 아벨에서 해석철학은 칸트를 자료로 삼아 자신들의 이론을 구축하며 칸트의 범주를 해석성의 최고영역으로 요구한다. 이로써 칸트는 극단화되며, 동시에 — 카시러, 비트겐슈타인, 가다머와의 연결고리에서 — 특수자와 개별자를 이해하려고 한다.[19)]

시몬은 선험철학이 해석주의를 통해 해소되고 대치되었다는 사실을

---

19) 이와 함께 강화된 모습으로 등장한 증명딜레마 및 병행하는 다른 반대논거는 제2장에서 다루었다.

이미 지적한 바 있다. 그러나 지난 세기의 논의가 보여 준 것처럼 고전적 의미의 "선험적 논거"는 더 이상 유용하지 않다. 해석주의자들이 칸트와 공동으로 사용하는 범주적 요구는 주체의 측면을 강조하는 것에 지나지 않는다. 그러나 아프리오리한 내용에 대해서는 더 이상 언급하지 않는다. 통각의 선험적 통일성까지 타협하는 무한한 다의성은 이를 통해 명백한 해법을 더 이상 용인하지 않는다. 해석자는 상호주관적 통제나 시간의 지속성을 보증하지 않는다. 더 나아가 고전적 선험철학을 특징짓는 몰대안성이 아프리오리와 더불어 생략되며 선험적 주체의 내용적 수행은 이해조건의 무규정성과 기회원인적 맥락주의로 철회된다. 따라서 칸트에서 해석주의로 넘어가는 경계표지는 통제할 수 없는 다양성으로 이행하는 통일성 그 자체에 핵심적으로 관계한다. 이러한 이행은 — 동일성에서 타자성으로 넘어가는 이행에 유비해서 — 늘 변형되어 온 형이상학과 더-이상-형이상학이-아닌-것 간의 구별을 처음으로 총괄한다.

사실 해석철학은, 칸트적인 의미의 특별히 철학적인 것에 대한 강조를 더 이상 충분히 정당화하지 못하는 수준에서, "경험적으로" 정위된다. 이것은 새로운 시각에서 반복되며 특징적으로 재생되면서 주목을 끄는 흄의 현상론으로 되돌아가는 것이다. 이에 더해 여기서 해석 개념이 내적으로 불명료하게 되며 몇몇 이론내재적인 연약한 논거가 발생한다는 사실이 복잡하게 등장한다.

칸트적 의미에서 철학의 독자성은 해석철학자들 자신에게 의문시되었다. 따라서 해석주의를 칸트의 완전한 성취로 제시하려는 대륙적 유혹에 넘어가지 않는 것이 권장된다. 이에 반해 실재론과 반실재론 간의 현재적 논쟁은 역사적 뿌리를 갖지만 사람들이 인정하는 전통에 의해 떠받쳐질 수 없는 하나의 내부적 논쟁으로 간주되어야 한다. 따라서 반실재론의 상관자는 칸트와 칸트주의가 아니라 수많은 의미를 지니며 다양한 형태로 변화되어 온 실재론이다. "산출"-관념론으로의 근대적 전회는 방법적으로 선도적인 것이 확실하지만, 통일성을 (무제한적인) 다수성으로 대치한 것은 중대한 문제다. 왜냐하면 이러한 전회는 예전의 형이상학 틀을 파괴하며 이러한 규정성의 상실을 회복할 수 없기 때문이다.

로티와 함께 독일 해석철학자들의 보증인이 된 퍼트남은 분석철학의 단면만을, 즉 이 단면으로 분석철학자들의 주요부분을 개관하게 해서는 안 되는 것만을 반영한다. 그동안 논쟁이 있었지만[20] 실제로 반실재론인 "내재적 실재론"에는 다양한 형태의 비판적 실재론 또는 학문적 실재론이 맞선다. 물론 이 두 실재론의 논거에 대해서도 조심스럽게 숙고해야 한다. 아벨은 (1992년까지 출판된) 퍼트남의 반대 논거를 개관적으로 요약했는데 이는 그의 공적이다.[21] 퍼트남의 많은 논거들이 증명딜레마에 부딪치며 그 결과 더 이상 단순하게 적용될 수 없다는 사실이 여기서 드러난다.[22]

---

20) 본서 81 각주 6 참조.
21) G. Abel, 1992, 166f.
22) 독일 해석철학자들이 지속적으로 수용하는 퍼트남의 무한히 많은 등가적 모델들의 모델이론(H. Putnam, *Models and Reality*, 1983, 1-25; H. Putnam, 1982, 54ff., 68ff., 105f.)은 수많은 전제들 자체에 의해 제약된다. 퍼트남은 우리가 사용하는 수많은 표현들을 각인하고 있는 경직된 지시어가 모델이론과 관계하지 않는다는 사실을 인정한다(H. Putnam in: A. Burri, Hilary Putnam, 1994, 184ff., Burri, 1994, 153-155 참조). 더 나아가 모델이론은 형식언어의 공리론을 전제하는데, 바로 이 형식언어에 대한 해석들이 여기서 뜻하는 모델들이다. 그러나 수학적, 물리학적 학문, 이를테면 여타 자연과학과 상이한 학문 또는 사회과학 및 정신과학은 전혀 이러한 모델의 형태로 확정될 수 없다. (푸앵카레 논거의 독창적인 어법 참조. H. Poincaré, 1906, 168ff., 177) 모델이론을 위한 두 번째 전거인 Löwenheim-Skolem 명제는 전적으로 수학적인 방식을 띤다. 스콜렘의 논거에 대한 일반화를 받아들일 수 없다는 것, 그리고 이 논거가 퍼트남 의미론으로 전이된 것에 대해서는 H. Putnam, 1983, 15-25 참조. — 이에 반해 M. Willaschek, 2000, 125-142에 기고한 퍼트남의 논문 최종부 참조. 131, 141f.에서 퍼트남은 모델이론적 논거의 추론방식

해석주의자들이 지속적으로 주장하는 "기초 개념적 상대성"은 (겉으로 볼 때) 똑같이 중요하게 보이는 기초 개념들을 (잠정적인) 예외로 드러내는 등급화 논거를 통해 의문시된다. 해석I에 대한 일반적인 선택은 다시금 예외와 모순의 경우에서만 해석을 수용하라고 자극하는 관점들을 구별해 냄으로써 금기시된다.

해석I과 해석II의 관계가 "설명될 수 없다"는 아벨의 중심 논거[23]는 이러한 이론적 대안을 제거할 수 없다. 이것도 증명딜레마의 회의적 뿔에 거의 정확하게 일치하는 해석주의의 회의적 변형으로 유도하는 것으로 그칠 것이다. 더 나아가 타자의 마음과 사실 자체에 대한 비동일적 처리는 별로 설득력이 없다. 그러나 양자를 똑같이 처리하면 관념론에 점점 더 접근하는 유심론에 도달할 것이다. 또는 해석II를 타자의 마음의 단계로 높이거나 이를 통해 (가령 관점과 해석에 대한 유형적 구별과 함께) 적어도 이론적 주제화에 이르게 될 것이다.

해석주의는 형이상학의 전도로 나타나지만 사실 잘 조제된 회의주의를 통해 형이상학의 문제제기를 수행한다. 사실 증명딜레마는 지식의 상태("정당화된 진정한 견해")가 여기서 맞아떨어지지 않는다는 사실을 보여 준다. 견해의 진리도 주어져 있지 않으며 심지어 — 우연적이지 않은

을 명시적으로 부정한다 — 후기 퍼트남이 자신의 중기사상과 거리를 두는 것은 1999년의 존-듀이-철학강좌에서 확실하게 나타난다. 여기서 퍼트남은 오스틴("Sense and Sensibilia")과 연계해서, 지각에 토대를 두고 상식에 근접하는 직접적 실재론으로 전환한다. 이 밖에도 해석의 "등가성"은 정신과학에서, 특수한 메타이론이나 추가적인 등급화 논거에 의해 규칙적으로 결정될 수 있다(이에 대해서는 Beth나 Kripke의 모델이론 또는 경쟁적인 평가의미론 참조). 퍼트남이 연계하는 콰인의 불충분의미규정론(Unterbestimmtheitstheorie der Bedeutung)도 이러한 차별화를 배제할 수 없다. 개별적으로는 퍼트남의 모델이론적 논거에 대한 W. Alston의 논박 참조. 본서 80f.

23) G. Abel, 1999a, 46, 97, 263; G. Abel, 1993, 21, 45, 58, 120, 131-133, 231, 418, 425, 447, 456; G. Abel, 1988, 53, 54; G. Abel, 1996a, 282.

— 그 정당화도 주어져 있지 않은 것이다. 이른바 형이상학의 전도는, 경쟁하는 가설들이 진리요구와 연관되면서 평가되지 않는 가운데 이미 해석성이 전제되어 있는 순환성의 방식[24]으로 입증된다.

해석주의가 사실의 세계에 맞서 행사하는 부분적 회의주의에 대해, 해석주의가 해석성 자체를 포함하고 있다고 다시 한 번 회의적으로 물을 수 있다. 이 제2계열의 회의는 비로소 해석주의적 입장을 완전히 모사한다. 이 회의는 가다머의 경우처럼, 그 자체가 장점이 많기는 하지만 [그것에 의해] 압도되어서는 안 되는 단순한 가능성숙고로 귀결된다.

니체와 하이데거의 언급 이후에 가다머에서 나타난 해석주의의 대륙적 시작은, 늘-다시금-다르게-이해함이라는 인문주의적 동기가 실재론적인 더 많은 지식을 통해 아주 불필요하게 되는 한에서 이미 공전하고 있다. 이 더 많은 지식은 해석주의적 해법과 같이 요란하지 않다. 왜냐하면 더 많은 지식은 우리의 역사와 문화에 대한 꾸밈없는 이해의 달성을 고수하기 때문이다. 두 구상이 서로 혼동되어서는 안 된다. 실재론적 해석은 사전세계(Vorwelt)와 공동세계(Mitwelt)가 체계가에 의해 처음으로 작동될 수 있는 동시대적 선-판단에 원칙적으로 영향받지 않고 독자적으로 존재하게 한다. 역사가와 문화과학자에게는 그가 고찰할 수 있는 동시대적인 것의 단편만 존재한다. 예컨대 발견술적인 것, 반증이나 확증과 같이 역사나 문화과학의 열린 물음에 직접적으로 명시적으로 적용될 수 있는 단편만 있는 것이다. 그러므로 동시대적인 것, 그리고 역사와 낯선 문화의 설명을 위해 중요한 것은 전적으로 일치하지 않으며 따라서 서로 분리되어야 한다. 가다머의 총괄적 맥락주의는 이러한 경계를 의식적으로 지워 버린다. 역사와 낯선 문화가 이런 방식으로 연관된다는 사

---

24) 본서 253-259 참조.

실에 대한 증명의 필요성은 반복적으로 지적될 수 있었다. 가다머는 우리를 뒤에서(a tergo) 규정하고 이로써 정의적으로는 의식화되지 않는 (집단) 무의식에 대한 상환청구를 통해서만 자신의 가설을 지지할 수 있다. 그럼에도 이러한 방책은 의식적 상태의 맥락주의와 마찬가지로 설득력이 없다. 왜냐하면 양자는 충족딜레마와 증명딜레마에 떨어지며 순수한 가능성을 현실적인 것으로 제시하기 때문이다.

상이한 심급에 대한 여러 관계를 유형적으로 자세히 살펴보면 실재론적 해석학의 차별화된 다양성, 분지(分枝)성, 결합가능성이 반실재론적 해석학의 그것과 거의 똑같은 곳에 도달한다는 사실이 앞서 다른 측면에서 제시될 수 있었다. 더 나아가 유비 개념의 매개적 기능도 예외 없이 전제될 수 있다. 과대평가되는 경우가 거의 불가능한 유비 개념의 수행능력은 전적으로 실재론의 토대 위에 있다.[25]

그러므로 가다머의 철학적 해석학은 몇몇 상환할 수 없는 전제를 할 뿐 아니라 충분히 분석되지 않은 학문전통의 배경 앞에서 그 자체가 주장하는 만큼 실용적인 수행을 보여 주지 못한다. 결론적으로 수행을 비교할 때 남는 것은 다음과 같다. 가다머에서 새로운 출발은 역사나 문화과학 자체로 수용되며, 그래서 실재론적 입장의 날카로운 차별화작업 앞에서 빈틈없는 영향으로 [과거를] 매수한다. 물론 가다머는 두 번째 단계에서 반실재론을 이미 언어와 결합했다.[26] 이러한 제안이 다른 언어철학적 근거에서 의문시된다는 것은 앞에서 서술되었다.[27]

---

25) 이에 대해서는 본서 159f., 169-175 참조.
26) H.-G. Gadamer, W. M., Teil III. 해석철학자들이 가다머를 고전 해석학의 영역에 제한시키려 한다면 유감스럽게도 그들은 가다머의 이런 확장된 입론을 충분히 고려하지 않은 것이다.
27) 본서 41f. 참조.

또한 효과를 비교하여 본다면 가다머의 해석주의는 무용지물이다. 그는 창조와 혁신의 계기를 역설하지만 실제로는 잘 분화된 실재론의 다양한 면모를 넘어서지 못한다. 특히 역사적–수용적 관점과 체계적–독단적 [교의적] 관점을 어쩔 수 없이 분리시키는 것은 이로부터 전체 장면이 시험적으로 "실재화"될 만큼 원칙적이다. 두 관점의 공동작용은 여러 입장들의 파노라마를 위한 공간, 즉 강화된 반실재론이 오로지 가상적으로만 능가할 수 있는 공간을 창출한다.

F

예술은 반실재론을 증명하는 마당인가?

1. 예술의 즉자존재?

가다머는 역사에 대한 새로운 평가에 앞서서 — 생산적, 재생적, 수용적 — 예술의 역할에 대해 포괄적으로 소개한다.[1] 그는 이 장(章)에서 예술작품의 즉자존재가 역사주의의 추상이며 다른 측면에서는 (주관적) 심미적 의식의 추상이라는 것을 드러내려고 한다. 가다머에 의하면 작품은 그때마다 "그것의 (환경)세계"에 아주 구체적으로 뿌리내리고 있으며, 오로지 가상적으로만 이 세계로부터 분리될 수 있다. 이것은 작품의 영향사 속에서 작품을 경험하는 재연(再演)에도 적용된다. 작품을 표현하기 위해서는 근원적 맥락의 어떤 것과 이에 상응하는 새로운 맥락이 요구된다. 사실이 사실의 세계에서 표명되는 표현(Darstellung)은 바로 일련의 수용으로 확장된다. 그러므로 영향사는 그때마다 갱신된 작품의 현재에 속한다. 더 나아가 가다머가 그다음 중심 장에서 다루는, 과학적으로 출발하는 정신과학의 상태에 맞서 예술작품의 전(前)합리적이며 무궁

---

1) Gadamer, W. M., 1-161. 가다머는 이러한 주제(삶의 자리, 예술의 상황성과 기회원인성)로 잠정적으로만 복귀한다. 예컨대 WW 8, 373ff., 특히 376, 397-399.

무진한 특성이 등장한다. 그는 합리적으로, 학문적으로 수집될 수 없는 전(前)의식적인 것과 무의식적인 것을 지시하며, 이 전의식적인 것과 무의식적인 것을 그다음에 다루는 역사적 정신과학의 모델로 천거하기도 한다. (여기서 가다머는 이를 소위 천재미학과 연결시킨다.)

이로써 가다머는 근대의 유명론으로부터 개인적 맥락화 및 예술작품의 (강한) 해석주의를 위한 폭넓은 결과를 도출한다. (그는 새로운 해체 시도에 맞서 작품의 개념을 고수한다.)

작품을 포괄적 '표현'의 의미에서 그 상황과 기능, 특히 (연출, 공연, 장소지정, 낭독, 낭독 형식의 강연 등)과 같은 표현의 프리젠테이션 함께 고찰하고 이들과 동일시하자는 제안에 대해서 그동안 논쟁이 없지 않았다.[2] 이와 같은 [작품으로서의] 자격획득을 통합하려는 가다머의 "심미적 비구별"(ästhetische Nichtunterscheidung)[3]은 단순한 역사적 파악 및 이로써 합리적으로 재구성할 수 있는 파악과 완전히 구분될 수 없다. 그러나 작품에 속해야 하는 '세계'도 아주 다의적으로 남으며 임의적 확장을 통해 진부하게 될 수 있다. 특히 사람들이 가다머와 함께 '표현'을 절대적으로 생각하는지 아니면 어딘가에서 어떤 경계선이 그어질 수 있는가 하는 것에 대해 물을 수 있다.[4]

여기에 추가되는 것은 '표현'의 개념이 전통 가운데서 개별화되지 않고 '이념'의 유일성에 대한 표명으로 이해되어 왔다(플라톤, 헤겔)는 사

---

2) 예컨대 벡커, 타이헤르트, 피갈의 반박 참조. O. Becker, 1962, 225ff., bes. 229, 235, 236; D. Teichert, 2003, 193–217, bes. 210f.; G. Figal, 2006, 136–139.

3) Gadamer, W. M., XVI, 81 ff., 111, 132, 139, 146, 158, 160 f., 377, 451; WW 8, 85, 120, 141 외 다수.

4) 예술을 맥락과 같은 예술 외적인 것을 통해 규정할 수 있는가라는 원칙적인 의문은 여기서 토론될 수 없다. (미학이 해석학으로 넘어가야 한다는 가다머의 요구는 이러한 사태의 가정을 반영한다.)

실이다. 개별화, 더 나아가 우인화(偶因化)는 하이데거의 후예들에게 존
재한다.[5] 표현과 (특수화된) '세계'의 배열도 근자의 것이다. 가다머의
고전적 미메시스-개념의 전도(顚倒)는 실재에 맞서서 예술작품의 '존재
증가'에 이르는데, 이러한 전도가 자동적으로 작품의 개체성을 결과로
갖는 것은 아니다. 그러므로 연관이 비판적으로 평가되어야 한다. 여기
서 준거가 되는 물음은 다시금 다음과 같다. 무엇이 필연적으로 예술작
품과 그 세계에 속하며 경우에 따라 어디서 경계선을 그을 수 있는가? 여
기서 가다머가 단순히 심미적 의식에 할당하려고 하는 해석, 즉 예술비
판에 의해 잘못된 것으로 거부된 해석이 또한 고려되어야 한다. 여기서
물론 해석 개념 일반이 의문시된다. 최소한 예술의 즉자존재라는 잊어진
사유가 다시금 사정거리 안에 들어온다. 이와 같은 비판적 관점 자체가
해석I이라는 사실은 증명딜레마적으로 금기시되며 최소한 반증적으로
수용될 수 없다.[6]

  여기서 시론적으로 전개된 교체적인 예술해석은 예술을 상승된 상(像)
으로 보지 않고 허구적인 것으로 파악한다. 이 허구적인 것은 강화된 ("압
축된") 현실이며 그렇기 때문에 수많은 해석의 여지를 부여한다. 다르게
표현하자면 이것은 오로지-허구적인-것에 병존하는 가능성이며, 이런
한에서 또한 매우 다가적(多價的)이다. 이것은 물론 그 자체가 산출자나
모방자, 수용자에게 규범적이 아니라는 사실을 의미하는 것은 아니다.
오히려 이것은 현실화 방식의 무한성과 규정적 해석의 유일성 사이에 놓
여 있는 특징적인 중간상황을 갖는다. 가다머도 이러한 용어를 사용했지

5)   M. Heidegger, 1960, 35ff., 40ff., 45ff., 69ff.
6)   또 다른 반론은 미메시스-사유의 전도로 전가될 수 없는 포스트모더니즘의 자기지시
적 예술에서 나온다 — 이 밖에도 예술에서 몰의미적 산출이나 넌센스적 산출에서 보이는
"의미" 결핍 참조.

만, 이것이 의미하는 관점의 다원성은 우리로부터 고찰할 때 유한하기는
하지만 예상할 수 있는 것이 아니다. 오히려 중요한 것은 시도와 테스트
이다. 그러나 이러한 시도도 좌절될 수 있다. 심지어 앞서 언급했던 생산
적 예술가, 재생적 예술가, 수용자의 모든 관계에서 좌절될 수 있는 것이
다. 그러므로 예술작품의 최종적인 비삼투성 및 비합리성[7]과 관계없이
예술작품의 내용을 향한 접근이 있다. 이 접근은 상이한 관점뿐만 아니라
상이한 현실화 등급에도 관계하며, 일반적으로 서열화를 전적으로 허용
하는 재생에서 가장 두드러지게 나타난다. 예술비평은 이러한 접근에 응
답하며 작품의 규범적 즉자(卽自)존재를 이와 같이 분명하게 한다. 그러
므로 예술비평은 부정적으로 기능할 뿐 아니라 비교하면서 긍정적으로
기능하기도 한다. 여기서 예술비평은 작품의 내용을 가능한 한 고갈시키
는 재생적 예술가의 노력을 따른다. 어쨌든 비결정적인 평가는 규칙이
아니다.

　우리가 이러한 구별에 관계한다면, 항상 다원화되는 작품의 즉자존재
를 가정하지 않고는 논의를 진행할 수 없다. 실천하고 있는 예술가를 구
체화하는 일은 등가적인 것이 아니다. 말하자면 예술가들은 그들이 다양
한 결과를 가지고 도달하려고 하는 규범에 — 비록 그것이 다의적인 것
이라 하더라도 — 복종하는 것이다. 여기서 "좋은" 해석과 "나쁜" 해석
간의 경계선이 유연할 수 있다. 그러나 이 두 범주를 구별할 수 있다는
사실은 거의 의심할 수 없다.

　특히 작품의 산출과정은 다양한 방식으로 무의식의 표상과 함께 갈 수
있다. 예컨대 저자는 모든 것을 조망하지 못하며 오히려 그의 의식에서

---

7)　예컨대 Th. W. Adorno, *Ästhetische Theorie*, 1970, 92 f., 179ff.; Chr. Menke,
1991.

단편적이거나 심지어 외적인 것에 제약되어 있다. 그렇지만 저자의 측면에서 추정될 수 있는 무의식이 과대평가되어서도 안 된다. 그는 많은 관점에서 타자와 제3자를 통해 이루어지는 재현에 개방되어 있다. 그래서 저자는 전적으로 무의식적인 것이 아니라 특정한 고찰자에 대해서만 무의식적이다(예컨대 자서전, 환경, 구조분석, 형식분석, 지속적 영향, 기대지평의 재구성).[8] 확정할 수 있는 것과 재구성할 수 있는 것을 넘어서는 무의식 층에 대한 요청은 다시금 증명딜레마적으로 금기시되며 일반적으로 회의적인 결과에 이른다. 예술의 영역에서도 전통적인 거대 무의식이론들에게 결여되어 있는 것은 구성이론을 위해 필요한 인증이다. 그러므로 "작품 자체"가 수수께끼로 남을 수 있고 합리적으로 재현될 수 없는 것만큼, 작품은 파악하기 어려운 무의식 — 이것은 "무지의 망명이다!" — "영향사", "지평", 유한성과 결합될 수 없다. 예술의 놀이-특성도 분명 관련된 사람들에게만 해당할 뿐, 놀이의 전제와 규칙을 계속해서 조망할 수 있는 외재적 분석가와 역사가에게는 해당하지 않는다.

2. 예술에 들어 있는 Geschichte[누적으로서의 역사]와 Historie[사건으로서의 역사]

앞에서 말한 것처럼 역사의 전진적 영향과 예술의 달성은 가다머에 의하면, 옛 계기와 새 계기가 뒤섞이는 과거에서와 마찬가지로 우연히 주변

---

8)　저자가 예술작품에서 어떻게 전통의 "보존"을 요청받는가 하는 것은 소포클레스의 "오이디푸스 반사"를 드러낸다. 그의 작품이 극장에서 오늘에도 아주 큰 영향을 끼치는 것은 그리스의 신들이 여전히 현재하기 때문이 아니라 전역사적 타부들(근친상간, 부친살해)이 언급되기 때문이다. 그러므로 판단의 기준점은 인문주의 전통을 파괴하는 문화인류학적 사태다.

환경이 비슷하게 만들어질 때만 가능하다. 그러므로 예술에 대한 새로운 현재화는 나중에 역사적 정신과학에서와 마찬가지로 반실재론적으로 파악된다. 『진리와 방법』의 예술 장(章)에서 '적용'이라는 용어가 아직 사용되지 않는다 하더라도 나중에 분명하게 된 관계들을 예술과 예술사로 이전하려고 한 것은 적절하다.[9] 가다머에 의하면 예술수용은 상황과 역사적 장소에 따라 이른바 자율적으로 "새롭게", "규정된다." 일반적으로 수용자는 이러한 사실에 대해 아무것도 모른다. 예술사학자, 예술학자, 미학자의 지식은 한편으로 외적으로 남으며, 다른 한편으로 모든 것을 지니고 있는 무의식의 세력권하에 있다. 그러므로 가다머에서 예술수용의 새로운 상황설정을 합리적으로 설명하는 것은 근본적으로 불가능하다.

그러나 이러한 구상에 대한 증명딜레마적 반박은 명백하다. 수용자, 재생산자, (이론적) 해석자는 자신들의 해석에 대한 반실재론적 변화에 대해 아무것도 모르고 있다. 가다머에 의하면 이들은 스스로 작품을 즉 자존재의 상태에서 올바로 해석하고 있는 것으로 믿고 있다. 예술역사가와 학자들은 다른 해석이 중요하다는 사실을 이들에게 처음으로 말한다. 더 나아가 메타이론가들은, 이들이 통찰할 수 없는 무의식적 규정에 근거하여 이와 같은 타자존재의 범위를 전혀 가늠할 수 없다는 사실을 처음으로 말한다. 그러나 이러한 진술은 검증될 수 없으며, 문제적(이거나 회의적)인 상태를 넘어설 수 없다.

이에 반해 예술학과 예술사가 제시하는 확정적인 구별은 원칙적으로 확실하게 주어져 있으며, 그렇기 때문에 이는 실재론적으로 자명하게 파악되어야 한다. 이제 남는 것은 마지막 논거뿐이다. 학문적으로 지도를

---

9) 예컨대 W. M., XVII, 121, 141f., 154, 158, 437f., 541 ; 이 밖에도 450ff., 459, 463 참조.

받는 수용 단계들은 실제로 놀이와 연관되어 있지 않으며 실존적으로 삶
의 양태의 변화에 적용되지 않는다. 이를 통해 오로지 생활세계와 — 이
에 맞서 고양되는 — 예술잉태적인 인공물의 세계가 특징지어진다. 그렇
지만 가다머는 다른 측면에서 역사적 정신과학을 생활세계로 접근시키
려고 하며, 그 결과 최소한의 것이 확보된다. 역사적 지식은 직접적인 수
용토대로 붕괴될 수 있으며 이 수용토대를 적절하게 변경시킬 수 있는
것이다. 역사적인 것과 기회원인적인 것이 쉽게 분리될 수 없다는 사실
은 앞에서 지적한 바 있다.[10]

　실제로 역사적 학문의 적용을 선도하는 것은 가다머의 예술 장(章)이
갖는 과제다. 그러나 가다머는 여기서 역사적 관점과 체계적 관점을 뒤
섞으며 순수-역사적인 것에 대한 시선을 왜곡한다. (이 사실은 이 밖에
도 기획적인 예술이론, 예술사, 예술과학의 구별에도 적용된다.)

　예술이 현재의 중심을 이루고 있는 고유의 체계를 우선적으로 형성한
다는 사실은 많은 것을 가르쳐 준다. 실제로 사람들은 필요한 경우 예술
을, 예술이론 및 예술과학에 유비하여 그리고 생활실천이나 실천철학의
도덕에 병행하여 "독단적으로" 구성할 것이다. 이것은 총체적으로 문화
의 모든 영역에 해당한다. 즉, 문화는 규범적이며 문화의 현재성이 미치
는 범위만큼 나아간다. 과거의 문화는 더 이상 구속력이 없거나 사소하
게 받아들여질 뿐이며 종종 역사의 도움을 통해서만 재구성될 수 있다.
그러므로 다른 문화영역에서와 같이 예컨대 법과 신학에서, 또는 보다
가깝게 삶의 수행에서, 그리고 예술에서도 '적용'은 원칙적으로 오로지
현재에만 이루어진다.[11] 역사적인 변형과 전진적 형성은 오로지 (합리적
으로 반성된) 예술사를 초월해서만 일어난다. 그런데 오늘날에는 이 형

10)　본서 232 참조.
11)　본서 148-150, 153 참조.

성이 최소한 예술사의 영향을 받아 일어난다. 그러나 이로부터 역사 자체가 반실재론적으로 진행한다는 사실이 나오지는 않는다. 이것은 독단론적 분과의 방식을 따르는 '적용'도 예술사에는 해당하지 않는다는 사실을 의미한다. 결국 중요한 것은 독단론적 영역의 전개도 아니고, 존속하며 수용되어 온 예술이 반실재론적으로 펼치는 전진적 전개도 아니다.

그럼에도 이와 같은 전(前)학문적 방식의 수용은, 법역사가가 사멸된 법을 다루는 것처럼 [축적된] 예술사(Kunstgeschichte)를 경향적으로 중립적으로 다루는 [사건으로서의] 예술사(Kunsthistorie)에 의해 다른 방식으로 반성된다. 그러므로 이러한 반실재론은 축적된 예술사(Kunst-geschichte)에 수여될 수 있는데, 그 이유는 사건으로서의 예술사(Kunst-historie)가 반실재론을 실재론적으로 발견하고 통찰하기 때문이다. 그러므로 관계를 존속하는 예술로부터 고찰하는 것이나 학문으로부터 고찰하는 것은 매한가지다. '적용'이라는 용어를 과거에 대한 관계로 확장할 근거가 없는 것이다.

따라서 가다머[12)가 예술과 역사의 평행을 강조하는 것은 잘못된 것이다. 양자는 상이한 레벨에서 활동하며 방법적으로도 상이하게 정위되어 있다. 예술사도 마찬가지이지만, 역사적 탐구는 예술 자체와 같이 '독단론적으로' 적용하지 않는다. 예술의 영향사는 가다머 자신이 직시하는 바와 같이 '적용'이라는 표현과 함께 사용될 수 없다.

『진리와 방법』의 제1부, 제2부, 제3부 사이에는 보다 강한 모순이 등장한다. 해석학적 반실재론을 언어(와 기호) 전반으로 일반화한 것은 저자가 여기까지 작업해 온 예술(제1부)과 역사(제2부)의 특별한 지위를 완전히 말살하는 데 이르기까지 이를 약화시킨다. 만약 모든 기호가 오로

---

12) 예컨대 W. M., 438, 452("예술과 역사").

지 반실재론적으로만 기능한다면 무엇을 이유로 다른 의미형성체[13]보다 예술과 역사에 더 큰 의미를 부여해야 하는지가 설명되지 않는다. (가다머가 중단한) 등급적 차이를 도입하지 않는 한 이것은 설명되지 않는 것이다. 아마도 제3부는 저자가 전개한 보다 극단적이며 추후적인 단계를 정식화하고 있다.[14] 이 단계는 가다머에게 해석철학에 앞서는 우선권을 보증하지만 이와 동시에 그에게 성가신 이중화를 제공하고 있다.

---

13) W. M., 113 각주 2 참조.
14) 벨머는 이중화를 다르게 해석한다. A. Wellmer, 2004, 440ff. 법학과 신학은 일반적인 이해를 위해 패러다임을 제공하는 것이어야 한다. 왜냐하면 이 둘은 비판적 해석학의 잠재력을 베어내고 이를 독단론적으로 [교의적으로] 축소시키기 때문이다.

G

해석주의의 모순

1. 함축적 실재론

겉보기에 매끄럽게 결론 내린 것으로 보이는 해석주의이론을 분석해 보면, 우리는 곧바로 오로지 어려운 방식으로만 지배적 반실재론과 매개될 수 있는 실재론적 함축에 부딪치게 된다. 먼저 요구되는 것은 "해석"이라는 단어와 전문용어에 대한 언어분석적인 의미구별인데, 이 "해석"은 (학문)프로그램에 따라서 "해석철학"의 별명을 얻은 방향을 위해 긴급하게 요구되는 말이다. 여기서 "해석"은 해석I(Interpretament)과 해석II(Interpretandum)의 구별을 무시할 수 없다는 사실이 드러난다. 이와 같은 형식적 구별은 이를 다시금 기호-의미-사실이라는 기호학적 삼각형으로 요약하거나 기호와 의미(내용)를 전적으로 동일화함으로써 해석적으로 회피할 수 없다. 통상적인 언어의 의미로 "해석"에 대해 언급한다면, 우리는 먼저 이론적인 차원에서 출발점으로서의 해석대상과 해석결과로서의 해석대상을 구별해야 한다. 이것을 거부하는 사람은 "해석"에 대해 언어에 부합하게 말하고 이를 통해 이해할 수 있는 말로 담화할 수 있는 권리를 잃게 된다.

해석I과 해석II를 구별하는 것은 지금까지 증명의 딜레마나 충족의 딜레마로 논해 온 도식의 토대를 이루는데, 이 도식은 해석철학자들의 반실재론을 실재론과 회의 가운데 하나를 선택하는 것으로 해결한다. 따라서 해석적으로 동일화된 관계는 이론적인 차원에서 항상 포괄적 실재론의 틀에서 관찰될 수 있다. 여러 가지 모순이나 (잠정적으로) 해소될 수 없는 경우유형들은 중립적으로, 또는 정말 — 전망적으로 — 미래에 해소될 수 있는 것으로 고찰될 수 있다. 그러나 이것들은 규칙적인 경우로 간주될 수 있는 것이 아니라 예외로 간주되어야 한다.

비록 생활세계가 반실재론적으로 구성될 수 있다 하더라도, 다시 말해서 생활세계가 이러한 모습으로 존재하고 그 변화가 (실재론적) 해석I과 해석II 사이에서 이루어져 왔다 하더라도, 반실재론 관계를 검증하면서 동시에 이를 해결하는 반성적 이론가들만이, 즉 학자들이나 철학적 메타이론가들 만이 [생활세계가 반실재론적임을] 결정할 수 있다.[1] 그러므로 그 어떤 반실재론적 이론도 존재하지 않는다. 관계를 통찰하지 못하며 이에 대해 아무런 이론도 전개시키지 못하는 생활세계의 측면에서도 반실재론적 이론은 없으며, 관계를 근본적으로 조망하면서 대부분 실재론적[2] 평가에 이르지만 경우에 따라서 회의적 평가를 내놓는 이론가들의 측면에서도 반실재론적 이론은 없다. 해석적 메타이론 또는 해석학적 메타이론은 우리가 두 심급을, 즉 생활세계적 심급과 이를 비판적으로 풀이하는 심급을 혼합하고 양자의 특징을 혼합된 것으로 함께 귀속시킨 경우에만 받아들여질 수 있었다.

이 밖에도 철학적 증명이론은 요즈음 점점 더 잘못되어 가고 있다. 추

---

1) 핵심은 독단적 해석주의의 자기반박이다. 즉 "다르게" 해석되어 왔다는 사실을 입증하는 것은 곧 올바른 방식으로 해석될 수 있고 해석되어야 한다는 사실을 가리킨다. 그러므로 다르게 해석하는 것은 항상 그 무게를 상실하며 제2의 파생된 입장으로 밀려난다.
2) 이것은 생활세계의 (무반성적) 실재론에 맞서서 제2등급의 실재론으로 불릴 수 있다.

가적인 증명과정이 필요치 않음에도 불구하고 명증성에 대해 계속 질문을 던지는 것이다. 특히 고려되어야 하는 것은 부메랑-논증이다. 즉, 반박당하지 않으려는 사람은 아무 것도 증명할 수 없다. 다시 말해서 그에게 마지막으로 남아 있는 것은 결정적인 행동과 항소 밖에 없다. 해석주의가 개념분석의 결핍에 더해서 "해석"의 양가성(Zweiwertigkeit)을 밀어내고 이를 뒤집어서 새롭게 배열한다면, 이것은 결정적인 경솔함이다. 후진(Regress)의 경우 앞서 지배하던 의미가 불명료한 것에 대해 비록 결정적인 의미를 지닌다 하더라도 그것은 종속적인 의미가 되는 것이다.[3] 더욱더 중요한 것은 축약하는 과정과 추월하는 과정 사이에 자리 잡을 수 있으며 범주적으로도 강조될 수 있는 동등성과 동일성의 기능이다.

다른 측면에서 모순이 기록될 수 있다. 즉, 해석적 다원성의 공간을 얻기 위해 2가원리(Bivalenzprinzip, 참과 거짓의 완전한 분리)가 새로운 메타수학을 통해 부정되는 것이다. 그럼에도 아벨은 대응관계를 설명가능한 것으로 보지 않고 이로부터 해석성(Interpretativität)을 추론함으로써 2가원리를 해석성에 대한 간접증명을 위해 사용한다.[4] 그러나 증명은 추론적이지 않은데, 그 이유는 수많은 대안들이 생략되기 때문이다. 즉, 설명할 수 없는 해결의 다수성과 무한성을 위해 유일한 배열을 포기하지 않고도 인식관계의 중간매개를 전적으로 인정할 수 있다.[5]

---

3) 전진적으로 배열되어 있지 않고 무엇보다 후진적으로 설명되어야 하는 구름의 사례는 이에 대해 많은 것을 해명해 준다. 말하자면 해석II가 아직 충분히 명료하지 않을 때 (후진적 과정이 완전히 소멸된 것으로 보일 때 재생적인 해석이 생산적인 해석으로 뒤바뀔 수 있는 것과 같이) 전진적인 해석이 선행하는 후진적 해석으로 변동하는 것이 이 경우에 속한다.

4) G. Abel, 1993, 21, 58f., 133, 418f., 425, 456f.; G. Abel, 1999a, 46f., 263; G. Abel, 1988b, 52-54 참조.

5) 강한 기호관계도 유일무이한 것일 수 있으며, 또는 전망적 다원성도 관점적일 수 있

증명의 딜레마나 충족의 딜레마는 실재론으로 되돌아간다. 이로써 무의식적 해석과, 경우에 따라서 이를 반성하는 의식적 해석이 주변으로 밀려난다. 왜냐하면 이 해석은 오로지 기존의 알려진 것에 대한 추가적 특수화를 도모할 뿐이며 이것에 대한 근본적인 새로운 해석을 시도하지는 않기 때문이다. 해석II는 새로운 내용을 통해 대치되지 않으며 [기존 내용과의] 비교에 머물 뿐이고 기껏해야 추가적인 변형을 경험할 뿐이다. 이를 통해 해석주의는 인식론적으로 등급이 아주 낮아지게 되며 전통 인식이론의 후속분과라는 자신의 역할을 상실한다.

딜레마의 구조는 그 사이에 밝혀진 과거의 해석관계를 끌어온다 하더라도 드러나지 않은 채 묻힐 수 없다. 말하자면 해석관계가 중요했다는 사실은 다시금 해석II로 되돌아감으로써만 이해될 수 있다. 이로써 결과는 다시금 실재론이냐 회의냐 하는 선택지가 될 수밖에 없다. 그러므로 현재로서는 이러한 선택지를 넘어서는 전진은 불가능하다.

증명의 딜레마는 우리가 아벨처럼 기호와 사실을 동일시하려고 한다 해도 사라질 수 없다.[6] 해석철학은 일시적인 (형이상학적) 관계를 내재적 관계로 대치하려는 경향을 따른다. 그러나 대응의 자리에 들어서는 것, 즉 파악들 간의 정합은 자기 고유의 대응을 갖는다.[7] 파악의 다원성

─────────

다. 기호특성 자체는 다의적이다. 우리가 모사사유를 포기하거나 이를 오로지 극단으로만 다룬다 하더라도 상징적 관계는 수많은 형태의 추가배열을 제공한다. 그 결과 반실재론(과 심지어 이와 동등한 이론)은 배타적인 대안을 통해 상대화되지 않는다. 해석은 후진적이거나 전진적일 수 있으며 후진과 전진 모두 통일적일 수 있는가 하면 다양할 수 있다. (또한 증명의 딜레마도 경우에 따라서 분화할 수 있으며 통일될 수도 있다!) 그 밖에 관점이나 또 다른 다원성도 등급화에 개방되어 있다. (그리고 이를 통해 계급화가 가능하다.)

6)   G. Abel, 2004, 386f. (세계가 "기호 가운데 함께 현존한다"는 경향과 더불어 기호와 세계를 전적으로 동일시하는 "기호학적 배리"를 방어하는 것도 함께 있다).

7)   진리기준은 겉보기로만 내재적이며 자족적이다. 왜냐하면 정합관계와 합의관계의

은 우리가 해석과 전해석 간의 모든 개별적 관계를 해석I과 해석II 간의 관계로 보고 이를 통해 이 관계를 증명의 딜레마라는 의미로 이해함으로써만 신빙성 있는 것으로 받아들여질 수 있다. 해석철학자들이 가정하는 해석행위의 연쇄는 해석I과 해석II의 관계가 실제로 존재하며 해석의 딜레마가 지속적인 해석 가운데 그 정당한 자리를 차지한다는 사실을 분명히 한다.[8]

우리가 해석철학 전체를 조망해보면 이론의 상태가 이따금씩 결핍된 것으로 드러난다. 본래적인 증명이론뿐만 아니라 자기정초도 자신의 관점을 충분히 반성하는 이상주의적 형태를 놓치고 있다. 아벨의 경우 이것은 전체이론을 재차 주제화하는 것을 거부하는 것으로 표현된다.[9] 그 결과 전체이론은 외부에 대한 기술과 같이 요구에 따르는 것이 된다. 해석철학자들의 자기적용은 그 자리를 찾지만 그럼에도 이 자기적용은 보다 정확하게 구별되어야 한다. 즉, 자기적용은 무엇보다 해석영역에 대한 형식적인 등급화에 소용되는 것과 마찬가지로 (반독단적인) 자기상대화에 봉사한다. 그런데도 보다 복잡한 경우에 대해서는 언급하지 않고 있다. 즉, 해석의 전망들은 서로 통제를 받지 않는 가운데 겹치게 되며,

구성원과 관여자들 간에는 다시금 다른 형태의 대응 개념이 등장하기 때문이다. 비트겐슈타인의 후계자들은 이 점을 간과했다. 왜냐하면 비트겐슈타인은 언어공동체 및 이에 속하는 반-사적언어-논증을 통해 낯선 사람의 인식문제까지 중립화한 것으로 생각했기 때문이다. 이에 반해 우리가 대륙전통에서 해석의 개체성을 강조한다면 반실재론도 상호주관적으로 등장하며 이는 완결된 이론형성을 어렵게 하는 유아론으로 빠져드는 경향을 띠게 된다 — 우리는 이것을 Fumerton의 2002년 저서 제5장을 통해 다음과 같이 표현할 수 있다. 정합의 관점은 본래적인 대응과는 아무런 관계가 없으며 따라서 대응을 대치할 수 없다.

8)   실재의 흔들리지 않는 토대 없이 그때마다 해석관계만을 중시하는 것은 증명의 딜레마가 갖는 형식적 성격을 지양하지 못한다.

9)   G. Abel, 1996a, 279f.(Löhrer를 반박하면서).

구별이 사라지고 해석들이 서로를 지양할 정도로 이 전망들이 최종결과에서 손해를 끼칠 수 있다. 이렇게 되면 이론은 불투명성이라는 불확실한 방식에 떨어지게 된다. 이 사실은 후진적으로 역사 가운데 상정된 모든 구성원에 대한 해석가능성에 이미 드러나 있다. 이 해석가능성은 경험적으로 통제할 수 없는 것과 마찬가지로 대범하게 요구된 것이다. 해석을 여섯 단계나 세 단계로 정리하는 것은 추상적이며 정리되지 않은 수많은 교차결합을 결코 배제하지 못한다. 이 교차결합의 합성력을 규명하는 일은 전적으로 불가능하지 않다 하더라도 아주 어렵다.[10]

따라서 자기적용의 논증은 간접적으로 반실재론적 선택의 실행불가능성을 지시하는 해석철학의 약점을 드러낸다.

우선 이것에 꼭 맞아떨어지는 것은, 무반성적으로 남아 있으며 아무런 설명도 하지 못하는 서술과 논증의 딜레마다. 여기서는 해석철학의 명백한 공리론(公理論, Axiomatik)과 모순되는 2가원리가 부지중에 전통논리와 더불어 수용된다. 여기서 실재론적 함축이 해석철학 내에서 증명의 딜레마(충족딜레마)와 더불어 가장 분명하게 드러난다. 모든 자명한 프로그램에도 불구하고 해석철학은 실재론을 결정적으로 배제하는 일관성 있는 이론을 전개시키지 못한 것이 분명하다.

아벨의 이론형성에서 무엇보다 중요한 것은 제1범주단계인데, 이것은 내용적으로 칸트와 연결되면서 칸트를 해석적으로 다원화하고 있다.[11] 추후의 이론구성에 준거가 되는 이런 중대한 행보는 당연히 설명을 요구한다. 가장 보편적인 범주는 대치가능하고 교환가능한 것이어야 한다면,

---

10) 이러한 이유로 렝크는 해석주의의 자연과학적 정초를 실재론적으로 존립하게 하는 것을 선호했다. 이것은 그의 이론형성의 내적 일관성에는 불리한 일이다. 이와 흡사한 동기를 아벨의 이론적 절제에서도 추측할 수 있다. 본서 222 참조.

11) G. Abel, 예컨대 1999a, 30f., 136.

우리는 우연적인 상황에 놓인 이 범주의 배후를 파악하기 위해 해석의 구성물인 이 범주의 구조에 대해 보다 상세한 것을 기꺼이 경험하려고 할 것이다. 이것은 해석I과 해석II의 관계에 대한 물음으로 연결되며, 이러한 물음 없이는 해석의 상태를 생각하고 이해할 수 없다. 그러나 아벨은 특이하게도 이러한 설명을 예견하지 못하며, 따라서 "해석"이라는 전문용어를 유동적인 상태로 둔다. 참과 거짓의 분리를 정반대로 정위시키는 테제는 파생적으로 제3단계에서 처음으로 등장하는데, 이는 위의 사실에 비추어 볼 때 당연히 설득력이 떨어진다. 이 테제와 그 전제, 즉 제1단계의 해석성은 여기서 순환논증(petitiones principii)으로 나타난다.

요제프 시몬은 의미가 미치는 범위를 위해 현재의 "지금"으로 물러남으로써 해석주의의 업무 가운데 회의적 방법을 둔다.[12] 이것을 넘어서는 것은 오로지 사고를 통해서만 해석된다(이것은 지각도 미리 해석되어야 한다는 사실을 배제하지 않는다). 렝크와 마찬가지로 시몬도 비트겐슈타인의 반(反)사적 언어 논증이 이러한 개체화 및 우연화와 엄격하게 모순된다는 사실을 잘 알고 있다. 우리가 개체에 대한 대륙전통을 따른다 하더라도, 사회적 차원에서 지속적인 차별화를 받아들일 수 있는 한 두 전통을 서로 화해시킬 수 있다. 이렇게 되면 사회적인 틀은 그 자체가 고립화되지 않기를 원한다. 더 보충할 수 있다면, 더 넓은 사회적 틀은 더 좁은 사회적 틀을 포괄하며, 다른 식으로 말한다면 보다 일반적인 의미는 특수한 의미를 포함한다. 오로지 중요한 사실은 타당성이 미치는 범위와 의미의 보편성을 일치시키기 위하여 의미를 "위계적으로" 파악하는 것이다.

시몬은 생활세계에 귀속된 사람은 무의식적으로 더 확장된 의미를 "해석하며" 이를 독자적인 의미에 동화시킨다고 정확하게 말한다. 그러나

---

12) J. Simon, 1989, 74, 87ff., 151ff., 251f.

이것이 반성적인 차원에서 회의에 이른다는 사실이 분명해져야 한다. 그런데도 이렇게 되면 관계 전체가 증명의 딜레마로 드러나며, 이 딜레마에서 의미 통일성의 등급이 반성의 차원에서 처음으로 확정되어야 하거나 아니면 이 등급이 회의에 내맡겨질 수밖에 없게 된다 — 따라서 의미의 비동일성은 시몬의 주장과 반대로 애당초 보증을 얻지 못한다. 증명의 딜레마와 충족의 딜레마는 실재론적 해결을 준비하고 있으며, 특히 이것은 우리가 전적으로 의미의 추상적 정도에만 집중할 때 확인된다. 따라서 딜레마의 두 번째 뿔, 즉 해석II에 대한 실재론적 파악은 고립된 해석주의와 그 연장선상에 있는 회의주의에 맞서서 주장될 수 있다.[13] 그러므로 시몬의 회의주의는 "해석"의 완성된 개념의 의미에서 말해지는 보충과 확장을 묵인해야 한다.

렝크의 중심 개념은 "해석구성물"의 개념인데, (예컨대 아벨과 같은) 다른 해석철학자들도 이 개념을 수용했다. 이것은 모든 의미가 과도하고 선택된 자료 또는 단순한 자료에서 구성된 것, 즉 해석자의 적극적인 활동성을 통해 구성된 것을 의미한다. 처음에 그럴듯한 가정은 그 사이에 증명의 딜레마에 빠진다. 즉, 배경과 해석II가 실재론적으로 알려지거나, 총체적인 배열이 불투명하게 되어 심지어 [해석활동의] 개입 자체가 물음의 도마 위에 오르게 된다. (배경은 그 입장에서 무한하게 [ad infinitum] 해석될 수 있지만, 그럼에도 문제 자체는 이를 통해 뒤로 밀려날 뿐이라고 이의를 제기할 수 있다.) 반성의 차원을 위해서는 이러한 해석이 항상 타당하지만, 원초적 차원을 위해서는 심지어 최초의 인상이 실재론적으로 받아들여질 수 있다. 구성물이 실제로 존재한다는 사실이 최초로

---

13) 주관성은 실체가 없으며 무한한 과정이라는 시몬의 주관성이론에 대해 증명딜레마의 반박이 제시되며, 이와 마찬가지로 인식이 대상에 변화를 산출한다는 순환 명제에 대한 반박이 제시된다.

가르치는 반성은 먼저 회의적으로 반응하고 그다음에는 해석II와 연관하여 더욱더 실재론적으로 반응하는 반성이다. 경우에 따라서 배경은 의식적이거나 무의식적으로 불투명하게 남으며 의식에 등장하는 것은 부분적인 것뿐이다. 그럼에도 해석I은 여전히 해석II와 구별될 수 있으며 이를 통해 개념의 적절한 재생을 보장한다. 물론 [개념의] 선별이나 추가가 가능할 뿐 아니라 이것이 규칙적으로 실현된다. 다만 이러한 선별이나 추가는 발생론적 관점에서 실재론적으로 파악될 수 있거나, 그 자체가 아예 재구성될 수 없다(즉, 이들은 무의식적으로 남아 있다). 여기서 발견되는 오류는 다시금 원초적 차원과 반성적 차원의 혼합에 있다. 무의식적인 태도가 반성단계로 전이되며, 이를 통해 무의식적 해석을 통해 이루어진 구성물의 인상을 제안하는 "해석구성물"의 오만이 산출된다. 실제로 렝크가 보는 방식은 무엇보다 반성단계로부터 규정된다. 해석I과 해석II 사이에서 일어나는 해석 전반은 오로지 이와 같은 방식으로만 확인될 수 있으며, 오로지 이렇게만 "구성물"에 대해 언급할 수 있다.

  반성적 차원은 물론 완전히 전개되지 않으며 첫 번째의 비반성적 경험단계에 보존되어 있다. 해석II는 그것을 주제로 삼는 일이 해석적 구성물에 대한 언급을 최초로 정당화한다 하더라도 불투명한 것으로 설명된다. 바로 이러한 불투명성 가운데 생활세계의 잔여가 감추어져 있는데, 이는 중심문제에서 파악된 반성의 관점과 조화를 이루지 못하는 데서 나온다. 확실한 것은 반성 주체가 사실을 어디까지 파헤치는지 그 물음이 열려 있다는 사실이다. 그럼에도 불구하고 반성 주체가 전반적으로 해석을 진단하기 위해 실재론적으로 열어 보일 수 있는 해석II의 밑그림을 파악한다는 사실은 확고하다. 우리가 정말 "첫째" 등급의 실재론을 "둘째" 등급의 실재론과 구별하려고 하지 않는다면, 생활세계의 관점은 그 어떤 경우에도 회의나 반성적 실재론에게 여지를 주지 않는다. 그러므로 증명의 딜레마는 반성모델과 더불어 처음으로 등장하며, 심지어 생활세계에 대한 회의적 태도가 먼저 형성되지만 나중에는 이 태도가 가능한 한 해석II에 대한 단계적 파악으로 넘어가는 방식으로 나타난다.[14)]

해석함이란 다의적 개념이다. 해석철학과 더불어 전진적 해석 및 생산적으로 구성하는 해석을 기초 형식으로 파악한다면, 우리는 인식의 총체적 과정이 중단되거나 축약되지 않는다는 사실에 대해 주의를 기울여야 한다. 해석철학이 의식적 해석과 무의식적 해석에서 묘사하는 것은 다름 아니라 추상적으로 고립되고 더 이상 분석되지 않는 인식과정의 국면이다. 이 국면은 먼저 후진적으로 연장되어야 한다. 이를테면 현상학적으로 전혀 해석으로 이해되지 않으며 (의식적) 반성을 통해 비로소 해석으로 파악될 수 있는 무의식적 해석의 규정에서 후진적으로 연장되어야 한다. 그러므로 이러한 반성적 행위 없이는 해석에 대해 언급할 수 없다.

그러나 반성 행위는 전혀 명료하지 않다. 반성 행위는 (사실에 대한 자기관계의 직접적 지향에 맞서는) 회의적 근본태도에서 의식성으로 진행하는 의식 등급화 국면의 중층적 특수화를 요구한다. 마지막 국면에는 해석II가 현재하는데, 이것은 (무의식적인) 출발상황이나 해석II의 다양한 현상과 무관하며 오히려 해석II 자체와 관계하며 경우에 따라서는 그 전망과 관계한다. 이러한 결과를 동일한 차원에서 상대화할 수 있는 더 진전된 반성행보는 그것이 해석 자체의 개념에 모순될 수 있기 때문에 생각할 수 없다. 어떤 것이 동시에 해석I으로 제시되지 않는 것은 해석적으로 자격을 얻을 수 없는 것이다. 해석I과 해석II는 함께 속한다. 여기서는 해석II가 해석I에 의해 부지불식간에 배제되거나 대치되는 일이 없다.

---

14) 오로지 소수의 반성 주체만이 해석II에 대한 분석으로 나아가는 반면, 다른 반성 주체는 이들의 입장을 되풀이하거나 단순히 회의적인 근본태도에 머문다.

이러한 포괄적 이슈를 고려하지 않은 것은 해석주의의 심각한 오류다. 따라서 해석주의는 일상언어에 근접한 "해석"의 의미와 모순된다. 이와 반대로 해석I을 전혀 알려지지 않은 해석II와 관련지어야 하는 새로운 의미를 실행하려는 시도는 오류로 귀결된다. 이를 통해 "해석"이라는 표현은 모든 의미를 상실하며 이를 메마르게 하기 때문이다.

이로써 지금까지 증명의 딜레마 및 충족딜레마로 불려온 것이 상세하게 다뤄졌으며 그 일련의 진행과정이 추적되었다. (전진적) 해석은 회의에 머물거나 아니면, 진리내용 및 확실성을 갖는 내용의 상이한 등급을 상정할 수 있는 실재론적 결과를 지향하면서 이 회의를 넘어설 수 있다.[15] 해석에 대한 해석주의적 이해는 해석함을 해석II의 "변형"으로 파악한다. 해석II가 조망되는 한 ─ 우리는 조금 전에 이것을 변호했다 ─ 해석II와 해석I 간의 비교는 근본적으로 가능하다. 해석II에 대한 이런 상세한 해석을 엄밀한 의미에서 반실재론적으로 이해할 수 있는가 하는 것은 전문용어적인 물음이다. 해석을 통해 새로운 것이 등장한다는 반실재론에 대한 정의는 이같이 의식적으로 비교하는 해석에도 확실하게 들어맞는다. 다른 측면에서는 진리물음도 비록 상이한 의미에서이기는 하지만 해석I과 해석II에 똑같이 적용된다. 즉, 진리물음은 한편으로 해석II로의 소급을 통해 규정되며(이 소급은 후진적 해석에서만 남는다), 다른 한편으로 해석I을 향한 전진을 통해 규정된다. 여기서는 반실재론적 계기가 실재론적 계기 없이 나타나지 않으며 단일성과 다수성은 우선 해석의 후진 및 전진과는 아무런 관련이 없다는 사실을 확정하는 것으로 충분하다(순수한 후진적 해석도 다수성으로 귀결될 수 있다).

---

15) 해석I과 해석II의 관계를 상이한 등급으로 나누는 것에 대해서는 본서 80 각주 3 ② 참조.

해석의 관계는 의식적으로 시도되는 해석을 위해서 해석II로부터 보다 정확하게 규정될 수 있다. (의식적으로 시도되는 해석을 위해 해석은 오로지 매개적으로만 제시된다. 말하자면 이 해석은 반성 주체에 의해 개방되고 전적으로 처음으로 지각되는 해석이다.) 해석I이 항상 비실재론적으로 정위될 수 있다 하더라도 해석I이 보여 주는 전망의 특성은 하나의 대안을 제공한다. 해석I과 해석II에 대한 비교는 그 자체가 실재론적으로 자격을 얻는 것이다. 해석II를 앎으로써 해석I의 "타자존재"는 이미 알려져 있는 타자의 타자존재로 약화된다. 말하자면 이 둘 사이의 관계는 재구성가능한 것이 되며 그 비합리성에서 타격을 입는다. 따라서 상세한 해석과 전진적 해석도 공간적으로 자유롭지 않으며, 오히려 단어에서 취해진 해석의 구속성에 의해 어떤 것으로부터 그리고 어떤 것으로서 특정한 등급에 이르기까지 지시적으로 확정된다. 또한 이것은 해석행위 자체에 필연적으로 내재하는 실재론적 관계인데, 이 관계는 추후적 반성이나 생활세계적으로 포장된 혼합을 통해 따라잡거나 지양할 수 없다. "해석함"은 관념론적인 "정립"이 아니다. 비록 해석철학자들이 기회 있을 때마다 이 두 개념을 근접시키려고 노력함에도 불구하고 이 둘은 서로 다른 것이다.

해석철학의 함축적 실재론은 후진적 해석과 전진적 해석 간의 전통적 관계를 뒤집으려는 요구가 한계를 벗어났다는 사실을 분명하게 보여 준다. 세계관계와 자기관계는 실재론적 계기와 반실재론적 계기에서 나온 혼란(mixtum compositum)이 순수한 실재론적 방법의 자리를 차지하는 모습으로 확장되었다. 개별적으로는 보다 정확한 비판적 분석이 남아 있지만, 여기서는 이 작업이 근본적인 명료화작업을 위해 뒤로 물러나야 한다.[16]

2. 해석주의의 순환성

해석철학의 순환에 대한 비판적인 언급은 다음의 사실을 의미한다. 가다머에 의하면 해석철학자들은 반실재론이 스스로를 자립적으로 정초할 수 있다는 문제적인 파악을 옹호한다는 것이다.[17] 여기서 (논쟁적인) 자기관계성 논거의 한 변형을 관찰할 수 있다. 앞서 해석철학을 위해 입증될 수 있었던 함축적 실재론[18]은 이미 이러한 관점에 대한 반박에 기여한 바 있다. 이어서 동일한 방향을 가리키는 더 확장된 논거를 기록하려고 한다.

증명의 결핍은 해석주의자들이 이를 설득력 있게 해결할 수 있는 것보다 훨씬 크다는 사실은 명백하다. 증명의 결핍이 충족되는 것은 반실재론이 그 자체로부터 말끔히 설명된다는 사실을 해석주의의 대변자들이 보여 줄 수 있을 때 가능할 것이다. 이러한 의도에서 특히 생활세계적 실재론과 더불어 학문적 실재론도 반실재론에 속하며 모든 자율적 기능의 파생물로 드러난다. 반실재론 전체와 특히 해석주의를 특징짓는 혁명적 폭발력은 실제로 (존재-가상 등과 같은) 전통적인 위계질서를 이와 같이 뒤집는 데 있다.

---

16) 맥락논증의 난문에 대해서는 본서 97-101, 110f. 참조. 다음의 사실은 언제라도 확정될 수 있다. 해석의 개념에 관계하며 증명의 딜레마나 충족딜레마를 상세하게 수행하는 지금까지 전개된 구조적 분석은 실재적 후진과 평행을 이루는 것으로 나타나지만 이것과 혼동되어서는 안 된다. 사실에 있어서는 해석Ⅱ와 분리되어서 자기 고유의 각인을 상정하는 전진적 해석이 실재적 후진에 일치한다. 이것이 정말인지, 그리고 어디까지 정말인지 하는 문제는 논리적으로 선행되어야 하는 확실화 작업의 의미에서 해석Ⅱ를 확실하게 하는 일이다.

17) 여기서 순환은, 증명되지 않은 전제에 관계하지 않고 증명을 위해 문제적인 테제를 요구하는 증명오류에 나타나는 순환논증과 구별된다.

18) 본서 241-252.

무엇보다 먼저 명백한 대비가 차단되어야 한다. 메타수학적 논의는 오래 전부터 수학 체계가 그 자체로부터 정당화될 수 없으며 따라서 논증적으로 추론된 것이 아니라는 사실을 보여 주었다.[19] 그렇지만 이러한 불완전명제는 여기서 다루고 있는 해석주의 문제와 아무런 관련이 없다. 왜냐하면 보충을 위해 필요한 명제들이 여기에 잘 알려져 있을 뿐 아니라 이 명제들이 비록 종속적이라 하더라도 해석철학에 의해서도 주제화되기 때문이다(실재론). 그러므로 해석주의이론의 불완전성은 메타수학적 체계형성과 달리 아무런 근본적인 의미가 없으며 제약적이며 전적으로 수정가능한 의미를 갖는다.

이 밖에도 오늘날 전반적으로 수용되는 인식과정의 중간적 매개는 대상의 다원성을 위해 직접적으로 아무런 결과를 갖지 못한다. 개념적으로 보면 기호체계와 한 사실의 의미가 갖는 다양성 간에는 아무런 연관이 없다. 다양한 의미가 하나의 기호방식에 귀속되는 경우는 전적으로 가능하지만, 이와 마찬가지로 여러 가지 기호들에게 하나의 의미가 귀속되는 반대의 경우도 가능하다. (마찬가지로 하나의 기호타입이 하나의 의미에 귀속되며 다양한 기호들이 다양한 의미들에 귀속되는 경우도 가능하다.) 그러므로 의미의 다원성에 관한 한 관계는 전적으로 중립적이다.

이에 반해 해석주의의 근본논제는 타자의 반대 개념, 즉 "동일자"를 실행할 수 없는 것이 아닌데도 "타자를 다르게 해석한다"는 것이다. 동일자, 일자, 동등한 것의 개념적 현재 없이 타자, 다수성, 비동등성을 생각할 수 없다. 따라서 상관 개념은 서로가 서로를 지시한다. 이에 더해서 "타자" 자체의 확인은 실재론적으로 이해되어야 한다는 사실이 덧붙여진다.

물론 우리는 긍정적인 반대 개념에 오로지 관계적 의미와 파생적 의미

---

19) K. Gödel, 1931, 175-198. W. Stegmüller, 1973³, 특히 36-43, 94, 98 참조.

만을 전가함으로써 이 긍정적 반대 개념을 상대화하려고 할 수 있다. 여기에는 두 가지 길이 열려 있다. 첫째, 전통 지향적이며 그 자체가 상대화될 수 없는 논증과 서술의 딜레마. 둘째, 증명의 딜레마, 즉 그것이 (실재론적으로) 종결될 수 있거나 (회의적) 유동성에서 지지되어야 하는 한에서 위의 퇴행에 대해 반박하는 증명의 딜레마.

그러나 "통일성"의 개념을 내적으로 등급화하는 것은 합목적적이다. 통일성 개념은 (올바른) 해법뿐만 아니라 이 해법을 향한 접근, 그리고 다수의 등급, 차원, 관점에 따른 차별화를 특징짓는다. 이러한 등급, 차원, 관점은 모두 비매개적인 다원주의를 촉진시킴 없이 총체적으로 통일성을 반영한다. 이러한 관점들은 ─ 서로간의 관계에서도 ─ 실재론적으로 접근가능하다.

우리가 근본적으로 주장할 수 있는 것은, 반실재론에 대한 일반적인 증명은 항상 실재론으로 나아가며 다른 한편으로 해석주의가 기대고 있는 반성운동은 어쨌든 실재론의 방향을 지시한다는 사실이다. 이를 통해 해석주의의 자족성은 애당초 신빙성 없는 것이 되었다. 반실재론적 입장은 전개될 수 없는데, 그 이유는 이 입장에는 필연적인 반대근거가 결여되어 있기 때문이다. 반실재론적 입장은 확고한 지지대 없이 자기 내적으로 순환한다. 이에 대한 척도는 해석주의적 논증이 첨예하게 지향하는 자기설명의 어법이다.[20]

여기서 토대가 다져진 해석II의 확장된 의미는 이 밖에도 등급과 관점이 ─ 동등한 가치를 지니는 것으로 추정되는 ─ 이른바 협약주의의 다양한 해법과 연관될 수 있다는 결과를 갖는다. 결정적인 실험(experimentum crucis)이 곧바로 가능하지 않을 수 있다 하더라도 대부분의 경우에

---

20) 자비의 원리의 도움으로 수행된 투사주의도 이 사실을 개별적으로 입증하고 있다.

서 등급은 확실하게 매겨질 수 있다(비록 배치관계가 시간과 더불어 바뀐다 하더라도).[21]

또 다른 논증의 결핍은 해석하는 주체에서 확인된다. "해석"이라는 표제가 해석I과 해석II 이외에도 해석자를 전제한다는 사실은 까닭 없이 논쟁의 대상이 될 수 없다. 물론 해석자는 주체가 다른 모든 것과 마찬가지로 자기 자신도 오로지 해석하면서 현재화한다는 사실을 주장한다. 이런 한에서 자신을 여타의 해석II들과 의미 있게 구별하지 못하는 해석되(고 해석하)는 주체의 사실만 남는다. 해석자를 인격적으로나 비인격적으로 파악하는 것과 상관없이 해석자의 실존은 필연적으로 실재론적으로 주어지며 무한소급의 방식으로 반실재론적으로 상정될 수 없다. 더욱이 해석철학자들에게서 주체는 생산적으로 해석하는 주체로 규정되지만 그 자체가 자명하지 않으며 오히려 실증적인 속성을 드러낸다. 실제로 이러한 선택은 이미 시몬의 주체규정에서도 "무한한 운동"으로 나타나는 실재론적 토대주의를 지향한다. 비록 리히텐베르크와 니체 이래로 "자아"와 "사고"의 분리가 더욱더 강조되어 왔다 하더라도 이에 대한 대안을 생각할 수 있다. 실제로 개별적 "자아"가 별로 중요하지 않지만 그래도 해석하는 심급 자체("그것이 생각한다")는 중요하다. 이 사실을 능동적인 생산자나 무제약적인 과정존재론의 의미에서 파악하는 것은 문제에 대한 회의적 정식화를 분명히 넘어선다. 다른 측면에서 단순히 데카르트에 대한 대안을 세우는 대신 데카르트의 "해법"을 반박해야 한다는 사실은

---

21) 다른 측면에서는 이를 통해 문화와 언어 또는 문학의 비교 평가를 위한 전제가 주어진다. 이것은 이론과 의사소통에서 단수언어성의 초월이 개방되는 영역이며, 문화와 이론이 (단수언어적으로) 결합되어 있다는 가설에 맞서는 영역이다. 문화의 수행능력은 동등한 가치를 지니지 않으며 오히려 보충적으로 채워질 뿐 아니라 위계적으로 분류된다는 사실은 문화비평가와 문화연구자들에게 다소 분명하게 인정되고 있다. W. Perpeet, *Kultur, Kulturphilosophie*, 1976, 1319-1321 (예컨대 원시문화와 고급문화) 참조.

해석주의적 요구를 드러내는 것이 아니라, 해석모델로부터 상환할 수 없는 토대주의적 요구를 드러낸다.[22]

주체에 대한 물음은 원칙적인 성격을 갖지만, 모든 해석주의자들을 결정적으로 반실재론으로 몰아가는 지각이론보다 논의의 여지가 적다. 이에 따르면 지각은 — 더 중요한 그 밖의 모든 인식능력과 마찬가지로 — 항상 다르게 해석하고 다르게 해석할 수 있는, 해석하는 지각이다. 그러므로 새로운 철학의 경험론이 실질적으로 맞아떨어져야 하며 해석주의에 종속되어야 한다.

문제는 두 측면을 갖는다. 첫째는 진정한 것인 지각을 향해 아무런 대안 없이 확정되는 생활세계의 차원이다(모리스 메를로-퐁티의 현상학적 분석 참조).[23] 지각은 오로지 후진적으로만 (또는 같은 방향으로만) 교정될 수 있다. 그러나 그 자체는 내적으로 근원적인 실재론적 데이터로서 안정적이다. 둘째는 지각의 해석I을 주어져 있는 해석II에서 제거하며 여기서 구성적인 특징들을 고려하는 반성모델이다. 그렇지만 이 모델은 증명의 딜레마의 모습을 띤다. 반성모델은 해석I이 제거된 해석II를 제시할 수 있거나, 사태와 관련해서 회의에 머물러야 한다. 오로지 두 번째 경우에서만 진정한 "해석"을 언급할 수 있다. 이것이 통하는 것은, 형식적인 해석관계가 오로지 반성의 도정에서만 현재화될 수 있기 때문이다. "어떤 것"(das Was)과 "특정사실"(Daß)로 축약되는 곳에는 해석의 반쪽 개념을 전체로 부르는 전체이론에 대한 순환적 파악이 존재한다.[24]

---

22) 과정존재론을 가정하는 것에 대한 비판은 본서 260f. 참조.

23) M. Merleau-Ponty, 1966, 22ff., 53ff. ("지각은 해석이 아니다. 왜냐하면 지각을 해석할 수 있는 그 어떤 것도 지각에 앞서 주어져 있지 않기 때문이다.") L. Wiesing(2002, 248-292)이 폭넓게 선정한 문헌 참조. 이 밖에도 F. J. Dretske, 1969; R. Schantz, 1990 참조.

24) 이 밖에도 지각은 언어를 통해 영향받을 수 있지만, 동물의 지각이 보여 주는 바와

　(올바른) 현상학적 해석에 따르면 지각은 실재론적이며 오로지 부분적으로만 지각 자체 내의 교정을 통해 반증될 수 있다. 그러나 반실재론자는 지각에 대한 반성을 넘어서서 다수의 해석들 가운데 반영되는 일반적인 가상의 표상에 도달한다. 이러한 대상의 이미지에 대한 의식(intentio obliqua)은 지각된 것을 동시에 해석II로 고찰할 것을 요구하기 때문에 가치를 갖는다.

　반실재론자는 분명하게 이해된 지각을 상호주관적 매개의 차원에 정위시키는 또 다른 문제들을 지시할 수 있다. 처음에는 개인적이고 우연적인 지각을 언어적으로 정식화하는 프로토콜명제와 기초명제는 보다 상위의 차원에 이르면 이론적인 침윤을 통하는 것과 마찬가지로 언어공동체를 통해서 수태되며 이를 통해서 상대화될 수 있다. 그 사이에 이를 위해 필요한 것은 메타이론가가 처음으로 제시하는 반성을 향한 후퇴이다. 상정된 제약성이 고려되어야 하고 경우에 따라서 이 제약성이 제거되어야 하거나 그 자체가 불확실한 상태로 보존되어야 하는 한에서 이른바 기초문제는 딜레마적이다.

　과거적인 것에 대한 지각은 높은 등급에서 본래적이고 현재적인 지각으로 기호를 통해 매개된다. 그럼에도 불구하고 역사와 문화학에 대한 이해와 비교와 재-동일화를 반복하는 것은 각각의 분리된 상태를 유지할 수 있어야 한다. 이러한 구별은 가다머와 해석주의자들에서와 마찬가지로 비트겐슈타인, 스트로슨, 설, 데리다, 더밋의 토론에서 충분히 고찰되지 않았다.[25] 반복은 현재의 맥락에 대한 적응을 전제하며, 이해는 낯선

같이 언어에 의해 규정될 수는 없다.
25) Wittgenstein, *Philosophische Untersuchung* § 322, § 376ff.; Strawson, 1959, 38-47, 89-103, 261-267, 278f.; J. R. Searle, 1977, 198-208; J. Derrida, 1977; Gadamer, W. M., 377ff.; H. Lenk, 1955, 128f. 이들 토론을 철저하게 논구한 M. Frank, in:

것에 대한 파악만을 전제하며, 비교는 이 두 맥락의 파악을 전제한다. 그러나 구별을 혼동하는 것은 해석주의와 반실재론 전반에게 특징적이다. 낯선 맥락을 고려하지 않거나 이를 자신의 맥락으로 포섭하는 것은 불명료한 타협("지평융합")에 이르거나, 애당초 자기 것을 낯선 것보다 높게 평가함으로써 해석적으로 수용된 내용을 과도하게 퍼뜨린다.[26] 이러한 선택에서는 결국 객관적 관점을 포기하기 위하여 관념론과 실재론 사이에서 한 입장을 다른 입장에 신중하게 대립시키는 해석주의의 순환적 입론이 재차 인식된다.

또한 하이데거와 가다머 이래로 통례적인 것이 된 (절대적 의미에서의) 진리와 (상대적인 의미에서 특정 맥락에 연관되는) 객관성 간의 구별은 지금까지 시도된 숙고를 더 이상 붙들려고 하지 않는다. 진리는 상대적인 의미를 선택함으로써 독단적으로 주장될 수 없으며 오로지 일시적이고 잠정적인 것으로만 주장된다. 여기서 항상 주의해야 하는 것은 현재적인 파악이 옳은 파악을 제시하거나 적어도 이것에 근접한다는 가능성이다. 분석철학에서 (데이비드슨을 따라) 확산된 신뢰주의(Reliabilismus), 즉 우리의 판단이 옳다는 사실이 유력하다는 것을 주장하는 신뢰주의는 이러한 파악에 도움을 준다.[27]

1996[2], 491-560 참조. M. Dummett, 2005 참조(여기서 더밋은 자신의 지금까지의 검증주의가 충분하지 않기 때문에 과거를 위해 실재론적 버전에 근접한다. 55ff., 77ff., 120).

26) 엄밀하게 보면 이것은 해석주의자들의 해석이론에 부합하지 않는다. 이 이론에 의하면 내용이 아니라 전임자들의 파악이 해석된다(연쇄논거). 본서 23 각주 6, 101ff., 217f., 245 참조.

27) A. I. Goldman의 서술 참조. in: Dancy J./E. Sosa, *A Companion to Epistemology*, 433-436.

3. 회의적 실재론

실재론은 부정에서 시작하여 순환적으로 부정에서 종결되는 이론이 아니라, 애당초 긍정적인 것을 정립한다. 따라서 실재론은 복잡한 매개, 즉 종국에는 그 자체가 비매개적으로 남아야 하며 그렇기 때문에 자기확인에 의지하는 그러한 매개를 요구하지 않는다. 물론 실재론의 긍정은 애매성을 피하기 위하여 상세한 설명을 필요로 한다. 실재론은 무엇보다 먼저 실재적인 것이 항상 파악되지 않으며 착각이나 기만도 등장한다는 사실을 다루어야 한다. 이런 한에서 실재론은 제한되어야 한다. 말하자면 진리를 오류와 구별하는 기준이 제시되어야 하는 것이다. 어쨌든 진리나 오류가능성은, 실재와 경험을 분리시키고 이를 통해 이중적으로 분할된 인식론적 상황에 이르게 하는 해석성보다 선택될 가능성이 낮다. 오류가능성은 개별적인 경우에 제한되는 반면, 해석성은 무결점을 요구하며 그렇기 때문에 어어지는 토론을 명백하게 선결정해 버린다. 그 밖에도 오류는 보통 쉽게 입증될 수 있는 반면, 해석은 그것이 실재론적인 관계로 되돌아오지 않는 한 강한 의미에서 거의 입증될 수 없다. 따라서 실재론이 아주 넓은 폭을 갖고 있다는 사실은 명백하다.

해석주의는 전통 형이상학의 규정성에 이의를 제기하며 이 때문에 주로 (규정할 수 없는) 과정성에 연계된다. 그러나 이러한 선택은 부적합한 토대주의적 전제라는 부담을 지게 된다. 무엇보다도 논제가 다시금 증명 불가능한데, 그 이유는 대비원리(Kontrastprinzip)가 결핍되어 있으며 이 때문에 적절한 진단이 불가능하기 때문이다. 실제로 운동과 정지는 서로 결합하는 가운데서만 ("혼합된" 관계에서만) 등장할 수 있다. 구성 가능한 것은 병립하는 다양한 관점에서 생겨나는 다소간의 과정성에 불과하다. (이것은 물론 우리가 조망하는 관점에만 해당하는 반면, 아마도

다른 관점들은 전혀 등장하지 않을 것이다.) 이로써 과정성에 대한 최종
적인 판단을 허용하지 않는 증명의 딜레마가 개방된다. 오로지 부분적인
반복을 통해서만 전반적으로 변화가 언급될 수 있으며, 그렇지 않은 경
우에는 회의적 결과만 남는다. 그 밖에도 유한성은 해석성을 위해 아무
런 논증도 제공하지 않으며 무엇보다 먼저 특수성만을 넘겨준다는 사실
이 재차 강조되어야 할 것이다. 그러므로 과정주의는 해석주의의 가설을
뒷받침하는 데 적합하지 않다.

　여기서 표방되는 실재론은 과정주의를 거부한 이후 (질료적인) 개별
사물에 관한 근대의 유명론과 연결된다. 이것은 지난 몇 십 년 동안 주로
스트로슨이나 투겐트하트가 밝혀낸 것과 같다. 더욱이 이 유명론은 대부
분의 분석철학자들에게 전제될 수 있다. 그러나 순수한 유명론에 의지하
고 (약한) 의미실재론 — 이를테면 추상적 대상[28] — 및 이론실재론의 가

---

28) 잘 알려진 바와 같이 성질, 관계, 명제(판단), 보편(예컨대 종, 류), 형태, 등급, 수
또는 기능에 존재론적 적절성이 관련되는지, 그리고 여기에 어떤 적절성이 관련되는지
에 대해서는 여전히 논쟁이 있다. 다시 말해서 존재론의 한계와 등급에 대해서는 잠정적
으로 아무런 합의에 이르지 못한 것이다. 오로지 후기 브렌타노만이 강한 유명론을 표방
하는 반면, A. 마이농스는 형태와 영역을 차별화하고 등급화함으로써 유명론적으로 개
별존재만을 인정하는 대상이론을 선구적으로 작동시켰다. 콰인은 물리적인 대상을 넘어
특히 수학을 통해 예증된 추상적 실재도 상정한다(앞서 등급의 범주하에서 요약한 바 있
는 수, 관계, 기능 및 등급의 등급 등). 또한 G. Bergmann(*Realism*, Madison and Lon-
don, 1967)도 관계와 기능을 대상세계에 포함시킨다. W. Künne(*Abstrakte Gegenstä-
snde. Semantik, und Ontologie*, Frankfurt 1983, 개정판 Klostermann 2007)는 콰인에
맞서서 강도(Intensionen)도 복권시키려고 하며 이를 통해 대상세계의 보다 폭넓은 "재
플라톤화"를 달성하려고 한다. 순수한 유명론은 예컨대 보편을 개체적 전체성으로 이해
함으로써 항상 간접적으로만 생겨날 수 있다. 프레게에서 현재까지의 문제사에 대해서
는 R. Schantz//R. Scholz의 "Universalien", in: *Historisches Wörterbuch der
Philosophie*, Bd. 11, 2001, 특히 192-199 참조. (발견술적으로 주장될 수 있는) 유명론의
난점에 대해서는 C.F. Gethmann의 "Nominalismus", in: *Enzyklopädie und Wissen-
schaftstheorie*, Bd. 2, 1984, 1022-1025 참조. "추상적 특수"에 대한 논의는 다음의 두 책

능성에 대해 토론하지 않는 것은 성급한 일일 것이다. (여기서 사태는 보통 개별사물의 자리에 들어선다.) 우리는 세계에 대해 결정적인 진술을 할 수 있는 것 이상으로 확실한 것을 알지 못한다. 바로 이러한 이유로 우리의 실재론은 또한 회의적 실재론으로 불릴 수 있다. 우리는 개별적인 경우에 대해 오류가능성을 허용할 뿐 아니라 현실의 전 영역을 등급 지어서 이에 대해 비판적인 신중함으로 다가가는 경향을 갖는다.[29] (이것은 다른 한편으로 의미론과 문장론에 대해 화용론[30]을 앞세우는 동시대의 시도를 거부한다.

우리는 해석주의에게 관념론과 실재론 간의 화해를 말하면서 실재론과 해석주의 간의 매개적 입장을 회의적 실재론에게 전가(轉嫁)할 수 있다. 어쨌든 회의적 실재론은 소박한 실재론과 소박한 반실재론에 맞선다. 소박한 반실재론에 맞섬으로써 만들어진 통로는 회의적 실재론에게 길을 터주기 위해 필요했었다. 만약 해석주의가 (신칸트적) 관념론을 제약한다면 회의적 실재론은 한걸음 더 나아가 전적으로 "소박한" 실재론으로 돌아가지 않고 오히려 해석주의의 실험을 통해 정화된 실재론으로

참조. D. H. Mellor/A. Oliver, *Properties*, Oxford 1997, 특히 112ff., 125ff.; St. Laurence/C. Macdonald (ed.), *Contemporary Readings in the foundations of metaphysics*, Oxford 1998, 특히 129ff., 327ff., 385ff.

29) "회의적 실재론" 용어는 대상적으로 개별 영역의 확실성 등급에 대해 문제를 제기하는 것보다 전체 인식과정을 별로 문제 삼지 않기 때문에 잘 알려진 "비판적 실재론" 권장된다. 회의적 실재론은 "비판적 실재론" 선호되는데, 그 이유는 직접적 실재론도 일반적으로 지각의 접촉을 산출하지만 이를 넘어서 아무런 직접적 관계를 만들어 내지 못하기 때문이다. ― 회의적 실재론이라는 표현은 1994년에 출간된 J. Bigelow의 책 3-26, 특히 17-19에서 처음으로 등장한다. M. Devitt, 1997a, 저자후기, 304, 338f. 참조.

30) 비트겐슈타인과 가다머가 강조하는 "사용"과 "적용"의 차원은 이미 앞서 G. 미쉬와 H. 립스에 의해 강조된 바 있다(물론 양자에서는 사용과 적용을 통해 의미론을 대체하려는 요구가 없다).

되돌아간다. 특히 회의적 실재론은 포괄적 실재론 안에서 토론되어야 하는 영역별 특수 해법의 분화에 근거하고 있다.

전체적으로 결정적이지만 개별적으로는 조심스럽게 접근하는 이러한 처리방식은 단일성과 다수성의 관계와 같은 보다 폭넓은 관점을 통해서 또는 이른바 원칙물음을 통해서 확증된다. 최근의 근대성은 여기서 너무 모험을 하는 것 같다. 말하자면 단일성과 다수성의 전통적 위계질서를 뒤집는가 하면 원칙물음을 계속 무력화하는 것이다. 그 사이에 일어난 철학사의 전도현상은 항상 불안정하다. 이러한 전도는 일반적으로 매개적 해법으로 되돌아간다. 이러한 해법을 세밀하게 살펴보는 것이 이 책의 본질적인 관심사다.

그래서 형이상학의 전통에 대한 비판은 단일성을 밀어내고 이를 다수성 아래에 정위시키거나 심지어 다수성을 위해 단일성을 포기할 수 없는 것으로 드러난다.[31] 특히 다수성이 무한으로 또는 무한소(無限小)로 격리된다는 것은 실존할 수 없거나 아예 생각할 수도 없다. 이것을 사고실험을 통해 펼쳐 보였다는 것은 예컨대 해석주의의 공헌이다. 여기서 나오는 결과를 지금 끌어낼 수 있다. 즉, 단일성의 동등한 지위에서는 어떤 것도 변화될 수 없으며 따라서 이것은 범주적인 동일질서로 되돌아갈 수 있다.

이와 마찬가지로 형이상학의 원칙 강조를 떨쳐 버리는 것이 유익한 것이었을 수 있다. 그럼에도 원칙이란 아예 존재하지 않으며 원칙물음을 결정적으로 포기하는 것이 근현대 유명론의 결과에 속한다는 수많은 분석철학자들의 반대 도그마는 근거 없는 것이다. 이러한 배제적 경제설정은 압도당하게 된다. 왜냐하면 아프리오리한 학문에서 뿐만 아니라 경험과학 및 철학에서도 오로지 원칙적 선택을 통해서만 논쟁을 해소할 수

---

31) 예컨대 K. Gloy/E. Rudolph (Hg.), 1985 ; K. Gloy, 1981 ; D. Henrich, 1985 참조.

있는 관계들이 등장할 수 있기 때문이다. 이와 비슷한 것이 순수하고 혼합되지 않은 과정주의의 경향을 위해 제시될 수 있었다. 과정주의는 입증될 수 없으며 따라서 단순히 요청적인 것으로 남을 수 있다는 것이다. 이러한 일면적이며 배제적이고 형이상학의 반명제적 역사로부터 늘 설명될 수 있는 축약에 맞서서 현상에 대한 전면적 고찰을 주장할 수 있다.[32] 회의적 실재론은 관념론, 해석주의, 내재적 실재론의 전제와 편협한 설명을 뛰어넘으며 이와 같은 위협적인 오류결정에서 자유로운 입장이다. 문제제기를 올바른 위치로 되돌리고 오늘날에 가능한 낙관적 일처리에 도달하기 위해서는 단일성과 전체적 다수성 및 개별적 다수성이 맺는 관계 서열에서 적절한 위치변경만이 필요할 것이다.

회의적 실재론에서는 양상이 정확하게 주장된다. 이미 다룬 바 있는[33] 해석주의적 선택가능성은 대상적 가능방식과 똑같이 고찰된다. 그렇지만 (가령 하이데거의 경우와 같이) 아주 특수하게 동기화된 새로운 강조와 달리 과거와 미래에 앞서 현재의 우선권이 확정될 수 있다. 실재는 우선적으로 현재에서 충족되므로 회의적 실재론은 압도적으로 현재적인 것이다. 실재적인 것은 처음에 주어져야 하며, 이를 통해 전반적인 다른 양상이 고찰될 수 있다. 물론 현재는 내적으로 분화되며, 현재의 이차원적 연장을 허용하는 "현재적인" 과거 및 미래와 더불어 생각되어야 한다.[34] 더 나아가 — 이론적으로 고찰하든 실천적으로 고찰하든 간에 — 가능한 한에서 잠재적인 것은 적지만 이것이 불필요한 것은 아니라는 사실이 유효

---

32) R. Shusterman, 1996, 52ff. 그는 정당하게도 현대의 반형이상학자들에 맞서서 단일성[과 통일성]의 관점을 옹호한다. (그는 물론 충족딜레마적으로 아무런 근거가 없는 주관화의 경향을 가지고 이를 수행한다.)

33) 본서 74-77.

34) 본서 139ff. 참조. 세부적으로는 저자의 책, 1981, 1995², 302-304쪽 참조.

하다. 이로써 양상의 위계질서를 둘러싸고 있는 테두리가 정해진다. 현재는 유연하지만, 바로 이를 통해 현재가 단순한 과거 및 단순히 가능한 미래에 맞서서 추월할 수 없는 우선성을 매개로 하여 특징지어진다.

사실을 올바로 이해한다면 해석주의는 이에 맞서 세계관계와 자기관계에서 오로지-가능한-것을 정립하며, 그렇기 때문에 제2선에 정위될 수 있다. 말하자면 회의적 실재론에서 회의적인 것의 표제하에 수렴될 수 있는 것이다.

4. 실재론과 반실재론

해석주의는 인식론의 새로운 버전이다. 해석주의에게 특징적인 것은 20세기 철학에서의 언어적 전회 내지 기호론적 전회에 의지하고 있는 인식의 근본적인 중간성이다. 인식의 대상은 직접적으로 소유될 수 없으며 언어와 같은 기호를 통해서 매개될 뿐이다. 물론 이를 통해 매개의 방식과 등급이 마무리되는 것은 아무 것도 없다. 매체가 결합되기보다는 분리되는 것으로 보인다는 이런 일반적인 안내로 끝난다는 사실은 별로 만족스럽지 않다. 기호와 의미의 가능한 관계를 구별하고 그 인식론적 범위에 대해 철저하게 생각한다는 사실이 최소한으로 제시되어 있을 뿐이다. 이 관계는 애매한 관계와 애매하지 않은 관계로 나누어진다. 기호와 의미 양자가 한 방향에 있거나 두 방향에 있다. 즉, 기호를 고려하거나 의미를 고려하거나 아니면 양자를 다 고려하는 방향에 있는 것이다. 다시 말해서 기호가 다양한 의미를 갖거나, 다수의 기호가 불명료한 관계에서 여러 의미를 갖는다. 전통의 개별과학적 해석학은 애매하지 않은 관계에 집중하지만, 새로운 철학적 (메타)해석학과 해석철학은 애매한 관계를 선호한다(하나의 기호체계 — 다양한 의미들). 이로써 기호는 의미를 파손되고 변경된 모습으로 재현한다. 즉, 애매하지 않은 모델에서와 "달리" 표현한다. 따라서 표현의 동일성은 더 이상 보증되지 못하며 이와 반대로 처음부터 철회된다. 다른 말로 한다면, 늘 전통적 방식의 모사특성을 배제하는, 보다 상세하게 규정되어야 하는 연관을 위해 "대응"(일치)의 개념이 면직된다.

그러므로 해석주의에서의 "기호"는 지시체계가 기호들 간의 관계에 제약되지 않는 한(데리다, 시몬) 확장된 비본래적인 의미를 획득한다. 여기서 기호 개념을, 비유를 남용하는 방식으로 사용하지 않는가 하는 물음은 미결의 상태로 있다. 그렇지만 애매한 관계에 대한 제한이 임의적으로 이루어지고 규칙적인 증명수행으로 기술될 수 없다는 사실이 주목을 끈다. 나머지 관계 유형은 애당초 배제할 수 없다. 이것은 일-대-일-관계가 고찰되어야 한다는 사실을 의미한다. 불확실성은 직접적으로 제거되지 않는다. 그것은 해석II에게 독자적인 진입을 허용하는 인식국면의 재구성을 통해서만 제거되는 것이다. 그렇지만 해석주의는 이러한 시도를 할 준비가 되어 있지 않는데, 그것은 해석주의가 무엇보다 해석성의 원칙을 지양할 것이기 때문이다. 그러므로 증명부담의 상환불가능성이 남아 있을 수밖에 없다. 혹은 다르게 말해서 일자에 대한 다자의 관계는 오로지 그 자체가 무엇보다도 논박가능성과 의심의 지배하에 있는 하나의 가능한 관계일 뿐이다. 하나의 기호가 하나의 (올바른) 의미를 갖는다거나, 다양한 의미가 다양한 기호로 불명료하게 교차한다는 사실은 근본적으로 가능하다. 이것은 체계적인 문제를 무력화시키는 장시간의 해명을 지시할 수 있다. 또한 제4의 배치관계(Konstellation)도 숙고할 가치가 있다. 말하자면 다수의 기호는 (잠정적으로) 동일한 의미를 지시하는 것이다.

기호와 의미의 병렬이 어떻게 기능하는가 하는 것은 열려 있는 문제여야 하며 또 그럴 수 있다. 그렇지만 애매한 관계의 복잡성과 뒤섞여서는 안 되는 병렬의 유일성이 유형으로 확정되어야 한다. 따라서 관계는 이 경우에 동일한 종류로, 그리고 불변의 모습으로 지속해야 하며 또한 그 자체로 알려져야 한다.[35] 의미맥락이 상대화될 수 있다는 것은 기준의 확실성을 제2의 차원에서 유효하게 묻는 것을 가로막는 타당성 딜레마를 통해 삭제된다.

이것은 등급화의 차이가 순수한 해석성의 동질화결과에 복종하고 이를 통해 무력화되기에 앞서 그것이 무엇보다 실재론적으로 진지하게 받아들여져야 한다는 사실을 의미한다. 순수한 해석성을 향해 도약하는 것은 가능하지만 필요한 것은 아니다. (이를 위해서는 다원주의만으로 충분하지 않다.) 이 밖에도 해석적 차원과 등급화 차원 양자에서 작업하라는 요구는 다수의 차원들을 단순화하라는 요구보다 더 크다.

다음의 방향들은 딜레마적 비판의 도식에 내맡겨져 있다. 협약주의, 비판적 실재론, 구성주의, 맥락주의, 이론충전적 경험의 논제.

이러한 파악을 간단히 뒤집는 논거는 물론 없다. 그러나 이와 반대되는 생각과 그 신빙성에 대해 처음으로 물음을 제기하는 것은 아직까지 연관적으로 제시된 바 없다.

자연에 대해 제기된 물음을 과학적으로 답변하는 데에 전적으로 의존하는 협약주의에 관한 한, 결과의 등가성을 전제하는 것은 전반적으로 허구적이다. 구별된 해결책이 등장하지 않는 때가 있다면 그것은 특수한 경우뿐이다. 그 밖에도 여기서 전반적으로 해석이 언급될 수 있는지, 그

---

35) 그렇다 하더라도 잠정적이거나 결정적인 의미중심성이 경우유형으로 나타날 수 있으며, 그 주변에 동일한 의미나 하부의미가 등장할 수 있다. 그럼에도 불구하고 이것은 "동일한"이나 "비슷한"이라는 표현을 사용하는 것이 더 이상 보증되지 않는 곳에서 한계를 갖는다.

리고 엄격한 해석주의를 배제하는 현실의 관점에 대해서는 오히려 언급할 수 없는 것이 아닌지 의문이 생긴다. 더 나아가 여기서는 발생에 대한 물음이 타당성에 대한 물음으로부터 적절하게 분리되지 않는다. 이것에 대응하는 것은 타당성을 얻기 위한 추론을 허용하는 다가(多價)의 예측가능성을 은폐하고 이를 새롭게 해석하는 일이다. 결론적으로 협약적 정립이 가정하는 것은 종종 외적인데, 그 이유는 이것이 경험적인 전체 틀을 주목하지 않으며 연구의 진행과정을 서서히 약화시키기 때문이다. 또한 협약주의는 다언어성과 유사한 것으로 보일 수 있는데, 이 다언어성에서는 개별언어가 관점이나 해석을 제공한다는 사실여부가 미결정상태로 있어야 한다. 협약주의에서는 언어현상에서와 같이 이 사실이 거의 결정될 수 없다. 그러므로 철저하게 회의의 입장을 취하는 것이 옳다. 그리고 해석주의도 임의적인 해결을 고려하지 않으며 해석I 가운데 모종의 선택과 제약이 작동하고 있음을 관찰한다는 사실은 협약주의에게 교훈적이다. 이를 통해 (신칸트학파적인 유래를 갖는) 자유로운 정립의 표상이 해결되는 한에서, 이 사실은 협약주의로의 역추론을 허용한다. 결국 대부분의 해결은 장기적으로 지속적인 테스트는 물론이고 경우에 따라서는 배제에 복종하게 되며, 이로써 입증된 다수해결의 경우는 일반적인 이론을 견지할 수 없는 예외로 수렴된다.

  비판적 실재론은 순환적으로 실재론 자체에 대해 이의를 제기할 수 있는 경험의 딜레마적 상태를 위반한다. 총체적인 인식과정이 오로지 반대를 통해서만 매개되고 조정된다면 실재에 대한 물음은 더 이상 의미심장하게 결정될 수 없다. 반대나 주체의 제약성에 해당하는 것과 원본적인 경험에 해당하는 것은 이에 대한 믿을 만한 기준이 주어지지 않을 때 더 이상 분리되지 않는다. 그런데도 이것은 보통 구별되지 않아서 임의성을 불러내는 일이 종종 비판적 검증에 부착되어 있는 것으로 나타난다. 이렇게 되면 비판적 실재론은 종종 형용모순(contradictio in adjecto)으로 느껴진다.

구성주의도 그 자체가 해결한다고 공언한 딜레마에 빠진다. 구성주의는 세계가 우리에 의해 "구성"된 세계와 실제로 동일하지 않으며 따라서 가정된 "구성"이 실제로는 "재구성"이라는 사실을 철저하게 설명할 수 없다. 여기서는 심지어 우리가 아무런 인지와 자각도 없이 실제의 세계에 단계적으로 접근한다는 경우가 등장할 수 있다.

맥락주의는 개체성과 관점을 전제한다. 개체성과 관점이 독창적인 (딜레마적) 증명의 부담에 의존하고 있다는 사실은 이미 제1장에서 다루었다.[36] 그럼에도 불구하고 사람들은 증명의 딜레마가 맥락에 따라 늘 상이하게 보인다는 사실을 주장함으로써 그때마다의 맥락을 재차 증명의 딜레마에 대립시키려 할 수 있다. 우리가 순환 증명의 맹점을 무시한다 하더라도 사람들은 우리가 지평과 맥락의 고유함과 낯섦을 분리된 것으로 받아들인다는 사실을 요구할 수 있다. 실재론자는 자신을 낯선 맥락으로 이입하여 생각할 수 있으며 이 맥락을 자기 고유의 맥락과 연관시킬 수 있다. 개체적 지평 또는 임시적 지평에 대한 준-유아론적 고립화는 증명할 수 없을 뿐 아니라 반직관적이다. (재구성가능성과 반복의 분리는 바로 여기서 기인한다. 엄밀하게 본다면 반복은 오로지 동일한 맥락에서 일어날 수 있는 반면, 낯선 맥락도 재구성될 수 있으며 이론적으로 재생될 수 있고 비교될 수 있다. 그러므로 역사의 맥락주의는 철학적 해석학에 의해 너무 폭 좁게 파악되었으며 부당하게도 "반복"과 더불어 고찰되었다.)

이론충전적 경험의 논제는 포퍼에 의해 주장되었다.[37] 우리가 이론적 계

---

36) 본서 31-34.

기들을 개별적으로 동일화하고 이를 배제할 수 있다면 이에 대해서는 그 누구도 이의를 제기할 수 없다. 그러나 해석주의자는 논제를 일반화된 것으로 이해하며, 즉 아프리오리하게 이해하며 따라서 이를 순환적으로 이해한다. 이러한 도정에서는 경험에 도달할 수 있는 가능성이 없다. 오히려 이론가는 자신의 독자적인 정리(定理)에 묶여 있으며 만약 이 정리에 대해 분명하게 알게 되면 더욱더 이것에 묶이게 된다. 하지만 논제는 총체적으로 딜레마적인 것으로 거부된다. 즉, 우리가 이론 제약적이라는 사실은 명백하며, 그렇다면 이것은 대체로 피할 수 있는 것이다. 또는 우리가 이론 제약적이라는 사실에 대해 긍정적으로 언급하는 것은 (잠정적으로) 어디에서도 발견되지 않는다. 실제로 현재의 다수 과학철학자들은 이러한 가정에 대해 회의적이다.[38)]

---

37) 칼 포퍼는 여기서 아주 명료하지 않은 매개적 입장을 취한다. 『구조의 신화』(*The myth of framework*, 1976)에서 그는 관찰이 이론을 수태(受胎)한다는 논제를 반복하지만, 이와 동시에 (맥락주의자들이 말하는 결정론적 틀과 구별하여) 틀 자체를 초월하는 우리의 자유를 주장한다. 물론 한 제약성은 다른 제약성에 의해 대치될 수 있기 때문에 수정을 요구하는 것은 근본적으로 충족될 수 없다. 따라서 해석철학자들은 포퍼를 자신들의 논제에 수렴시키고 이를 통해 포퍼의 라이벌로서 이 논제를 차단하는 손쉬운 게임을 한다. 이와 마찬가지로 특별한 주장이 담겨져 있지 않은 다음의 책 참조. H. Albert, 1996, 9-28. 이에 맞서 우리는 본서에서 강조점을 다른 곳에 둔다. 한 입장의 제약성은 (예컨대 한 관찰의 제약성은) 인식가능하거나 인식불가능하다는 것이다. 인식가능한 경우에는 필요할 때 입장의 제약성을 수정하거나 이를 감안할 수 있다. 인식불가능한 경우에는 입장의 제약성이 사실적으로 그리고 이론적으로 현존하지 않으며, 그것은 다른 입장의 제약성에 이를 때까지 지금까지 해오던 방식으로 다루어져야 한다.

38) J. Mittelstraß, in: *Inf. Philos.*, 1989, 17; M. Carrier, in: 1994, 20-83; M. Carrier, *Enzyklopädie Philosophie und Wissenschaftstheorie 4*, 1996, 274. M. Carrier/J. Mittelstraß, Geist, Gehirn, *Verhalten*, Berlin/New York 1989, 175-178 참조(이 책은 A. Einstein과 H. Feigl과 연관해서 썼다). — 다음의 사실은 더 일반적으로 통한다. 우리가 콰인을 계승하면서 분석판단과 종합판단의 구별에 대해 문제제기한다면, 스스로를 수정하는 경험론이 우선적인 인식지평이다.

해석주의는 일반적으로 근대 인식론의 후속이론에서 발견된다. 근대 인식론에 의하면 규정되지 않은 질료(Hyle)는 능동적인 지성을 통해 가공되고 변형된다. 그러나 주관성을 탈유명론적으로 강화하는 것과 결부되어 있는 이러한 준-관념론(Semi-Idealismus)은 해석주의이론에서는 더 이상 현실적으로 작동하지 않는다. 주관성의 자리에 기호세계의 중간성이 들어선다. 이 기호세계의 중간성은 — 근원적으로 의식과 마찬가지로 — 자기관계와 세계관계를 더욱 지속적으로 규정하며 또한 명백히 재발견 할 수 없는 것으로 규정하는 것처럼 보인다.

실제로 새로운 해석철학은 사실상 (말-의미-사실이라는) 기호학적 삼각형에 토대를 두고 있는 예전의 표상(Repräsentation)모델을 비판적으로 발전시킨 것이다. 고대, 중세 및 초기 근대의 저자들에게는 기호학적 삼각형이 아무런 문제없이 모사사고와 결합되었다. 특히 표상의 유일성이 사태의 유일성과 결합되었다. 여기서는 개별적으로 단계별 배치(좋은 배치, 상대적으로 최선의 배치, 절대적으로 최선의 배치), 부분-부분-관계(관점, 전망), 가능한 오류가능성에 대해서도 생각될 수 있었다.

후기 근대에서는 표상모델에서 점차적으로 이중의 변화가 일어났다. ① 표상은 (의미와 더불어) 더 이상 순수하게 수동적으로가 아니라 능동적으로 생각된다. 표상은 먼저 해석자의 선천적인 재능이나 개성적인 성질이나 그 맥락에 자리 잡고 있는 그 무엇을 사태에 첨가한다. 이것은 라이프니츠가 길을 연 다음 칸트에 의해 관철된 표상모델의 근대적 변혁이다. ② 유일성을 겨냥하는 모사사고 내지 그림(Abbild)사고는 문자적인 의미 및 전이된 의미에서 전적으로 탈락되며 — 더 이상 관점적으로 파악될 수 없는 — 의미의 다원성에 의해 대치된다. 이것은 현대 해석철학의 상황이다. 물론 ①은 ②의 버전 가운데 포함되어 있으며 이를 통해 ①이 더욱 강화된다. 해석의 구성물과 해석의 도식 등과 같은 것이 이러한 연관에 속한다. 의미는 더 이상 즉자적으로 존재하는 사태에 직접적으로 관련되지 않는다. 더 나아가 의미는 지속적인 타당성요구가 파악되지 않은 채로 개별적으로, 확실히 우연적으로 변한다.

그러나 ①은 여러 갈래의 인정에도 불구하고 충족딜레마 내지 증명의 딜레마에 의해 위협받는다. 이를테면 선험적 주체나 경험적 주체가 어떤 것을 — 또는 전적으로 본질적인 것을 — 근원적 사태에 첨가한다는 사실은 설명될 수 없다. 어쨌든 근원적 사태와 이에 대한 첨가 사이의 경계는 어떤 방식으로도 파악할 수 없다. (이를 통해 확고하게 정의된 것이 자연스럽게 예단되는 것이다.) 이것이 현대 해석철학을 위한 결과를 낳는데 그것이 ②이다. 해석철학에서는 가정적인 주체적 기여가 다양하게 되며 불명료하게 된다. 가정적인 주체적 기여가 수행된다는 사실은 견해와 믿음의 사실일 뿐 지식의 사실이 아니다.[39]

근대에 등장한 주체의 생산적이고 창조적인 역할은 결국 딜레마적으로 위협받게 되었다. A. 슈미트[40]의 비판적인 탐구는 이것에 대해 다음의 사실을 보여 준다. 이성(Ratio)에는 기껏해야 규정되지 않은 기체(Sub-strat)를 지속적으로 해명할 수 없는 질서기능만 해당하는 반면, 고대의 지각이론은 이미 지각의 규정된 형식과 더불어 시작한다는 것이다.

---

39) 근대철학에서 1차성질과 2차성질의 구별이 지성의 자발성이론에 자극적으로 영향을 미쳤다는 사실은 잘 알려져 있다. 그럼에도 이 이론의 비판적 분석은 1차성질 그 자체가 지속적으로 객관적으로 간주되며 전혀 그 배후에 대해 반실재론적으로 물을 수 없었다는 사실을 보여 준다. 여기서 자발성은 그 추후의 전개에서 나타난 지위를 아직 얻지 못했다. — 근대의 반실재론에 나타난 록크의 구별을 (허가되지 않은 방식으로) 일반화한 것에 대해서는 M. Devitt, 1991², 300 참조 — 해석II를 추론하거나 심지어 해석자의 진술능력을 보유하기 위하여 해석자 자신에 대한 타자의 관계를 추론하는 것이 실재론적이어야 한다는 사실은 앞에서 지적되었다(본서 25f.).

40) A. Schmitt, 2003, 97-121. 524-540.

늘 그랬듯이 우리가 근대 인식론의 기원과 타당성요구를 평가한다 하더
라도, 근대의 인식수행이 아주 제약되어 있다는 사실은 확실하다. 왜냐
하면 이 인식수행에는 근본적인 점들에서 "대상 자체"가 박탈되어 있기
때문이다.[41)]

　해석철학 내에서 의식의 자리로 옮긴 중간 매개성은 인식의 조건을 구
체화하고 이를 보다 명확하게 규정한다. 언어에서 ― 그리고 모든 기호
체계에서 ― 언어가 대상의 관점이나 해석을 제공한다는 문제는 그 여부
를 결정할 수 없다. 대상세계 앞으로 밀려나온 주체의 주권은 여기서 다
의적인 매체를 통해 파손되며 이를 통해 인식론에서도 새로운 입론을 가
능하게 하는 애매성과 구체성에게 자리를 마련해 주었다. 관점과 등급에
대한 필요한 고려는 고찰의 마당을 여러 항목들에서 확대한다. 첫째, 준-
관념론은 더 이상 초기 근대에서와 같이 절대적이지 않으며 중립적인 전
망을 허용한다. 둘째, 이를 통해 총체적인 파노라마는 비록 관점적이라
하더라도 대상규정적 지시의 가능성이 고려될 수 있는 것보다 더 객관적
이고 더 사실함유적이 되었다. 따라서 현대의 매체매개적 반실재론은 반

---

41) 최근에 출간된 W. Gölz의 칸트 비판은 이 문제를 더 폭넓게 전개시킨다. 그는 칸트
에서 선험적 규정에 대응하는 경험의 근본적인 결핍에 대해 비판을 가한다. (*Kants "Kri-
tik der reinen Vernunft" im Klartext*, Tübingen, 2006, 76-85, 89-94) ― 불가지론을 선
전하는 고르기아스의 패러독스는 현재의 상황에서 오로지 비판적으로만 고찰될 수 있다
(VS 82 B 3, 281-283, D. K.). 순수 불가지론은 현상학적인 연구결과에 모순된다. 사실
에서는 오로지 등급적 (또는 부분적) 전달불가능성과 비인식이 다루어질 수 있을 뿐이
다. 어떤 것이 인식되지 않으며 전달되지 않는다는 부정적 실증도 전혀 설명될 수 없다.
앞에서 대비 경우의 도움으로 이미 밝혀진 바와 같이 단순한 가능성 고려가 남는다. 자
신이 다른 사람에게 말할 수 있는 능력이 없다는 사실을 연역적으로 일반화하는 추론은
인식의 개별화와 마찬가지로 강제적인 것이 아니다. 여기에 추가적으로 다른 사람에게
패러독스의 전달을 금하고 이를 통해 패러독스 자체를 지양하는 자기적용의 논증이 있
다. 따라서 고르기아스의 패러독스는 해석주의적 타자성을 지지하는 데 적합하지 않다.

대심급과 예외를 근본적으로 허용하지 않던 이전의 버전보다 더 "약화" 되었으며 더 유통성 있게 되었다.

여기에 다른 사실이 첨가된다. 현대의 해석주의는 해석함을 규정으로 뿐만 아니라 (축약, 요약 등과 같이) 해석II에 대한 모든 방식의 개입으로 이해한다는 사실을 통해 전통적인 표상모델에서 더 멀어진다. 다른 한편으로 초기 근대의 버전에서 전적으로 무규정적이었던 것이 해석철학에서는 이미 많은 부분 규정되었으며, 심지어 해석철학이 모든 현실적 해석과 연결시켜 놓은 전해석(Vorinterpretation)을 통해 이미 규정된 것이다. 마지막으로 "해석"은 선천적 구조를 통해서가 아니라, 칸트의 선험주의를 벗어나서 우연적 맥락을 통해 규정된다. 이러한 이탈은 실제로 고전적인 틀의 해소를 표시하며, 따라서 멀리 떨어진 유비를 "친족"으로 새롭게 해석하는 것에 대해 경고해야 한다. 그러므로 전반적으로 해석주의적 인식 개념의 딜레마적 상태를 초기 근대의 무규정성 정리에 재결합시킴으로써 이를 무력하게 하거나 약화시키는 아무런 동인이 존재하지 않는다. 실재냐 회의냐 하는 선택지는 현대의 해석철학에게 아주 날카롭고도 빈틈없이 들어맞는다.

오늘 해석주의는 반실재론의 특별한 경우로 파악될 수 있다. 말하자면 대략 1960년 이래 비트겐슈타인, 콰인, 더밋 및 근대의 논리적 모델이론의 후속주자들에게서 비실재론적(관념론적, 해석주의적, 비판적, 회의적) 정리(定理, Theoreme)를 설명하는 상위표제의 역할을 상정한 바로 그 반실재론이다. 따라서 "반실재론"은 적어도 "실재론"과 마찬가지로 다의적이다. 양자의 의미장(場)에 대한 목록작성을 통해서만 그때마다의 공통점을 밝혀낼 수 있으며 이를 해석주의의 특수성을 위한 배경으로 고려할 수 있다.[42]

존재론적 실재론은 (초인간적 주관성을 포함해서) 모든 주관성의 영향에서 자유로운 즉자적 세계를 지칭한다. 실재론이 인간의 경험과 무관하게 정식화될 수 있다면 그것은 이미 인식론적이다.[43] 이 양자는 형이상학적 실재론으로 간주된다. 형이상학적 실재론은 또한 가치, 규범, 목적으로 확장될 수 있다. 이 밖에도 실천적 (생활세계적) 실재론은 대부분 최소한 잠정적으로는 타당한 것으로 인정된다. 즉, 인간의 자연적 태도는 그것이 이론적 전망에서 정당화될 수 있는 여부와 상관없이 그에게 자연적 방식으로 동일하게 결부되어 있다. 학문적 실재론은 더 어려운 문제인데, 그 이유는 그것이 분화된 세계파노라마를 전제하기 때문이다. 학문적 실재론은 개념실재론적일 수 있거나 (추상적 대상의 실존과 더불어) 아예 플라톤적일 수 있으며 기호이해의 영역에서는 의미론적 실재론이나 해석학적 실재론으로 특수화될 수 있다. 우리는 학문적 실재론을 — 생활세계적 실재론과 구별해서 — 총괄적으로 관찰할 수 없는 것에 관련지을 수 있다.[44] 이렇게 되면 관찰할 수 없는 것은 경험적으로 다의적인 것으로 남으며 실재론을 반대하는 사람들에 의해 반실재론을 요구받게 된다. 여기서 주장되는 회의적 실재론과 부합하게도 (예컨대 수학적 실재론과

---

42) 이에 대한 입문으로는 (더밋을 지향점으로 하는) 논문모음집(1992) 및 (현재의 논의상황을 담고 있는) 논문모음집(2000), 9-32 참조. Th. Bartelborth, 1986 및 R. Schantz, 1996의 논의 이후 M. Willaschek, 2003은 신중한 논증으로 자신을 실재론적 입장과 연결시키고 있다. 세계에 대한 접근방식의 난점이 이미 진입에 대한 부정을 정당화하고 있다는 추론은 반실재론의 오류다. 그러나 (지각 등과 같이) 현상학적으로 입증된 파악은 순수한 이론형성을 위해 배제될 수 없다. "실재론이냐 반실재론이냐"라는 구별로 쉽게 끌어들일 수 없거나 이를 과거적인 것으로 부정하는 철학자들로는 예컨대 카르납, 데이비드슨, 로티, 블랙번, 데넷, 맥도웰 등이 있다.

43) 예컨대 여기서는 세계에 대한 명제가 우리의 진리입증능력과 무관하게 참이나 거짓이다.

44) Th. Bartelborth의 최근 연구보고 1997/2, 18-29 참조. 더 이상 탐구하지 않은 전제에 토대를 두는 A. Kukla(1998)는 학문적 실재론과 반실재론의 동반위기에 대해 말한다.

같이) 종종 개별과학적 접촉에서 성장하는 일련의 특수한 영역(regional) 실재론이 있다.[45)]

반실재론은 이 모든 항목들에서 (그리고 다른 항목들에서도) 실재론에 대한 반대를 보여 준다. 여기서 실재론적 고찰방식과 반실재론적 고찰방식 간의 다양한 결합의 정도가 가정될 수 있다.

해석주의는 이러한 구성에서 (온건한) 의미론적 반실재론 내지 해석학적 반실재론을 대변한다. 해석주의는 문화적 기호의 "해석"-메타포를 세계로 일반화하며 이로써 다른 형태의 반실재론과 경쟁적으로 관계한다. 그러나 이를 통해 해석주의는 존재론적 반실재론보다 인식론적 반실재론을 의도하기 때문에 온건한 입장으로 남는 것이다. 해석주의는 해석의 주요 개념을 통해 해석II와 결합되어 있으며 이를 통해 — 관념론적 반실재론과 같은 — 무규정적 반실재론보다 더 한정적으로 결정되어 있다. 따라서 세계는 오로지 매체를 통해서만 파악될 수 있다. 이것은 특별한 반실재론적 극단화이지만, 매체는 일의적이지 않고 오로지 다의적으로 해석될 수 있어야 한다.[46)]

인식을 "매개화"한다는 논제는 고유한 증명의 어려움을 갖는다. 매체는 실제로 "매체"인가, 아니면 세계 자체인가? 중심문제는 기호와 의미의 애매한 배열에 있는가? 이 문제가 명백하게 해결될 수 없다는 사실에 대해서는 이미 지적했다. (실재론적) 관점 관계는 배제될 수 없는 것이다. 그러나 이러한 불확실성은 반실재론 전체에 부담이 된다. 명백한 배열을 확실히 멀리하고 이를 통해 다원성과 타자성을 체계적으로 보증하

---

45) 이 문제에 대한 개관으로는 A. Mehrtens, 1991, 35-44; G. Abel, "Realismus" (*Analytische Philosophie*), 1992, 162-169; H. Lenk, 1995 b 참조. 체계적인 문제에 대한 토론은 S. Haack, 1987, 275-299 참조.

46) 바로 여기에 새로운 해석학과 예전의 실재론적 인식 이상 간의 차이가 있다.

는 것은 거의 불가능하다. 이런 확장된 영역에서도 경험의 수행에서 부지중에 반(反)개연성으로 서술될 수 있는 이론적 개연성이 남아 있다. 이전에 수행된 테스트 이후에는 — 길게 바라보는 시각에서와 같이 — 우선 그 반대의 경우보다 더 개연적으로 진리에 근접할 수 있다. 증명을 위해서는 인식과정의 모든 단계가 독자적으로 입증되어야 하며, 반실재론을 위해서는 자기해체적인 감행이 입증되어야 한다. 또한 반실재론은 근본적으로 실재론과 회의 사이에 딜레마적으로 자리 잡을 수 있다. 이것은 충족행위나 규칙에 걸맞은 증명을 위해 유효하다. 반실재론은 개별적으로 오류를 드러내는 방식을 넘어서는 근본적인 반성에 의존한다. 그럼에도 불구하고 반성 주체는 오류를 범할 수 있으며 이를 통해 회의에 빠질 수 있다. 이에 반해 실재론자는 "소박"하다. 즉 그에게는 통찰된 반실재론이나 이를 통해 중립화된 반실재론이 없다면 그 어떤 반실재론도 존재하지 않는다. 그러므로 실재론은 근원적일 뿐 아니라 소박하며 확실하게 종결짓는 것이다.

실재론적 고찰방식은 현상적으로 주어져 있는 것을 넘어서기 때문에 반실재론적 관점으로부터 형이상학적이라고 특징지어진다.[47] 반실재론은 내재적인 다의성과 그 내적 연관(일관성, 정합성, 합의)을 고수함으로써 이러한 방식의 형이상학적 인식론을 피하려고 한다. 그러나 세계의 내적 구조는 그 가깝고 먼 구성부분 간의 관계에서 보이는 바와 같은 비슷한 문제를 제기한다. 해석주의 및 그 변형된 형태인 반실재론에 토대

---

47) 실재론의 대변자 가운데 한 사람인 M. Devitt는 실재론을 (예컨대 일치이론과 같은) 언어철학적 (의미론적) 문제와 분리시키고 이를 순수하게 형이상학적 물음으로 서술하려고 한다. 이러한 전략은 한편으로 분명하지만 다른 한편으로 전통적인 개념연관의 부담을 강하게 지고 있다. 따라서 이 전략은 잠정적으로 유효할 뿐이다. M. Devitt, 1997 a³; M. Devitt, 1991/1, 113-137(이와 비슷한 주장, M. Devitt, 2000, 213-233).

를 두고 있는 해석I과 해석II의 구별은 실제로 단순한 일-대-일의 일치보다 형이상학적으로 부담이 더 많다. 말하자면 해석I과 해석II의 관계가 어떻게 애매하거나 불명료하게 다의적일 수 있는지, 그리고 이 관계가 관점관계와 어떻게 구별되는지 드러나야 할 것이다. 이것은 분명 보다 어렵고 다층적인 과제임이 틀림없다. "형이상학적"이라는 말을 "경험적으로 증명할 수 없는"이라는 말로 묘사하면 반실재론은 높은 등급에서 형이상학적으로, 실재론으로 규정된다. 왜냐하면 증명의 부담이 확장되며 배가되기 때문이다. 실재론적 지시가 없는 가상 그 자체는 근본적으로 증명될 수 없다. 이와 반대로 가상을 보다 큰 전체 안의 한 계기로 서술할 수 있을 뿐이라는 사실도 타당하다.[48]

오늘날 형이상학은 다의적이다. 보통의 철학담론에서는 형이상학이 더 이상 철학적 분과(존재-신학, 영원의 철학, 제일철학 등)가 아니며, 이는 철학사에 속할 뿐이다. 그렇지만 오늘에도 칸트가 인간 이성의 형이상학적 자연성향으로 명명한 것이 존재한다.[49] 또한 형이상학은 유럽 밖의 사실에 열려 있으며 예컨대 하이데거와 실증주의(과학주의)에서와 같은 대립적 입장에 공통분모를 제공한다. 이 사이에 최소한 두 가지의 폭넓은 영역이 마련될 수 있다. 첫째는 개별적인 형이상학 문제영역이다. 이것은 예전에 있었던 제일철학의 파산재단에서 보존되었으며 오늘에도 다양한 철학분과에서 철학적 이론형성의 명시적 계기와 관점으로 등장할 수 있다. (예컨대 실재론문제, 보편문제, 규정적 자유론과 도덕론) 둘째는 형이상학적 함축의 넓은 영역이다. 이것은 그 자체가 명시적으로 주제화되거나 분절화되지 않으며 원칙적으로 경계를 지을 수도 없다. 셋째로

---

48) 미세물리학은 해석주의자들이 가정하는 바와 같이 인식론 일반을 위한 모델로 간주될 수 없다(코펜하겐 해석의 논쟁성, 양도할 수 없는 영역 특수화).

49) *Kritik der reinen Vernunft* B (Akademieausgabe), Einleitung VI., 41.

전통 형이상학[50]에 맞서는 근대적 입장 또는 형이상학의 형식들이 있다. 이 형식들은 전반적으로 회상에서 비로소 효력을 발휘할 수 있다("해석 학적" 형이상학 개념).

이 세 가지 형식은 형이상학적인 것(더 이상 형이상학이 아니다)의 형 태이며, 이것은 형이상학 분과와 구별되어 아마도 지속적으로 그리고 미 래에도 유효할 것이다. 그러므로 형이상학을 잇는 실제적 분과는 없지 만, 다수의 형이상학적 문제제기와 함축은 존재한다. 이 가운데 "형이상 학적인 것의 변형"도 포함되어 있는데, 주의해서 보면 이것은 계속 지속 되며 그 끝이 보이지 않는다.

그러므로 형이상학적인 것은 오늘의 철학이론에서 배제될 수 없다. 특 히 실재론적 세계관계뿐만 아니라 반실재론적 세계관계가 확실한 관점 에서 이 형이상학적인 것에 참여하고 있다는 사실을 고찰하는 것이 중요 하다. 즉, 실재론은 원칙적으로 결코 검증될 수 없는 주체와 객체의 일치 를 고려하며, 반실재론도 똑같이 의문으로 남으며 형이상학적으로 자리 잡아야 하는 세계관계와 자기관계에서 이루어지는 의미의 다변화를 고 려한다.[51] 따라서 실재론적 고찰방식이 형이상학적이라고 일방적으로 언 급될 수 없으며 이에 걸맞게 이것이 방법적으로 하위에 놓일 수 없다.[52] 이와 반대로 실재론적 고찰방식이 우선한다는 사실에 대한 간접증거는 다음과 같다. 반실재론은 오로지 반성을 통해 접근가능하며, 실재론은 오류가능

---

50) 비동일성과 차이, 생성, 시간성과 역사성, 관계성과 기능성, 모사관계를 대신하는 내부지시(Binnenreferenzen); 폭넓은 형이상학 개념에 종속하는 세계에 대한 총체적 진 술로 일관하는 것; 이 밖에도 하이픈-형이상학이나 역사철학.

51) 어떤 이론은 근원적인 주체-객체-통일성을 고려한다(신비론, 생철학, 하이데거). 그러나 이 이론은 현대철학의 조망에서 소외되어 있으며 무엇보다 보편타당성과 개체성 의 문제에서 분명한 입장을 취할 수 없다.

52) 본서 75, 84 참조.

성을 인정함으로써 유연한 해결을 제공한다. 마지막으로 타자존재와 다원성의 도출은 단순한 일치보다 더 난해하고 분화된 문제를 던진다. 따라서 반실재론은 실재론보다 더 많은 전제를 요구하며 이를 통해 애당초(a priori) 증명하기가 더 어렵다. 예컨대 이것은 자신의 의식이 세계보다 우리에게 더 가까이 있다는 이른바 의식 명제에 이미 유효한 것이다. 이 명제는 사소한 것이거나, 의식이 세계를 벗어나는 경우 충족될 수 없는 증명의 부담을 감수한다. (이것과 일치하는 것은 중간 기호 및 기호체계에도 유효하다.)[53] 이 명제는 높은 등급에서 순수 관념론보다는 해석주의에 관계한다. 왜냐하면 해석주의는 애당초 해석자와 세계라는 두 심급을 고려하기 때문이다.

얼핏 그럴듯하게 보이는 인식론적 접근의 우위는 이러한 선택지를 통해 근거가 빈약한 것이 된다. 매개가 한번 일어나면 그보다 앞서 세계에 대한 의존성이나 독자성이 설명되어야 할 것이다. 이 매개는 우선 매체의 중요성에 대해 결정한다. 따라서 인식론적인 것의 고립과 우대는 순환적이며 잘못을 야기한다. (인식론적인 것 내에 보이는 다원주의는 오류가능성과 접근정도를 통해 보다 쉽게 설명할 수 있다.) 회의적이거나 불가지론적 결정은 문제를 열어 놓을 것이지만 이로써 반실재론적 결과를 금한다.

최근의 철학사적 전개는 반실재론과 해석주의에서 한편으로 다수성과 비동일성의 승리를, 다른 한편으로 생성의 승리(과정주의)를 지시하는 것으로 보인다. 이러한 경향이 상대화되어야 한다는 사실은 앞서 지적된 바 있다.[54] 통일성은 이미 전(vor)형이상학적으로 문화사에서 주도적인

---

53) Crispin Wright는 그의 저술(특히 1992, 독일어판 2001 ; 1993² ; 2000, 209-241)을 통해 확신에서 진리를 추론하는 기준을 전개시켰다. 이러한 방법론적 단초는 의미심장하지만, 여기서 주장되는 체계적 전망, 즉 주체와 사실의 관계를 보다 일반적으로 파악하고 이 가운데서 증명의 부담을 뒤집는 전망과 교차한다.

54) 본서 263f. 참조.

역할을 했으며 이것은 형이상학을 통해 보다 분명하게 정식화되었을 뿐이라는 사실을 기억할 필요가 있다. 그러나 강조점이 통일성에서 다수성 및 변경을 향해 더 지속적으로 옮겨질수록 탈존재론화되고 언어학적으로 준비된 범주분석은 기본 개념의 틀을 더욱 현실적으로 나타나게 한다. 왜냐하면 이를 통해서 비동일적인 것과 변화가능한 것의 특성이 확장될 뿐 아니라 이와 동시에 상대적인 통일성을 정식화하는 일이 늘 다시금 새롭게 강요되기 때문이다. 이로써 인식론에서 다원주의로의 이행이 충분하게 드러나는가 하는 문제에 대해서 적절한 방식으로 의심해 볼 수 있다. 아마도 이러한 작업은 전통 비판적인 자극이 어디까지 미치며 필요한 경우에 어디서 이러한 자극이 철회되어야 하는지를 확인하기 위하여 해석주의가 오늘 우리에게 보여 주는 사유실험일 것이다.

인식론적 딜레마는 둘 다 회의(Skepsis)와 더불어 시작한다. 이 딜레마는 실재론에서 이루어지는 충족의 경우에 실재론적 결과에 이르며 반실재론에서도 마찬가지인데, 이로써 반실재론적 입론 자체가 좌절된다. 즉, 반실재론이 실재론으로 이행하는 것이다. 경쟁하는 이 두 해결 간의 불균형은 지양할 수 없다. 이와 반대로 회의의 출발상황을 강조하면, 우리는 이 두 경우에서 각각 형이상학적인 것을 지시하는 특징적인 비결정성과 조우하게 된다. 실재론과 반실재론에서 중요한 것은 양면성이 상쇄될 수 없는 특수한 형이상학적 문제영역이다. 이를 통해 두 해결책은 오로지 가능성으로만 지시되며, 여기서 다중적 우선권은 실재론적 선택지에 돌아간다.

해석주의를 형이상학적인 것의 측면에서 재발견하는 것은 놀라운 일일 수 있다.[55] 그리고 다수의 선택지가 제공되기 때문에 (실재론적 관점

---

55) M. Devitt, 1991², 299 참조. "구성주의는 우리 시대의 형이상학이다."

성, 오류가능성, 중립적 "조건") 해석주의가 이에 걸맞게 사소한 개연성을 요구해야 한다는 사실은 더욱 놀랍다.

사실 해석주의는 최소한의 매력을 지닌 반실재론 형식이다. 왜냐하면 그것은 관념론의 완결성에 이르지 못하며 (순수한) 도구주의의 간접성을 그리워하게 하기 때문이다. 또한 해석주의는 실재론과 그 다양한 변형에 비해 단점이 많은데, 그것은 해석주의가 자신을 해체하지 않기 위해 너무 빨리 회의주의를 정립해야 하기 때문이다. 해석주의는 예전의 전통에서와 같이 어느 정도 안정적으로 생존하는 전망을 갖는다. 다시 말해서 이전에 인정된 실재론적 틀에서 이루어지는 규제적이고 발견적인 기능에서 작동하는 전망을 오로지 부차적으로만 소유한다.

여기서 유포되는 회의적 실재론은, 오늘 형이상학적인 것은 오로지 회의적으로만 (즉, 문제적으로만) 접근가능하다는 사실을 가리킨다.[56]

지금까지 우리가 추적한 해석의 도식은 해석I과 해석II를 구별한다. 플라톤과 아리스토텔레스로 거슬러 올라가는 구분은 ①기호, ②표상이나 의미, ③(실재론적) 객체를 보다 정확하게 구별한다. 이러한 3체(3體, Triade), 기호론적 삼각형으로도 불리는 이 3체는 결론적으로 그 결과에 대해 물음을 제기한다.

요즘 부쩍 새롭게 접하게 되는 시도, 즉 3체를 기호로 환원하려는 시도는 받아들일 수 없다. (아주 조심스러운 시도로는 퍼스와 비트겐슈타인, 좀 더 분명한 시도로는 데리다와 시몬을 거론할 수 있다.)

최소한 의미는 기호에서 분리될 수 있다. 여기서 2체도식의 최소형식이 생겨난다. (실재론적) 객체가 제3의 존재로 등장하는지, 그리고 어떻

---

56) 여기서 말하는 회의는 (증명의 딜레마에서와 같이) 개별적인 경우에서 보이는 비결정성이 아니라 세계전체에 들어 있는 구성적 불안정성이다.

게 등장하는지에 대해서는 잠정적으로 열어 놓을 수 있다. (우리는 의미에서 객체로 올라서는 것을 형이상학적이라고 형용할 수 있다.)

그러므로 야코비, 프란첸, 괼츠 등[57]과 더불어 의미론적 관계(기호, 이를테면 개별언어의 단어들 및 의미)를 존재론적 관계(의미-객체-관계)와 구별할 수 있다. 이를 통해 개별언어와 사실의 분리가 포착된다. 즉 언어는 무엇보다 먼저 의미와 관계하며 의미를 매개로 하여 비로소 사실과 관계한다. 이로써 일치이론에 대한 중심반박은 해소되어 버린다.

개별언어에서 원칙적으로 자의적으로 이루어지는 기호화는 협약을 통해 고정된다. 이러한 기호화를 협약에 부합하게 반복하는 것은 — 모든 개별언어에서 상이한 방식으로 — 의미의 진정성과 동일성을 보증한다. 언어의 변화 및 이와 같은 것을 통해서 연속성이 깨지게 되는 것은 증명의 딜레마의 지배를 받는다. (여기서는 회의가 역사성을 능가한다.)

많이 토론되었으며 오늘날 주로 부정적으로 예단되는 인식과 현실의 모사관계에 대한 물음은 거론된 전제하에서 새롭게 고찰되어야 한다. 개별언어와 의미의 관계는 다양한 배치에 종속되는 반면, 의미와 사실의 관계는 동등성과 동일성을 목표로 한다.[58] 여기서 일치는 경향적으로 보다 명백하며 합의적이다. (의미에서) 판단은 참이거나 거짓이다. 물론 관점이 강조되거나 상이한 하부 판단이 서로 조합되는 이행이 있는 것은

---

57) G. Jacoby, I, 1925, 555ff.; W. Franzen, 1982, 260ff.; W. Gölz, 1986, 1-23.

58) 이것은 (엄격한) 모사나 심지어 거울에 비친 상을 의미하는 것이 아니라 본질적인 윤곽 내에서의 일치를 의미한다. 그러므로 이러한 관계도 극대화하거나 극소화할 수 있다(접근에 대해서는 본서 46-51, 108, 113-123, 180 참조). 즉, 관계는 단순히 존재하지 않는 것으로부터(ex negativo) 특징지어질 수 있는 것이 아니라 내용적으로 규정적인 것이다 — 우리는 모사사유를 임의로 추상적으로 파악하고 형식화할 수 있다. 모사와 비-모사 간에 결정을 내려야 한다면, 관계는 여전히 모사를 부정하는 쪽에 보다는 모사쪽에 있다.

사실이다.

동등성과 동일성은 총체적으로 두 번에 걸쳐 시작될 수 있다. 협약의 보존(과 비-보존)에서 시작될 수 있는가 하면, 의미와 사실을 배치하는 데서 시작될 수 있다. 의미(표상)가 전통적인 의미에서 참이면 의미(표상)와 사실의 본질적 동일성이 주어진다. 등급화에 따른 제거나 첨가는 물론 가능하며, 이는 오류와 착각에까지 이른다. 전통적인 파악에 따르면 이러한 판단은 거짓이지만, 실제로 접근(Annäherung)이라는 넓은 회색지대가 고려될 수 있다. 이러한 접근은 논리적으로 문제가 없는 것은 아니지만 그렇기 때문에 해석학적으로도 비생산적인 것이 아니라 단순히 근사(Approximationen)로 간주될 수 있다. 개연성(포퍼의 박진성[逼眞性])과 (부분적) 오류가능의 전 영역은 여기에 위치한다. 물론 이를 위한 기준은 진리일치설적 해석에서 진리에 해당하는 완전한 일-대-일 일치이다. 이런 특수사례가 예외적으로만 등장하거나 아예 이상적일 수 있다 하더라도, 그것은 참과 거짓이 엄밀하게 나누어지지 않고 제한적인 결합으로 표현되는 외연 넓은 영역을 규정한다.[59]

반실재론과 해석주의의 구별은 아주 분명하다. 이 둘의 차이는 전진이 아니라 보통 잘못된 후진의 시도이며, 따라서 이를 수정하고 개선할 수 있다. 물론 이러한 구별은 — 축약으로, 요약으로나 지속적인 수행으로 — 의식적으로 선택될 수 있다. 그러므로 더 넓어진 경계 안에서도 그때마다 요구되는 것에 부합하는 임의적인 정확성의 등급이 작동한다. 그런데도 반실재론과 해석주의는 항상 이상적인 진리규범의 배경 앞에서 관

---

59) 따라서 실재론적 진리의 증명가능성은 유일성 때문에, 무한히 많은 변형을 고려하는 반실재론에서보다 난점이 더 많으며 그렇기 때문에 개연성이 떨어진다는 반박은 잘못된 것이다. 만약 접근과 부분진리(관점)를 고려한다면 실재론은 반실재론과 거의 똑같이 다양하다.

찰된다. 그러나 이 둘은 이러한 진리규범에서 분리되어 있다.

관계를 실재론적으로 고찰하느냐 반실재론적으로 고찰하느냐 하는 것은 문제가 되지 않는다. 그러나 이 둘의 구별을 지적하는 것은 모든 경우에서 의미심장하다. 왜냐하면 이러한 지적은 오류를 드러내거나 반실재론적 성장을 입증하기 때문이다. 순수한 일치와 비교하지 않고는 하나나 다른 하나를 주장하고 이러한 주장을 확보하는 것이 불가능하다. 일-대-일-일치는 의미와 사실의 관계에 나타나는 다수의 경우형태를 조망하고 평가할 수 있게 하는 이상적인 기준이다.[60]

만약 이상적인 진리 개념이 아예 비유적인 성질을 지니고 있다면 — 이것으로 문장이나 사실을 의미할 수 있다 — 위에서 말한 구별에 상징 개념을 인정해서는 안 되는 것 아니냐는 물음이 제기된다. 상징이 언어와 의미의 관계에서 역할을 한다는 사실을 도외시해도, 이것으로 결핍된 판단이나 과도한 판단, 즉 잘못된 판단을 특징짓기 위해 술어가 너무 고상하게 파악될 수 있다.

이로써 진리의 유일성이 근본적으로 확인되는데, 그렇지만 그것은 접근의 이념을 통해 다시금 상대화되었다. 실제로 전체 진리를 드러내지 않고도 관점이나 부분합계가 "참"일 수 있다. (이것을 아는 것은 보다 큰 전체 안에 있는 관점 특성에 대한 반성을 요구한다.)[61]

---

60) 일치이론에 반환청구되는 무한소급은 반실재론적 관계에도 똑같이 해당한다는 사실을 상기할 수 있다 — 오늘날 실재론적 일치론을 옹호하는 학자는 예컨대 다음과 같다. R. Schantz, 1996 ; R. Schant, 2000 ; R. Fumerton, 2002 ; Th. Grundmann, 2001 참조.
61) 우리가 대변하는 입장은 여기서 U. Eco의 입장과 구별된다. 에코는 기호의 제한적 다의성을 옹호하며 이를 통해 중심적 진리규범 안에서 작동되는 중심화를 벗어난다. 그럼에도 불구하고 이 두 입론은 실질적으로 서로 일치될 수 있다. 텍스트 처리의 상이한 차원에 대한 혼동 및 절대적 의미우연성의 자기모순에 대한 반론에 대해서는 나도 같은 생각이다(U. Eco, 1992 ; 1992 b 참조).

해석철학자들이 강하게 강조하는 은유법은 언어변화의 한 부분이며 그 자체가 증명의 딜레마에 속한다. 근본의미를 모르는 한에서 은유적 의미를 평가할 수 없다. 그러므로 은유적인 것을 고립화하는 것은 자기 모순적이다.

분석철학이 소위 전(前)칸트적으로 사실과 의미 사이에 적용한 인과성 사유를 "비판적으로" 해체하고 이를 해석된 근본 개념의 체계 내에서 상대화하는 것은 (예컨대 Abel의 경우) 대륙의 해석철학에게 어렵지 않다. 물론 이러한 해석적 연관은 그 자체가 의심스러운 것이며 무엇보다 — 해석의 기저에 대한 물음과 함께 — 증명의 딜레마에 노출된다. 따라서 사실과 의미 간의 인과관계 문제는 열려 있을 수 있다. 해석주의는 이 인과관계를 특히 (종속적으로) 사용했다.[62)]

20세기에서는 모든 이론형성에 앞서는 생활세계의 우위를 환영하고 이를 모든 반박을 뛰어넘어 확증하는 데 익숙해져 있다. 해석주의도 이러한 유산을 자양분으로 하며 생활세계, 다양성, 무규정성, 과정적인 것으로 회귀함으로써 토대를 새롭게 전개시킬 것을 요구한다. 이러한 관점에서는 과학주의적인 것, 논리적인 것의 특징이 파생적인 것으로 나타난다. 양자는 철학 전통에서와 같이 토대를 놓는 것으로 작용할 수 없으며, 생활세계의 맥락에서 그 기초가 다져져야 한다. 그 누구보다 요제프 시몬이 해석주의 내에서 주제화한 것과 같은 이러한 변경된 강조점은 동시에 형이상학 비판적인 것으로 이해된다.

그러나 이와 같은 전도(轉倒)는 "생활세계"와 (철학적) 이론을 혼동한

---

62) M. Devitt는 그의 책(1997³, 330-338쪽)에서 퍼트남의 인과연관을 거부한다. 인과 관계의 연결부들은 일반적으로 적용될 수 없으며 그렇기 때문에 임의적으로 교환될 수 없다. 오히려 그것은 그때마다 다른 대상들과 구별되는 규정적 대상에 관계한다. 사실에 대해서는 Th. Grundmann, in: ders., Hg., *Erkenntnistheorie*, 2001, 202-208 참조.

데에 기인한다. 생활세계는 말하자면 그 자체 내에서 반성되지 않는다. 따라서 생활세계는 그 반실재론적 저작성에 대해 아무런 연관을 가질 수 없다. 인간이 생활세계 안에서 반실재론적으로 행동한다는 사실은 오로지 철학적 (메타-)이론의 반성관점에서만 확립될 수 있다. 여기서 생활세계의 출처로 추정되는 소재지는 실제로 생활세계 자체의 위치를 차지하는 이론의 허구로 입증된다. 또는 다른 식으로 말하자면 이것은 생활세계적 관계를 이론의 차원으로 투사하는 것으로 입증된다. 이를 통해 이론은 비밀리에 평가절상된다. 왜냐하면 이론은 생활세계의 기본위치를 반영하는 것으로 보이기 때문이다. 사실 생활세계와 이론은 서로가 오산될 수 없으며 심지어 뒤섞일 수 없다. 이론은 그 자체가 한 번도 생활세계의 부분이 될 수 없으면서도 생활세계에 대해 판단하고 결정한다. 이와 반대로 생활세계는 이론에 전혀 관여하지 않는다. 여기서 연관은 발생에 의거해 존립할 수 있지만, 이 연관은 타당성 물음과 아무런 관련이 없다. 그러나 이론의 차원을 생활세계의 상황에서 도출하는 것은 이러한 혼동을 활용하는 것이다.

이론의 우위는 타당성에 의거해 방법적 우선에 대한 추론을 허용한다. 논거과 증명은 오로지 이론의 영역에서만 정통하다. 해석주의는 자기적용의 결과가 새로운 설명형식에 따라 고찰하는 것을 의미한다 하더라도 그것이 결산원리에 입각해서 전통적인 논증을 고수한다면, 의도하지 않은 것을 자신의 방식으로 확증하게 된다. 논리적인 것과 논증적인 것은 다시금 이론을 생활세계와 분리시킨다. 그러나 증명결핍의 조건이나 회의주의는 오로지 이론영역에만 귀속된다. 이에 반해 생활세계는 그 어떤 증명도 수행하지 않으며 아무런 조언도 가까이 대하지 않는다.

생활세계와 철학이론을 통합하려는 시도는 이러한 정황에서 오로지 큰 대비책을 마련하고서 고찰되어야 한다. 이론적이고 과학주의적인 접근방식의 자율성은 하부이론적인 것과 하부과학주의적인 것이 특별하게 주제화될 때 확정될 수 있다. 이것이 일어나는 곳에는 늘 다시금 전통적인 결산의 우세가 확인된다. 이에 반해 3가논리나 다가(多價)논리는 예외를 보여 주며, 또한 이렇게 예외적인 것으로 평가되어야 한다. 어쨌든 이론차원의 우위는 방법적으로 내용적으로 따라잡을 수 없다. 따라서 그것은 그 어떤 전도된 고찰도 정당화하지 않으며, 오히려 다양한 고려를 하는 가운데 조심스럽게 차별화되어야 한다.

이로써 이 책에 대한 근본적인 문제제기는 제한될 수 있다. 이러한 문제제기 방식은 이미 전통적인 세계고찰을 전제하며 따라서 자체 내에 순환의 악평을 받아들인다. 이것은 예컨대 딜레마적 구조 및 이와 결합된 증명의 요구, 그리고 일반적으로는 전통논리학의 사용에 적용될 것이다. 그럼에도 올바로 이해된 반실재론과 해석주의는 이러한 문제제기를 벗어났으며 따라서 비판의 여지가 없을 수 있다.

해석철학은 그 고유한 설명을 통해 형식적으로 뿐만 아니라 내용적으로 요점을 정립하지만, 논쟁적인 부분이 지나치게 주장되며 의도된 반명제가 흐려지게 되는 결과에 이른다. 이러한 결과는 근본적으로 이제껏 탐구해 온 강조점을 확인하며, 여기서 수행된 비판을 외재적이며 적절하지 않다고 거부하는 것을 권장할 수 없게 한다.[63]

---

63) 해석주의는 생활세계 논제와 더불어 모든 것이 가치 및 관심과 관련되어 있으며 그 어떤 이론적인 것의 특성도 지시하지 않는다는 프래그머티즘의 원칙을 수용한다. 진리와 선은 어떤 경우에도 분리될 수 없다. 그러나 프래그머티즘의 이념은 자체 내적으로 견지될 수 없다. 그것은 좋음과 나쁨과 가치중립적인 것의 의미론적 구별을 무시하고 잠재적인 논증을 심각하게 넘어선다. 확실한 것은 모든 이론이 가능한 한에서 실천적으로 될 수 있다는 사실이다. 그러나 이와 반대로 모든 이론이 본질적으로 실천적이라는 결론이 나오는 것은 아니다(발생과 타당성을 차별화하지 않는 것이 이에 대한 사례가 될 것이다). 이에 더해서 고유한 가치와 규범, 그리고 다소간에 기술적(記述的)인 구조관계로

　이 연구가 가져오는 이득은 다음의 몇 마디 말로 스케치할 수 있다. 경험과 테스트와 논거는 해석주의에서처럼 상위의 심급에 의존하거나 이를 통해 상대화될 수 없다. 오히려 이것들은 경향적으로 최종심급에 깃들어 있는 자율적 중요성을 되돌려 받는다. 최소한 우리는 개방적 도정인 이러한 해법을 지속적으로 고려할 수 있다.

되돌려질 수 있는 단순한 우선적 관점이 구별될 수 있다. 해석주의가 이종적(異種的)인 현재의 경향을 받아들이면서 스케치하는 글로벌하지만 일면적인 세계상에 맞서서, 이 가운데서 계기들에 대한 정확한 구별과 배치를 주장할 수 있다.

참고문헌

Abel, G., Interpretationsphilosophie. Eine Antwort auf Hans Lenk, In: *Allgemeine Zeitschrift für Philosophie 13/3*, 1988a, 79-86.

Abel, G., Realismus, Pragmatismus, Interpretationismus. Zu neueren Entwicklungen in der Analytischen Philosophie, In: *Allgemeine Zeitschrift für Philosophie 13/3*, 1988b, 51-67.

Abel, G., Artikel ⟨Realismus⟩ (Analytische Philosophie), In: *Historisches Wörterbuch der Philosophie*, Band 8, 1992, 162-169.

Abel, G., Interpretationswelten, Frankfurt 1993, 127-135 (⟨Vergangenheit und Interpretation⟩).

Abel, G., Was ist Interpretationsphilosophie?, In: J. Simon, Hrsg., *Zeichen und Interpretation*, Frankfurt 1994, 16-35.

Abel, G., Unbestimmtheit der Interpretation, In: J. Simon, Hrsg., *Distanz im Verstehen. Zeichen und Interpretation II*, Frankfurt 1995, 43-71.

Abel, G., Interpretation und Realität. Erläuterungen zur Interpretationsphilosophie, In: *Allgemeine Zeitschrift für Philosophie 21/3*, 1996a, 271-288.

Abel, G., Interpretationsphilosophie. Kommentare und Repliken, In: *Deutsche Zeitschrift für Philosophie 44*, 1996b, 903-916.

Abel, G., *Sprache, Zeichen, Interpretation*, Frankfurt 1999a.

Abel, G., Hrsg., *Das Problem der Übersetzung. Le problème de la traduction*, Berlin

1999b.

Abel, G., *Zeichen der Wirklichkeit*, Fankfurt 2004.

Acham, K., *Analytische Geschichtsphilosophie*, Freiburg/München 1974.

Achinstein, P., *Concepts of Science*, Baltimore 1968.

Ackerknecht, E., *Kurze Geschichte der Medizin*, Stuttgart 1967.

Adorno, Th. W., *Ästhetische Theorie*, Ges. Schriften 7, Frankfurt 1970.

Albert, H., Der Mythos des Rahmens und der moderne Antirealismus. Zur Kritik
des idealistischen Rückfalls im gegenwärtigen Denken. In: V. Gadenne/H. J.
Wendel, Hgg., *Rationalität und Kritik*, Tübingen 1996, 9–28.

Alston, W. P., *A Realist Conception of Truth*, Ithaka/London 1996.

Alston, W. P., Hrsg., *Realism and Antirealism*, Ithaka/London 2002.

Austin, J. L., *Sinn und Sinneserfahrung* (Original: Sense and Sensibilia, Oxford
1962), Stuttgart 1975.

Bailer-Jones, D./St. Hartmann, Artikel ⟨Modell⟩, In: H. J. Sandkühler, Hrsg.,
Enzyklopädie Philosophie, Band I, 2. Aufl. Hamburg 1999, 854–859.

Bartelborth, Th., *Begründungsstrategien. Ein Weg durch die analytische Erkenntnis-
theorie*, Berlin 1996.

Bartelborth, Th., Wissenschaftlicher Realismus, In: *Information Philosophie* 1997/2,
18–29.

Baumgartner, H. M., *Kontinuität und Geschichte*, Frankfurt 1972.

Becker, O., Zur Fragwürdigkeit der Transzendierung der ästhetischen Dimension
der Kunst, In: *Philosophische Rundschau 10*, 1962, 225ff.

Benjamin, W., Über den Begriff der Geschichte, In: W. B., *Ausgewählte Schriften*
Bd. I, Frankfurt a. M. 1977.

Bergmann, G., *Realism*, Madison and London 1967.

Berka, K./L. Kreiser, Hgg., *Logik–Texte. Kommentierte Auswahl zur Geschichte der
modernen Logik*, Berlin 1971.

Bernecker, S./F. Dretske, Hgg., *Knowledge. Readings in Contemporary Epistemo-
logy*, Oxford 2000.

Bertalanffy, L. v., *General System Theory*, New York 1968.

Betti, E., *Allgemeine Auslegungslehre als Methodik der Geisteswissenschaften*, Tübingen 1967.

Bieri, P./R.-P. Horstmann/L. Krüger, Hgg., *Transcendental Arguments and Science. Essays in Epistemology*, Dordrecht/Boston/London 1979.

Bieri, P., Hrsg., *Analytische Philosophie des Geistes*, Königstein/Taunus 1981.

Bieri, P., Hrsg., *Analytische Philosophie der Erkenntnis*, Weinheim 1994.

Bigelow, J., Sceptical Realism. A Realist' s Defense of Dummett, *Monist 77*, 1994, 3–26.

Bittner, R., Artikel ⟨transzendental⟩, im *Handbuch philosophischer Grundbegriffe* Bd. 5, I. Aufl. München 1974, 1524ff.

Böhler, D., Philosophische Hermeneutik und hermeneutische Methode, In: M. Fuhrmann, Hrsg., *Text und Applikation, Poetik und Hermeneutik IX*, München 1981, 483ff., bes. 505f.

Bonk, Th., Erfahrung und Skepsis. Zwei Anmerkungen zur Philosophie Günter Abels, In: *Deutsche Zeitschrift für Philosophie* 44, 1996, 879–887.

Braudel, F., *Geschichte und Sozialwissenschaften*: die ⟨longue durée⟩, In: H.-U. Wehler, Hrsg., *Geschichte und Soziologie*, Köln 1972, 189ff. (Original: *Annales* 13, 1958, 725ff.).

Bühl, W. L., Hrsg., *Funktion und Struktur. Soziologie vor der Geschichte*, München 1975.

Bunge, M., Problems concerning intertheory relations, In: P. Weingartner/G. Zecha, Hgg., *Induction, Physics, and Ethics*, Dordrecht 1970, 285ff.

Burkhard, F.-P., Hrsg., *Kulturphilosophie*, Freiburg/München 2000.

Burkhardt, A., Wittgenstein und Humboldt, In: D. Birnbacher/A. Burkhardt, Hgg., *Sprachspiel und Methode. Zum Stand der Wittgenstein-Diskussion*, Berlin/New York 1985, 130–169.

Burri, A., *Hilary Putnam*, Frankfurt/New York 1994.

Burri, A., Hrsg., *Sprache und Denken/Language and Thought*, Berlin/New York 1997.

Büttemeyer, W./H. J. Sandkühler, Hrsg., *Übersetzung*–Sprache und Interpretation, Frankfurt 2000.

Carrier, M., 〈Theoriebeladenheit〉, In: *Enzyklopädie Philosophie und Wissenschaftstheorie* Band 4, Stuttgart/Weimar 1996, 272–274.

Carrier, M., *The Completeness of Scienctific Theories*. The Case of Physical Geometry, Dordrecht/Boston/London 1994, 20–83.

Carrier, M./J. Mittelstraβ, *Geist, Gehirn, Verhalten*, Berlin/New York 1989, 175–178.

Cassirer, E., Naturbegriffe und Kulturbegriffe. In: E. C., *Zur Logik der Kulturwissenschaften*, 2. Aufl. Darmstadt 1961.

Cassirer, E., Der Begriff der symbolischen Form im Aufbau der Geisteswissenschaften, In: E. C., *Wesen und Wirkung des Symbolbegriffs*, 8. Aufl. Darmstadt 1994.

Chladenius, J. M., *Einleitung zur richtigen Auslegung vernünftiger Reden und Schriften*(Erstausgabe 1742), Instrumenta philosophica, Series Hermeneutica V, mit einer Einleitung von L. Geldsetzer, Düsseldorf 1969.

Conze, W., Hrsg., *Theorie der Geschichtswissenschaft und Praxis des Geschichtsunterrichts*, Stuttgart 1972.

Coseriu, E., In: Kabatek, J./A. Murguia, Hgg., 《Die Sachen sagen, wie sie sind》, Eugenio Coseriu im Gespräch, Tübingen 1997, 227–231.

Dancy, J./E. Sosa, *A Companion to Epistemology*, II. Aufl. Oxford 2001, 433–436.

Danto, A. C., *Analytische Philosophie der Geschichte*, Frankfurt 1974.

Derrida, J., Limited Inc., In: *Glyph 2*, 1977, 163–254.

Devitt, M., *Realism and Truth*. With a new afterword by the author, 3. Aufl. Princeton 1997a.

Devitt, M., On determining reference, In: Burri, A., Hrsg., *Sprache und Denken/Language and Thought*, Berlin/New York 1997b, 112–121.

Devitt, M., A defense of natural realism, In: H. Seidl, Hrsg., *Realismus als philosophisches Problem*, Hildesheim 2000, 213-233.

Devitt, M., Underdetermination and Realism. In: Sosa, E./E. Villanuova, Hgg., *Realism and Relativism*. philosophical Issues Vol. 12, Boston/Oxford 2002, 26-50.

Devitt, M., Irrwege der Realismusdebatte, In: H. J. Sandkühler/D. Pätzold, Hgg., *Die Wirklichkeit der Wissenschaft. Probleme des Realismus*, Dialektik I, Hamburg 1991, 113-137.

Dretske, F. J., *Seeing and Knowing*, Chicago 1969.

Dummett, M., *Truth and Other Enigmas*, London 1978.

Dummett, M., The reality of the past (1969), In: Ders., *Truth and Other Enigmas*, London 1978, 358-374.

Dummett, M., *Wahrheit und Vergangenheit*, Frankfurt 2005.

Eco, U., *Die Grenzen der Interpretation*, München 1992.

Eco, U., *Interpretation and Overinterpretation*, mit R. Rorty, J. Culler und Chr. Brooke-Rose, hrsg v. St. Collini, Cambridge 1992b.

Elberfeld/Kreuzer/Minford/Wohlfart, Hgg., *Translation und Interpretation*, Schriften der Académie du Midi, München 1999.

Engel, J., Analogie und Geschichte In: *Studium Generale 9*, 1956, 101ff.

Essler, W. K., *Wissenschaftstheorie* II, Freiburg/München 1971.

Faber, K.-G., *Theorie der Geschichswissenschaft*, 3. Aufl. 1974, 4. Aufl. München 1978.

Fellmann, F., *Symbolischer Pragmatismus. Hermeneutik nach Dilthey*, Reinbek 1991.

Fellmann, F., Hermenertik, Semiotik, Informatik. Interpretation als Repräsentation, *Technische Universität Berlin*, Institut für Linguistik, Berlin 1998, 15-37.

Fellmann, F., Soll die Hermeneutik operationalisiert werden?, In: *Information Philosophie* 1999/5, 110-119.

Fellmann, F., Radikale Hermeneutik. Vertehen in der Erlebnisgesellschaft, In:

Kühne-Bertram/Lessing/Steenblock (Hgg.), *Kultur verstehen. Zur Geschichte und Theorie der Geisteswissenschaften*, Würzburg 2002, 97-116.

Feyerabend, P., *Wider den Methodenzwang. Skizze einer anarchistischen Erkenntnistheorie*, Frankfurt 1976.

Feyerabend, P. K., *Der wissenschaftliche Realismus und die Autorität der Wissenschaften*. Braunschweig 1978.

Field, H., Theory change and the Indeterminacy of Reference, *Journal of philosophy* 70, 1973, 462-481.

Figal, G., *Gegenständlichkeit. Das Hermeneutische und die Philosophie*, Tübingen 2006.

Flach, W., Das Kategorienkonzept der kritischen Philosophie Kants und seine Revision in der Erkenntnislehre des Marburger Neukantianismus, In: *Kategorie und Kategorialität. Festschrift für Klaus Hartmann*, hgg. von D. Koch und K. Bort, Würzburg 1990, 267-301.

Fodor, J. A./J. J. Katz, Hgg., *The Structure of Language*, Englewood Cliffs N. J. 1964, 18ff.

Føllesdal, D., Indeterminacy and mental states, In: R. Barrett/R. Gibson, Hgg., *Perspectives on Quine*, Cambridge/Mass. 1990, 98-109.

Forum für Philosophie Bad Homburg, Hrsg., *Realismus und Antirealismus*, Frankfurt 1992.

Fraasen, B. C. v., *The Scientific Image*, Oxford 1980.

Frank, M., *Was ist Neostrukturalismus?*, Frankfurt 1984.

Frank, M., Ist Selbstbewußtsein ein Fall von ⟨présence à soi⟩? Zur Meta-Kritik der neueren französischen Metaphysikkritik, In: M. Frank, *Das Sagbare und das Unsagbare*, 2. Aufl. Frankfurt 1989a, 471-490.

Frank, M., Die Entropie der Sprache. Überlegungen zur Debatte Searle-Derrida, In: M. Frank, *Das sagbare und das Unsagbare*, 2. Aufl. Frankfurt 1989b, 491-560.

Franzen, W., *Die Bedeutungen von ⟨wahr⟩ und ⟨Wahrheit⟩*, Freiburg/München 1982, 260ff.

French P. M/Th. E. Uehling jr./H. K Wettstein, Hgg., *Realism and Antirealism* Midwest Studies in philosophy, Vol. XII, Minneapolis 1988.

Freudiger, J., Quine und die Unterdeterminiertheit empirischer Theorien, In: A. Burri, Hrsg., *Relativismus und Kontextualismus. Festschrift für H. Lauener,* Grazer Philosophische Studien 44, 1993, 41-57.

Fumerton, R., *Realism and the Correspondence Theory of Truth,* Lanham 2002.

Gadamer, H.-G., *Wahrheit und Methode. Grundzüge einer philosophischen Hermeneutik,* Tübingen 1960, WW 1, 7. Aufl. Tübingen 1999 (= 6. Aufl. 1990). Im Text abgekürzt: W. M.

Gadamer, H.-G., Hermeneutik und Historismus(1965), In: H.-G. G., *Wahrheit und Methode,* Tübingen 1999, 477-512.

Gadamer, H.-G., Replik, In: K.-O. Apel, Hrsg., *Hermeneutik und Ideologiekritik. Theorie-Diskussion,* Frankfurt 1971.

Gadamer, H.-G., Schriften zur Hermeneutik II, In: WW 2, Tübingen 1999.

Gadamer, H.-G./J. Habermas, *Das Erbe Hegels,* Frankfurt 1979.

Gadamer, H.-G., Lesen ist wie Übersetzen(1989), In: WW 8, Tübingen 1993, 279ff.

Gadamer, H.-G., Wort und Bild so wahr, so seiend(1992), In: WW 8, Tübingen 1993, 373ff.

Gadamer, H.-G./G. Boehm, Hgg., *Seminar: Die Hermeneutik und die Wissenschaften,* Frankfurt 1978.

Geldsetzer, L., Artikel 〈Hermeneutik〉, In: H. Seiffert/G. Radnitzky, Hgg., *Handlexikon zur Wissenschaftstheorie,* München 1989, 134-137.

Gerhardt, V., *Individualität. Das Element der Welt,* München 2000.

Gerhmann, C. F., 〈Erkenntnisfortschritt〉, In: *Enzyklopädie Philosophie und Wissenschaftstheorie,* Bd. I, Mannheim/Wien/Zürich 1980, 575f.

Gerhmann, C. F., 〈Nominalismus〉, In: *Enzylopädie Philosophie und Wissenschaftstheorie,* Bd. 2, 1984, 1022-1025.

Gipper, H., *Gibt es ein sprachliches Relativitätsprinzip? Untersuchungen zur Sapir-*

Whorf-Hypothese, Frankfurt 1972.

Gloy, K., *Einheit und Mannigfaltigkeit*, Berlin/New York 1981.

Gloy, K./E. Rudolph, Hgg., *Einheit als Grundfrage der Philosophie*, Darmstadt 1985.

Gödel, K., Über Formal unentscheidbare Sätze der Principia Mathematica und verwandter Systeme I, In: *Monatshefte für Mathematik und Physik 38*, 1931, 175-198.

Goethe, J. W. v., *West-östlicher Divan, Buch des Unmuths*, In: WW Münchner Ausgabe Bd. II.I, 2, München 1998.

Goldman, A. I., Reliabilism, In: Dancy, J./E. Sosa, *A Companion to Epistemology*, 11. Aufl. Oxford 2001, 433-436.

Gölz, W., Wahrheit und Sein. Zur Rehabilitierung des traditionellen Wahrheitsbegriffs, In: *Allgemeine Zeitschrift für Philosophie 11/2*, 1986, 1-23.

Gölz, W., *Kants 《Kritik der reinen Vernunft》 im Klartext*, Tübingen 2006.

Goodman, N., *Weisen der Welterzeugung*, Frankfurt 1990.

Gorgias von Leontinoi, In: Diels, H./W. Kranz, Hgg., *Die Fragmente der Vorsokratiker*, Bd. II, 7. Aufl., Berlin 1954.

Gottschalk, L., Hrsg., *Generalization in the Writing of History*, Chicago 1963.

Graeser, A., Über ⟨Sinn⟩ und ⟨Bedeutung⟩ bei Gadamer, In: *Zeitschrift für philosophische Forschung 3*, 1984, 436-445.

Graeser, A., Interpretation, Interpretativität und Interpretationismus, In: *Allgemeine Zeitschrift für Philosophie 21/3*, 1996, 253-260.

Groh, D., Strukturgeschichte als ⟨totale⟩ Geschichte?, In: *Vierteljahresschrift für Sozial- und Wirtschaftsgeschichte 58*, 1971, 302ff.

Groh, D., *Kritische Geschichtswissenschaft in emanzipatorischer Absicht*, Stuttgart 1973.

Grondin, J., Gadamer's basic understanding of understanding, In: R. J. Dostal, Hrsg., *The Cambridge Companion to Gadamer*, Cambridge 2002.

Grondin, J., Le tournant phénoménologique de l'herméneutique suivant Heidegger, Gadamer et Ricœur, In: A. Neschke-Hentschke, Hrsg., *Les herméneutiques au seuil du XXIème siècle*, Louvain-Paris 2004, 39-53.

Gründer, K., Perspektiven für eine Theorie der Geschichtswissenschaft, in: *Saeculum 22*, 1971, 101ff.

Grundmann, Th., *Analytische Transzendentalphilosophie. Eine Kritik*, Paderborn 1994.

Grundmann, Th., Neuere Werke von Hilary Putnam, In: *Philosophische Rundschau 43*, 1996, 64–70.

Grundmann, Th., Hrsg., *Erkenntnistheorie. Positionen zwischen Tradition und Gegenwart*, Paderborn 2001.

Grundmann, Th., Eine psychologische Verteidigung des erkenntnistheoretischen Realismus, In: Th. Grundmann, Hrsg., *Erkenntnistheorie. Positionen zwischen Tradition und Gegenwart*, Paderborn 2001,188–209.

Grundmann, Th., Die Grenzen des erkenntnistheoretischen Kontextualismus, In: *Deutsche Zeitschrift für Philosophie 6*, 2003, 993–1014.

Grundmann, Th., Was ist eigentlich ein transzendentales Argument?, In: D. Heidemann u.a., Hgg., *Warum Kant heute?*, Berlin/New York 2004, 44–75.

Gumbrecht, H. U., *Diesseits der Hermeneutik*, Frankfurt 2004.

Gunnarson, L., Jenseits von Gegebensein und Machen. Interpretationspluralistischer Monismus als Alternative zu Abels Weltenvielfalt, In: *Deutsche Zeitschrift für Philosophe 44*, 1996, 867–878.

Haack, S., 〈Realism〉, In: *Synthese 73*, 1987, 257–299.

Hacking, J., *Einführung in die Philosophie der Naturwissenschaften*, übersetzt von J. Schulte, Stuttgart 1996.

Hacking, J., *Historische Ontologie*, übersetzt von J. Schulte, Zürich 2006.

Hahn, L. E., Hrsg., The Philosophy of Hans–Georg Gadamer, In: *The Library of the Living Philosophers* Vol. XXIV, Carbondale 1997.

Haller, R., Zum Problem des Relativismus in der Philosophie. In: A. Burri, Hrsg., *Relativismus und Konstruktivismus. Festschrift Für H. Lauener*, Grazer Philosophische Studien 44, 1993, 159–173.

Hartmann, N., *Grundzüge einer Metaphysik der Erkenntnis*, 4. Aufl. Berlin 1965.

Hegel, G. W. F. *Phänomenologie des Geistes*, herausgegeben von J. Hoffmeister, 6. Aufl. Hamburg 1952.

Hegel, G. W. F. *Vorlesungen über die Philosophie der Geschichte*, Werke Bd. 12, Frankfurt 1970.

Heidegger, M., *Sein und Zeit*, 8. Aufl. Tübingen 1957.

Heidegger, M., *Der Ursprung des Kunstwerks*. Mit einer Einführung von H.-G. Gadamer Stuttgart 1960.

Heidegger, M., *Holzwege*, 1950, 5. Aufl. Frankfurt 1972.

Heintel, E., *Einführung in die Sprachphilosophie*, Darmstadt 1972, 4. Aufl. 1991.

Henrich, D., Hrsg., *All-Einheit. Wege eines Gedankens in Ost und West*, Stuttgart 1985.

Hermeneutik und Ideologiekritik. Mit Beiträgen von Apel, Bormann, Bubner, Gadamer, Giegel, Habermas, Frankfurt 1971.

Hesse, M. B., *Models and Analogies in Science*, London 1963.

Hirsch, A., *Übersetzung und Dekonstruktion*, Frankfurt 1997.

Hirsch, E. D., *Prinzipien der Interpretation*(1967), München 1972.

Hofer, M., Hermeneutische Reflexion?, In: Wischke, M./M. Hofer (Hrsg.), *Gadamer verstehen. Understanding Gadamer*, Darmstadt 2003, 57-83.

Hohmann, J., Friede, *Wirkungsgeschichte und Kollektives Unbewußtes. Phänomenologische Parallelen bei H.-G. Gadamer und C.G. Jung*, Frankfurt 1984.

Holz, H., Artikel 〈Analogie〉 im *Handbuch philosophischer Grundbegriffe*, Bd. 1, 1973, 51-65.

Hönig, H. G., *Konstruktives Übersetzen*, 2. Aufl., Tübingen 1997.

Hörisch, J., *Die Wut des Verstehens. Zur Kritik der Hermeneutik*, erweiterte Nachauflage, Frankfurt 1998.

Hoyningen-Huene, P., *Die Wissenschaftsphilosophie Thomas S. Kuhns*. Mit einem Geleitwort von Thomas S. Kuhn, Braunschweig/Wiesbaden 1989.

Hoyningen-Huene, P., Paul Feyerabend und Thomas Kuhn, In: *Journal for General Philosophy of Science*, 33, 2002/1, 61-83.

Hübner, K., Grundlagen einer Theorie der Geschichtswissenschaften, In: Simon-

Schäfer, R./W. Ch. Zimmerli, Hgg., *Wissenschaftstheorie der Geisteswissenschaften*, Hamburg 1975, 101–131.

Hübner, K., *Kritik der wissenschaftlichen Vernunft*, 4. Aufl. Freiburg/München 2002.

Husserl, E., *Analysen zur passiven Synthesis, Husserliana 11*, hrsg. v. M. Fleischer, Den Haag 1966.

Husserl, E., *Cartesianische Meditationen*, hrsg. v. E. Ströker, 3. Aufl. Hamburg 1995.

Husserl, E. *Die Krisis der europäischen Wissenschaften und die transzendentale Phänomenologie*, hrsg, v. E. Ströker, 3. Aufl. Hamburg 1996.

Ineichen, H., *Philosophische Hermeneutik. Handbuch der Philosophie*, Freiburg/München 1991.

Ingarden, R., *Über die Verantwortung*, Stuttgart 1970.

Ingarden, R., *Das literarische Kunstwerk*, 4. Aufl. Tübingen 1972.

Ingarden, R., *Gegenstand und Aufgaben der Literaturwissenschaft*, Tübingen 1976.

Iser, W., *Die Appellstruktur der Texte*, Konstanz 1970.

Iser, W., *Der implizite Leser*, München 1972.

Iser, W., *Der Akt des Lesens*, 4. Aufl. München 1994.

Jacoby, G., *Allgemeine Ontologie der Wirklichkeit*, Band 1, Halle 1925, 555ff.

Jakobson, R., Linguistische Aspekte der Übersetzung, In: R. J., *Semiotik. Ausgewählte Texte 1919–1982*, Frankfurt 1988, 2. Auflage 1992, 481ff.

Jauss, H. R., *Literaturgeschichte als Provokation der Literaturwissenschaft*, Fankfurt 1970.

Jauss, H. R., *Ästhetische Erfahrung und literarische Hermeneutik I/II*, Frankfurt 1982.

Jauss, H. R., ⟨Rezeption, Rezeptionsästhetik⟩, In: *Historische Wörterbuch der Philosophie*, Band 8, Basel 1992.

Jauss, H. R., *Wege des Verstehens*, München 1994.

Kamlah, W., Plädoyer für einen wiedereingeschränkten Gebrauch des Terminus 〈Hermeneutik〉, in: W. K., *Von der Sprache zur Vernunft*, Mannheim/Wien/ Zürich 1975, 164-172.

Kant, I., *Kritik der reinen Vernunft B*, Akademieausgabe, Einleitung VI 41.

Kant, I., *Briefwechsel*, 3. Auflage Hamburg 1986.

Katz, J., The Refutation of Indeterminacy, In: R. Barrett/R. Gibson, Hgg., *Perspectives on Quine*, Cambridge/Mass. 1990, 177-199.

Keßler, E., Historia magistra vitae. Zur Rehabilitation eines überwundenen Topos, In: R. Schörken, Hrsg., *Der Gegenwartsbezug der Geschichte*, Stuttgart 1981, 11-33.

Keuth, H., *Realität und Wahrheit. Zur Kritik des kritischen Rationalismus*, Tübingen 1978.

Keuth, H., *Die Philosophie Karl Poppers*, Tübingen 2000.

Kirk, R., Indeterminacy of translation, In: R. F. Gibson, Hrsg., *The Cambridge Companion to Quine*, Cambridge 2004, 151-180.

Kocka, J./Nipperdey, Th., Hgg., Theorie und Erzählung in der Geschichte. In: *Theorie der Geschichte. Beiträge zur Historik*, Bd. 3, München 1979.

Koller, W., *Einführung in die Übersetzungswissenschaft*, UTB, 4. Aufl. Heidelberg 1992.

Koselleck, R., Historia magistra vitae. Über die Auflösung des Topos vor dem Horizont neuzeitlich bewegter Geschichte, In: H. Braun/M. Riedel, Hgg., *Natur und Geschichte. Festschrift für Karl Löwith*, Stuttgart 1967, 196-219 (mehrfach nachgedruckt).

Koselleck, R., Wozu noch Historie?, *Historische Zeitschrift* 212, 1971, 1ff., wieder- abgedruckt in: *Seminar: Geschichte und Theorie*, hrsg. v. H. M. Baumgar- tner/J. Rüsen, Frankfurt 1976, 17ff.

Koselleck, R., Geschichte, Geschichten und formale Zeitstrukturen, In: Ders./W.-D. Stempel, Hgg., *Geschichte, Ereignis und Erzählung, Poetik und Hermeneutik V*, München 1973a, 211ff.

Koselleck, R., Ereignis und Struktur, In: Ders./W.-D. Stempel, Hgg., *Geschichte,*

Ereignis und Erzählung, Poetik und Hermeneutik V, München 1973b, 560ff.

Koselleck, R., *Zeitschichten. Studien zur Historik*, Frankfurt 2000 (Taschenbuch 2003), 247ff.

Koslowski, P./R. Schenk, Hgg., *Ambivalenz–Ambiguität–Postmodernität. Begrenzt eindeutiges Denken*, Coll. Philos. 5, Stuttgart 2004.

Krämer, H., Zur Ortsbestimmung der Historischen Wissenschaften, In: *Zeitschrift für Allgemeine Wissenschaftstheorie 26*, 1974, 74–93.

Krämer, H., Grundsätzliches zur Kooperation Zwischen Historischen und Systematischen Wissenschaften, In: *Zeitschrift für philosophische Forschung 32/3*, 1978, 321–344.

Krämer, H., Flüchtige Gegenwart? Zur Phänomenologie der Zeiterfahrung, In: H. Gauly, Hrsg., *Im Gespräch: der Mensch. Festschrift für J. Möller*, Düsseldorf 1981, 24ff.

Krämer, H., Funktions– und Reflexionsmöglichkeiten der Philosophiehistorie. Vorschläge zu ihrer wissenschaftstheoretischen Ortsbestimmung, In: *Zeitschrift für allgemeine Wissenschaftstheorie 16*, 1985, 67–95 (Kurzfassung in: *Dialektik* 18, 1989, 144–163).

Krämer, H., Thesen zur philosophischen Hermeneutik, In: *Internationale Zeitschrift für Philosophie*, 1993/1, 173–188.

Krämer, H., *Integrative Ethik*, 2. Aufl. Frankfurt 1995.

Krämer, H., Zur Rekonstruktion der Philosophischen Hermeneutik, In: *Journal for General Philosophy of Science 26*, 1995, 169–185.

Krämer, H., Hermeneutik — Wissenschaft — Kultur — Praxis, In: Zeitschrift für *philosophische Forschung 51/3*, 1997, 390–410.

Krüger, L., Die systematische Bedeutung wissenschaftlicher Revolutionen, In: W. Diederich, Hrsg., *Theorien der Wissenschaftsgeschichte*, Frankfurt 1974, 240ff.

Krüger, L., Wissenschaftliche Revolutionen und Kontinuität der Erfahrung, In: *Neue Hefte für Philosophie 6/7* (Tendenzen der Wissenschaftstheorie), 1974b, 14ff.

Kuhn, Th. S., *Die Struktur wissenschaftlicher Revolutionen* (engl. 1962), Frankfurt

1967.

Kukla, A., *Studies in Scientific Realism*, Oxford 1998.

Kukla, A., *Social Constructivism and the Philosophy of Science*, London/New York 2000.

Künne, W., Bolzanos blühender Baum. Plädoyer für eine nicht-epistemische Wahrheitsauffassung, In: Forum für Philosophie, Bad Homburg, Hrsg., *Realismus und Antirealismus*, Frankfurt 1992, 224-244.

Künne, W., *Abstrakte Gegenstände. Semantik und Ontologie*, Frankfurt 1983, 2007².

Kutschera, F. v., *Wissenschaftstheorie II*, München 1972.

Kutschera, F. v., *Grundfragen der Erkenntnistheorie*, Berlin/New York 1982.

Kutschera, F. v., Bemerkungen zur gegenwärtigen Realismus-Diskussion, In: Gombocz/Rutte/Sauer, Hgg., *Traditionen und Perspektiven der Analytischen Philosophie. Festschrift für R. Haller*, Wien 1989, 490-521.

Laudan, L., Explaining the success of science, In: Cushing/Delanney/Gutting, Hgg., *Science and Reality*, Notre Dame 1984, 83-105.

Laudan, L., *Science and Relativism. Some Key Controversies in the Philosophy of Science*, Chicago 1990.

Laudan, L., *Beyond Positivism and Relativism*. Theory, Method, and Evidence, Oxford 1996.

Laurence, St./C. Macdonald, *Comtemporary Readings in the foundations of Metaphysics*, Oxford 1998.

Lenk, H., Interpretation und Interpret. In: *Allgemeine Zeitschrift für Philosophie 17/1*, 1992, 49-54.

Lenk, H., *Interpretationskonstrukte*, Frankfurt 1993.

Lenk, H., *Schemaspiele*, Frankfurt 1995.

Lenk, H., *Interpretation* und Realität, Frankfurt 1995b.

Leplin, J., *A Novel Defense of Scientific Realism*, Oxford 1997.

Leplin, J., Hrsg., *Scientific Realism, with an Introduction*, Los Angeles/London 1984.

Lepsius, M. R., Bemerkungen zum Verhältnis von Geschichtswissenschaft und Soziologie, In: W. Conze, Hrsg., Theorie der *Geschichtswissenschaft und Praxis des Geschichtsunterrichts*, Stuttgart 1972, 55ff.

Lessing, H.-U., *Die Idee einer Kritik der historischen Vernunft*, Freiburg/München 1984.

Lipset, S. M., Bemerkungen zum Verhältnis von Soziologie und Geschichtswissenschaft, In: E. Topitsch, Hrsg., *Logik der Sozialwissenschaften*, 8. Aufl. Köln 1972, 477ff.

Löhrer, G., Einige Bemerkungen zur Theorieebene der Interpretationsphilosophie, In: *Allgemeine Zeitschrift für Philosophie 21/3*, 1996, 266–270.

Ludz, P. Chr., Hrsg., *Soziologie und Sozialgeschichte. Kölner Zeitschrift für Soziologie und Sozialpsychologie*, Sonderheft 16, 1972.

Lueken, G.-L., 《Alles, was so ist, könnte auch anders sein》. Zu Günter Abels Interpretationswelten, In: *Deutsche Zeitschrift für Philosophie 44*, 1996, 889–901.

Luhmann, N., Evolution und Geschichte, In: N. L., *Soziologische Aufklärung II*, Opladen 1975, 150ff.

Luhmann, N., Weltzeit und Systemgeschichte (1972), Nachdruck in: N. L., *Soziologische Aufklärung II*, Opladen 1975, 103–133.

Lycan, W. G., *Philosophy of Language. A Contemporary Introduction*, New York 2000.

Markis, D., *Quine und das Problem des Übersetzens*, Freiburg/München 1979.

McAllister, J. W., Scientific realism and the criteria for theory choice, In: *Synthese* 38, 1993, 203–222.

McDowell, J., Über 《die Wirklichkeit der Vergangenheit》, In: Ch. Hookway/Ph. Pettit, Hgg., *Handlung und Interpretation*, Berlin/New York 1982, 160–182.

Mehrtens, A., Enzyklopädisch: Realismus, In: H. J. Sandkühler/D. Pätzold, Hgg., Die *Wirklichkeit der Wissenschaft. Probleme des Realismus, Dialektic 1*, Hamburg 1991, 35–44.

Mellor, D. H./A. Oliver, *Properties*, Oxford 1997.

Melville, G., Kategorien des Metahistorischen. Forschungsziel eines neuen geschichtswissenschaftlichen Selbstverständnisses?, In: *Philosophisches Jahrbuch 82*, 1975, 188ff.

Menke, Chr., *Die Souveränität der Kunst*, Frankfurt 1991.

Merleau-Ponty, M., *Phänomenologie der Wahrnehmung*, Berlin 1966.

Metzinger, Th., Hrsg., *Bewußtsein. Beiträge aus der Gegenwartsphilosophie*, Paderborn 1995.

Minkowski, E., *Le temps vécu*, 2. Aufl. Neuchâtel 1968 (deutsch: *Die gelebte Zeit*, Salzburg 1971, Bd. 1, 24ff.).

Mommsen W., *Die Geschichtswissenschaft jenseits des Historismus*, 2. Aufl. Düsseldorf 1972.

Murray, M. J., The God's I point of view, In: W. P. Alston, Hrsg., *Realism and Antirealism*, Ithaka 2002, 92ff.

Nagel, E., *The Structure of Science*, London 1961, Kap. 11: The Reduction of Theories, 336ff.

Natorp, P., *Platos Ideenlehre*, Leipzig 1903, 2. Aufl. 1921.

Newman, A., *The Correspondence Theory of Truth*, Cambridge 2002.

Nida, E. A., Das Wesen des Übersetzens, In: W. Wilss, Hg., *Übersetzungswissenschaft*, Wege der Forschung 535, Darmstadt 1981, 123–147. (Englisches Original in: A. D. Dil, Hrsg., *Language's Structure and Translation*, Essays by E. A. Nida, Stanford 1975.)

Nietzsche, F., *Sämtliche Werke* in der Ausgabe von Colli/Montinari (Studienausgabe), 2. Aufl. München 1999.

Nüse, R./N. Groeben/B. Freitag/M. Schreier, *Über die Erfindung(en) des radikalen Konstruktivismus. Kritische Gegenargumente aus psychologicher Sicht*, Weinheim 1991.

Oelmüller, W., Hrsg., *Wozu noch Geschichte?*, München 1977.

Orth, E. W., *Was ist und was heißt ⟨Kutur⟩?*, Würzburg 2000.

Papineau, D., *Reality and Representation*, 2. Aufl. Oxford 1991.

Perpeet, W., ⟨Kultur, Kulturphilosophie⟩, In: *Historisches Wörterbuch der Philosophie* Bd. 4, 1976, Sp. 1309–1324.

Perpeet, W., *Kulturphilosophie*, Bonn 1997.

Piaget, J., *Der Strukturalismus*, Olten 1973.

Poincaré, H., *La science et l'hypothèse*, Paris 1902 (deutsch: *Wissenschaft und Hypothese*, 2. Aufl. Leipzig 1906).

Popper, K. R., *The myth of the framework* (1976), jetzt in M. A. Notturno, Hrsg., *The Myth of the Framework*, London/New York 1994, 33–64.

Przylebski, A., Die Grenzen der hermeneutischen Vernunft. Über die vermeintlichen und die wirklichen Begrenzungen der Hermeneutik Gadamers, In: Hogrebe, W., *Grenzen und Grenzüberschreitungen*, Bonner Philosophie- kongreß, Bonn 2002, 222–228.

Putnam, H., *Vernunft, Wahrheit und Geschichte (Reason, Truth, and History)*, deutsch, Frankfurt 1982.

Putnam, H., Models and Reality, jetzt in: *Realism and Reason.* Philosophical Papers, Bd. 3, Cambridge 1983, 1–25.

Putnam, H., *The Many Faces of Realism*, La Salle 1987.

Putnam, H., *Realism with a Human Face*, Cambridge Mass. 1990.

Putnam, H., *Repräsentation und Realität*, Frankfurt 1991.

Putnam, H., *John–Dewey–Lectures (Essays) in Philosophy* (1994), New York 1999.

Putnam, H., Das modelltheoretische Argument und die Suche nach dem Realismus des Common sense, In: Willaschek, M., Hrsg., Realismus, 125–142.

Quine, W. V. O., *Wort und Gegenstand*, Stuttgart 1980.

Quine, W. V. O., Indeterminacy of translation again, In: *The Journal of Philosophy* *84*, 1987, 5–10.

Rickert, H., *Die Grenzen der naturwissenschaftlichen Begriffsbildung*, 5. Aufl. Tübingen 1929.

Rickert, H., Die vier Arten des Allgemeinen in der Geschichte (Anhang), In: *Die Grenzen der naturwissenschaftlichen Begriffsbildung*, 5. Aufl. Tübingen 1929, 737ff.

Risku, H., *Translatorische Kompetenz*, Tübingen 1998.

Rittner, V., Zur Krise der Westdeutschen Historiographie, In: I. Geiss/R. Tamchina, Hgg., *Ansichten einer künftigen Geschichtswissenschaft*, Bd. I, München 1974, 67ff., 153.

Rombach, H., *Strukturontologie*, Teil II und III, Frankfurt/München 1971.

Rorty, R., 《Sein, das verstanden werden kann, ist Sprache》, In: *Hommage an H.-G. Gadamer*, Frankfurt 2001, 30-49.

Rothacker, E., *Logik und Systematik der Geisteswissenschaften*, 2. Aufl., Bonn 1948.

Rothacker, E., *Die dogmatische Denkform in den Geisteswissenschaften und das Problem des Historismus*. Abhandlungen der Akademie der Wissenschaften und der Literatur zu Mainz. Geistes- und Sozilwiss. Klasse Bd. 6, Mainz 1954, 249ff.

Rüsen, J., *Grundzüge einer Historik I–III*, Göttingen 1983-1989.

Rüsen, J., *Konfigurationen des Historismus*, Frankfurt 1993.

Sachsse, H., Was sind Geisteswissenschaften?, In: *Philosophia naturalis 13*, 1971, 259ff.

Sachsse, H., Methode, Verfahren, Zugangsweisen, In: Rombach, H., Hrsg., *Wissenschaftstheorie II*, Freiburg 1974, 29ff.

Schadewaldt, W., *Hellas und Hesperien*, Zürich/Stuttgart, 1. Aufl. 1960, 932.

Schaffner, K. F., Approaches to reduction, In: *Philosophy of Science 34*, 1967, 137ff.

Schantz, R., *Der sinnliche Gehalt der Wahrnehmung*, München 1990.

Schantz R./R. Scholz, 〈Universalien〉, In: *Historisches Wörterbuch der Philosophie*, Bd. 11, 2001, 192-199.

Schantz, R., *Wahrheit, Referenz und Realismus*, Berlin 1996.

Schantz, R., Hrsg., *What is Truth?*, Berlin/New York 2002.

Schaper, E./W. Vossenkuhl, Hgg., *Bedingungen der Möglichkeit*, Stuttgart 1984.

Schapp, W., *In Geschichten verstrickt*, Hamburg 1953, 2. Aufl. 1976.

Schapp, W., *Philosophie der Geschichten*, Hamburg 1959.

Schieder, Th., Der Typus in der Geschichtswissenschaft, In: *Studium Generale 5*, 1952, 228ff.

Scheider, Th./K. Gräubig, Hgg., *Theorieprobleme in der Geschichtswissenschaft*, Wege der Forschung 378, Darmstadt 1977.

Schleiermacher, F. D. E., *Hermeneutik und Kritik*, herausgegeben und eingeleitet von M. Frank, Frankfurt 1977.

Schlobach, J., Die klassisch-humanistische Zyklentheorie und ihre Anfechtung durch das Fortschrrittsbewußtsein der französischen Frühaufklärung, In: K. G. Faber/Chr. Meier, Hgg., Theorie der Geschichte, Bd. 2: *Historische Prozesse*, München 1978, 127–142.

Schmitt, A., *Die Moderne und Platon*, Stuttgart 2003.

Schnädelbach, H., Morbus hermeneuticus. Thesen über eine philosophische Krankheit, jetzt in: H. Sch., *Vernunft und Geschichte. Vorträge und Abhandlungen*, Frankfurt 1987, 279–284.

Scholtz, G., Hrsg., *Historismus am Ende des 20. Jahrhunderts. Eine internationale Diskussion*, Berlin 1997.

Schulz, W., *Wittgenstein*, Pfullingen 1967.

Schulze, W., *Soziologie und Geschichtswissenschaft. Einführung in die Probleme der Kooperation beider Wissenschaften*, München 1974.

Searle, J. R., Reiterating the differences. A reply to Derrida, In: *Glyph* 1, 1977, 198–208.

Seebohm, Th. S., *Zur Kritik der hermeneutischen Vernunft*, Bonn 1972.

Seel, M., *Sich bestimmen lassen*, Frankfurt 2002.

Seiffert, H./G. Radnitzky, Hgg., *Handlexikon zur Wissenschaftstheorie*, 2. Aufl. München 1992.

Shusterman, R., *Vor der Interpretation*, Wien 1996.

Simon, J., *Philosophie des Zeichens*, Berlin 1989.

Simon, J., Welten und Ebenen, In: *Deutsche Zeitschrift für Philosophie 44*, 1996, 855–866.

Sklar, L., Types of intertheoretic reduction, In: *The British Journal for the Philosophy of Science*, 18, 1967/8, 109ff.

Snell-Hornby, M., Hrsg., *Übersetzungswissenschaft*. Eine Neuorientierung, Tübingen 1986.

Sosa, E./E. Villanueva, Hgg., *Realism and Relativism*. Philosophical Issues Bd. 12, Oxford 2002.

Spinner, H. F., Artikel 〈Theorie〉, In: *Handbuch philosophischer Grundbegriffe* Bd. 5, 1974, 1486ff.

Stachowiak, H., *Allgemeine Modelltheorie*, Wien/New York 1973.

Steenblock, V., *Transformationen des Historismus*, München 1991.

Stegmüller, W., Der sogenannte Zirkel des Verstehens, In: K. Hübner/A. Menne, Hgg., *Natur und Geschichte*. X. deutscher Kongreß für Philosophie, Kiel 1972, 21ff.

Stegmüller, W., *Unvollständigkeit und Unentscheidbarkeit. Die mathematischen Resultate von Gödel, Church, Kleene, Rosser und ihre erkenntnistheoretische Bedeutung*, 3. Aufl. Wien/New York 1973, bes. 36ff.

Stegmüller, W., *Probleme und Resultate der Wissenschaftstheorie und Analytischen Philosophie* Bd. II D, 1973ff.: II E, 1973, 247ff., 282ff.

Stegmüller, W., Theoriendynamik und logisches Verständnis, In: W. Diederich, Hrsg., *Theorien der Wissenschaftsgeschichte. Beiträge zur diachronen Wissenschaftstheorie*, Frankfurt 1974, 198ff.

Stegmüller, W., *Hauptströmungen der Gegenwartsphilosophie II*, 1975, 528ff.

Stierle, K., Geschichte als Exemplum – Exemplum als Geschichte. Zur Pragmatik und Poetik narrativer Texte, In: R. Koselleck/Stemple, W. D., Hgg., *Geschichete, Ereignis und Erzählung*, Poetik und Hermeneutik V, München 1973, 347ff.

Strawson, P. F., *Einzelding und logisches Subjekt* (1959), Stuttgart 1972.

Strawson, P. F., *Die Grenzen des Sinns* (1966), Königstein 1981.

Strawson, P. F., *Scepticism and Naturalism*, London 1985.

Ströker, E., Geschichte als Herausforderung. Marginalien zur jüngsten wissenschaftlichen Kontroverse, In: *Neue Hefte für Philosophie* 6/7, 1974, 61ff.

Teggart, H., *The Processes of History*, New Haven 1918, 124ff.

Teichert, D., Kunst als Geschehen. Gadamers antisubjektivistische Ästhetik und Kunsttheorie, In: J. M. Fehér, Hrsg., *Kunst, Hermeneutik, Philosophie*, Heidelberg 2003, 193–217.

Trigg, R., *Reality at Risk. A Defense of Realism in Philosophy and the Sciences*, Harvester Studies in Philosophy 12, Sussex 1980.

Troyer, J. G./S. C. Wheeler III, Hgg., Intentionality, Language, and Translation, In: *Synthese* 27, 3/4, 1974.

Vetter, H./M. Flatscher, Hgg., *Hermenueutische Phänomenologie — Phänomenologische Hermeneutik*, Frankfurt/Wien 2005.

Vico, G., *De nostri temporis studiorum ratione*, Darmstadt 1963.

Vico, G., *Scienza nuova*, nach der 3. Aufl. von 1744 hrsg. von F. Nicolini, Rom 1949/50.

Vierhaus, R., Zum Problem historischer Krisen, In: K. G. Faber/Chr. Meier, Hgg., Theorie der Geschichte, Bd. 2: *Historische Prozesse*, München 1978, 321ff.

Vierhaus, R., Geschichtswissenschaft und Soziologie, In: G. Schulz, Hrsg., *Geschichte heute*, Göttingen 1973, 69ff.

Wagner, F., Analogie als Methode geschichtlichen Erkennens, In: *Studium Generale 8*, 1955, 703ff.

Warning, R., Hrsg., *Rezeptionsästhetik*, 4. Aufl. München 1994.

Weber, M., *Methodologische Schriften*, Frankfurt 1968.

Weckert, J., The Theory–Ladenness of Observations, In: *Studies in History and Philosophy of Science* 17/1, 1986, 115–127.

Wehler, H.-U., Hrsg., *Geschichte und Soziologie*, Köln 1972.

Wehler, H.-U., Hrsg., *Geschichte und Ökonomie*, Köln 1973.

Wehler, H.-U., *Aus der Geschichte lernen?*, München 1988.

Wellmer, A., Zur Kritik der hermeneutischen Vernunft, In: Chr. Demmerling/ Gabriel/Rentsch, Hgg., *Vernunft und Lebenspraxis. Für Friedrich Kambartel*, Frankfurt 1995, 123-156.

Wellmer, A., *Sprachphilosophie*, Frankfurt 2004.

Wendel, H. J., *Moderner Relativismus. Zur Kritik naturalistischer Sichtweisen des Erkenntnisproblems*, Tübingen 1990.

Wiesing, L., Hrsg., *Philosophie der Wahrnehmung*, Frankfurt 2002.

Wiesing, L., Zur Kritik am Interpretationismus oder die Trennung von Wahrheit und Methode, In: *Internationales Jahrbuch für Hermeneutik Heft 3*, 2004, 137-151.

Willaschek, M., Hrsg., *Realismus*, Paderborn 2000.

Willaschek, M., *Der mentale Zugang zur Welt*, Frankfurt 2003.

Wilss, W., Hrsg., *Übersetzungswissenschaft*, Darmstadt 1981.

Wischke, M., *Die Schwäche der Schrift. Zur philosophischen Hermeneutik H.-G. Gadamers*, Köln 2001.

Wischke, M./M. Hofer (Hgg.), *Gadamer verstehen. Understanding Gadamer*, Darmstadt 2003.

Wittgenstein, L., *Philosophische Untersuchungen*, Schriften 1, Frankfurt 1960.

Wojtecki, W. A., *Vom Untergang des Abendlandes. Zyklische, organische und morphologische Geschichtstheorien im 19. und 20. Jahrhundert*, Berlin 2000.

Wright, C., *Realism, Meaning, and Truth*, 2. Aufl. Oxford 1993.

Wright, C., Wohin führt die aktuelle Realismusdebatte?, In: M. Willaschek, Hrsg., *Realismus*, Paderborn 2000, 209-241.

Wright, C., *Wahrheit und Objektivität* (1992), Frankfurt 2001.

Wüstemeyer, M., Die ⟨Annales⟩: Grundsätze und Methoden ihrer neuen Geschichtswissenschaft, In: *Vierteljahresschrift für Sozial- und Wirtschaftsgeschichte 54*, 1967, 27ff.

이름찾기